Georg (Schorsch) Kirner wurde im Februar 1936 in der Nähe von Bayrischzell geboren. Als ältestes von drei Kindern verbrachte er einen Großteil seiner Jugend bei seiner Großmutter auf einer Alm, wo er früh nicht nur seine Liebe zur Natur, sondern auch das Fernweh entdeckte. Mit nicht mehr als 250 Mark in der Tasche, auf einem vom Vater geliehenen Fahrrad, begann Georg Kirner seine erste Reise – nach Ägypten.
Dies war der Anfang. Heute gilt er als einer der verwegensten Globetrotter Deutschlands und wurde 1986 zum Abenteurer des Jahres gewählt. In der Arktis wurde ein Berg nach ihm benannt. In vielen Zeitungsartikeln, Radio- und Fernsehberichten, in Büchern und Vorträgen erzählt er über seine außergewöhnlichen Reisen, die er fast immer allein unternimmt.

Originalausgabe 1988
© 1988 Droemersche Verlagsanstalt Th. Knaur Nachf., München
Das Werk einschließlich aller seiner Teile ist urheberrechtlich geschützt.
Jede Verwertung außerhalb der engen Grenzen des Urheberrechts-
gesetzes ist ohne Zustimmung des Verlages unzulässig und strafbar.
Das gilt insbesondere für Vervielfältigungen, Übersetzungen,
Mikroverfilmungen und die Einspeicherung und Verarbeitung
in elektronischen Systemen.
Umschlaggestaltung Adolf Bachmann
Satz Compusatz München
Alle Abbildungen sind aus dem Archiv des Autors
Reproduktion Reproteam Ulm
Druck und Bindung Ebner Ulm
Printed in Germany   5 4 3 2
ISBN 3-426-02364-4

Georg Kirner:
Leben mit Gefahr und Abenteuer

In Zusammenarbeit mit Wulfing von Rohr

Inhalt

1. Was mag wohl hinter den großen Bergen sein?
   *Schorsch Kirners Kindheit in der Abgeschiedenheit
   einer oberbayerischen Alm*   9

2. Aufbruch aus der Oase Deutschland
   *Erste Abenteuersehnsucht – auf dem Fahrrad
   nach Nordafrika.* 19

3. Ich fasse Fuß
   *Heirat – Eine feste Arbeit – Und doch
   kein Stillstand* 23

4. Rivalik – der Held der Arktis 33

5. Neuguinea – Meine Reise in die Steinzeit 49

6. Santa Cruz de Elicona – eine verwunschene
   Stadt, dem Urwald entlockt. 101

7. Flucht nach Mokka 133

8. Als »bayerischer Botschafter« mit dem Kamel
   durch die Wüste Thar 181

9. Bei den Turmspringern von Pentecost 201

10. Madagaskar – eine Insel am Ende der Welt? . . . 231

11. Auf dem Geisterberg von Shimshal 273

12. Ein reiches Leben
    *Erfahrungen und Tips für junge Leute – ein
    Rückblick, ein Ausblick* 305

1.
Was mag wohl hinter den großen Bergen sein?

Schorsch Kirners Kindheit in der Abgeschiedenheit einer oberbayerischen Alm

Aufgewachsen bin ich bei meiner Großmutter auf der Alm. Mein Vater kam nach dem Krieg versehrt aus Rußland zurück. Ich wurde als ältestes von drei Kindern 1936 geboren, es folgten mein Bruder Hermann 1941 und unsere Schwester Marianne weitere sechs Jahre danach. Mein Vater war Bauernknecht. Als er aus der Kriegsgefangenschaft zurückkam, mußte er sich sehr mühsam durchschlagen. Wegen seiner Verletzung konnte er die schwere Bauernarbeit nicht mehr verrichten und verdiente sich etwas Geld mit Besenbinden. Weil er das Birkenreisig nur im Herbst schneiden konnte, wenn es keine Blätter mehr hatte, verdingte er sich daneben als Hilfsarbeiter und Bauernknecht. Was er damals verdiente – ich glaube, es waren so um die 28 Mark in der Woche –, reichte natürlich nicht für uns alle. Wir wohnten in einer Dachkammer, einer ehemaligen Getreidekammer in Aying im bayerischen Oberland. Ich wurde als erster ausquartiert und schlief ab da in einem alten Eisenbett, natürlich mit Strohsack und ein paar Decken, direkt unter dem Dach. Und so war ich immer der erste, der wußte, wann's regnete, weil es durch das Dach tröpfelte. Und wenn es schneite, wurde der Schnee auch gleich mit hereingeweht. Im Sommer dagegen strahlten die Dachplatten eine enorme Hitze aus. Und so sagte mein Vater eines Tages: »Seit meiner Verletzung verdiene ich nicht mehr genug, und wir haben einen

Esser zuviel.« Die einfache Schlußfolgerung: Ich sollte zur Großmutter auf die Alm.

In zwei Tagen bin ich zu Fuß nach Bayrischzell marschiert, um zur Großmutter auf die Alm zu kommen. Ich habe so ungefähr gewußt, was eine Alm ist, und Angst habe ich nie gehabt. Bei der Großmutter habe ich als Almbub, als Hirte, gearbeitet. Das war 1949. Damals verdiente ich ungefähr 3 Mark in der Woche, mußte davon aber alles bestreiten. Ich besaß nur eine Lederhose, die mir ein Freund geschenkt hatte, dann ein Flanellhemd und ein Paar Schuhe. Die Schuhe trug ich allerdings die meiste Zeit in den Händen, denn sie mußten ja das ganze Jahr hindurch halten. Unterwäsche besaß ich nicht, auch keinen Mantel oder Hut. Und ich schlief auch wieder direkt unter dem Dach. Aber schon damals nahm der Traum, etwas Ungewöhnliches zu erleben, in mir allmählich Gestalt an.

Auf der Alm gab es sechs Kühe und zwanzig bis fünfundzwanzig Jungrinder. Ich mußte jeden Tag um fünf Uhr in der Frühe losziehen, bei jedem Wetter, barfuß, nur mit Lederhosen und meinem Flanellhemd bekleidet. Ich hatte die Kühe und Rinder zu suchen – es gab ja keine Zäune, sie lagen irgendwo draußen herum. Ein Tier trug die Glocke um den Hals, und wenn ich alle Kühe gefunden hatte, trieb ich sie heim zum Melken. Von der Großmutter lernte ich, Butter und Käse aus der Milch zu bereiten. Holzhacken gehörte auch zu meiner Beschäftigung. Alle acht bis zehn Tage kam der Bauer vorbei, dem die Alm gehörte, nahm Käse und Butter mit und brachte uns Brot. Mein Großvater war Bergmann gewesen und an Staublunge gestorben; Großmutters Rente reichte nicht aus, und so arbeitete sie als Sennerin. Sie war damals weit über siebzig und ist mit über neunzig gestorben.

1949 – Schorsch Kirner mit seiner Großmutter auf der Alm

Durch unsere Ernährung auf der Alm – Milch, Käse, Brot und Kartoffeln – bin ich schon bald zum Vegetarier geworden und es bis heute geblieben. Damals war unsere Armut der Grund, so zu leben. Heute betrachte ich es als ein großes Glück, daß ich so aufgewachsen bin, und zwar nicht zuletzt deshalb, weil ich nicht möchte, daß meinetwegen ein anderes Lebewesen getötet wird.

Mein Leben auf der Alm spielte sich in völliger Abgeschiedenheit ab. Aber die Einsamkeit bedrückte mich nie. Ich konnte mich immer gut allein beschäftigen. Häufig waren Kieselsteine mein einziges Spielzeug. Und ich habe mich natürlich mit den Vögeln am Himmel, mit dem Wild, zum Beispiel Gemsen und Hirschen, beschäftigt. Jede Blume hat mich erfreut, und daran hat sich bis heute nichts geändert. Mein Leben war sehr mit der Natur verwachsen, ich war in ihr verwurzelt und fühlte mich als Teil dieser großen Harmonie.

Wenn unsere Rinder einmal krank waren, kurierten wir sie selber, denn es gab keinen Tierarzt, der zu uns auf die Alm gekommen wäre (und den wir hätten bezahlen können). Meine Großmutter hatte alte Rezepturen und alle möglichen Hausmittel zur Hand. Sie trug mir auf, diese und jene Kräuter zu sammeln, die ausgekocht wurden und deren Sud die Kühe eingeflößt bekamen.

Unser Tagesablauf richtete sich nach dem Stand der Sonne. Ging sie in der Frühe auf, so war das für mich das Zeichen, den Tag zu beginnen. Dann habe ich erst einmal gelauscht, ob von irgendwoher die Kuhglocke zu hören war. Bei schlechtem Wetter oder Wind mußte ich nach Gefühl gehen, um die Kühe zu suchen, denn meine Ohren halfen mir dann nicht weiter. Erst wenn ich sie gefunden und heimgetrieben hatte und sie gemolken waren, gab es Frühstück, das nur aus Milch und Brot bestand. Von Zähneputzen und Waschen war nicht groß die Rede. Das einzige fließende Wasser, über das wir verfügten, floß den

Berg hinunter. Und dann: Woher hätte ich mir auch bei drei Mark pro Woche, die ich überdies erst im Herbst bekam, eine Zahnbürste kaufen können? Holz und Laub, das in den Stall gestreut wurde, holten Großmutter und ich gemeinsam. Es schneite oft schon im Juli oder August, und dann kamen die Kühe in den Stall. Ich mußte natürlich immer wieder einmal nachschauen, ob alles mit ihnen in Ordnung war.

Ab und zu kam einmal ein Jäger, ein Schmuggler oder ein Wilderer vorbei, manchmal auch ein Polizist. Wenn aber im Sommer schlechtes Wetter war, sahen wir oft für zwei bis drei Wochen überhaupt keinen Menschen – da waren wir ganz allein, die Großmutter und ich. Und manchmal regnete es von morgens bis abends ohne Unterbrechung.

Vor dem Zubettgehen erzählte meine Großmutter Geschichten, die sie gehört hatte und solche aus ihrem eigenen Leben. So erzählte sie mir, daß sie vor dem Zweiten Weltkrieg einmal in München gewesen war. Und das kam so: Der Gendarm von Bayrischzell, der Apotheker und der Lehrer hatten ihrem Bauern gesagt, daß in seinem Stall die schönste Kuh des ganzen Landkreises stände, die unbedingt zum Zentrallandwirtschaftsfest nach München müßte, weil sie auf jeden Fall den ersten Preis bekäme. So sind der Bauer und meine Großmutter mit dem Traktor nach München gefahren. Meine Großmutter saß hinten im Anhänger mit der Kuh. Sie hat mir viel davon erzählt, was sie alles in München sah: die Straßenbahn, die Reklamelichter, Frauen, die ihre Lippen rot angeschmiert hatten und Seidenstrümpfe trugen, und vieles andere mehr.

Sie erzählte mir auch über die Berge, von Berggeistern, die in Höhlen hausen, wohin der Mensch nicht kommt. Für meine Großmutter waren die Berge irgendwie heilig – keine Turngeräte oder Tummelplätze, wozu vor allem unsere Bayerischen Alpen heute verkommen sind.

Sie sagte oft, daß der Berg den Verlauf des Lebens zeige. In der einen Bergseite sah sie die Jugend: Man steigt höher und höher hinauf, bis man den Gipfel, das heißt den Höhepunkt des Lebens, erreicht hat. Dann geht es wieder abwärts, und unten am Berg steht der Tod. Ich hatte später Gelegenheit, bei anderen Völkern – zum Beispiel in Bolivien oder auch in Shimshal auf dem Himalaja – mitzuerleben, welche besondere Bedeutung die Berge haben, sei es als Götterthron, als Wohnort der Geister oder als anderer mystischer Ort.

Meine Großmutter besaß eine Art Hellsichtigkeit, oder vielleicht sollte man besser sagen, Hellfühligkeit. Jeden Tag legte sie sich in der Mittagszeit hin – heute würde man sagen, sie meditierte – und war nicht mehr anzusprechen. Danach sprach sie von zukünftigen Ereignissen, die sich später auch so zutrugen. Einmal meinte sie zum Beispiel, daß ich die Kühe nicht an einen bestimmten Berghang treiben sollte, und kurz darauf gab es genau dort einen großen Erdrutsch. Sie hatte ein bißchen das Zweite Gesicht. Aber wir hatten in ihrer Vorstellung nach dem Tod nichts mehr zu erwarten. Großmutter glaubte zwar an höhere Wesen, aber nicht daran, daß wir vielleicht wieder auf die Erde zurückkämen. Wenn es wieder einmal eine ganze Zeit lang recht einsam auf der Alm war oder es tagelang Regen und Nebel gegeben hatte, fragte meine Großmutter oft: »Was wird wohl hinter den großen Bergen sein?« Unsere Alm lag ja auf einem Höhenrücken, an dessen Seiten die Berge bis 2000 Meter ragten.

Und so trug mir die Großmutter auf: »Steig doch mal 'nauf und schau, ob man da noch was anderes sieht.« Sie hatte irgendwie immer die Vorstellung, daß man von oben vielleicht die Preußen sehen könnte, oder sogar Amerika. Sie wußte eben nicht, wo das alles liegt, und die drei oder vier Jahre, die sie die Schule besuchte, waren nun mal nicht genug für ein besseres Verständnis.

Damals bekam ich die Illustrierte »Feuerreiter« in die Hand. Darin stand ein Artikel über Albert Schweitzer, der im Urwald von Lambarene als Arzt arbeitete. Sofort entstand bei mir ein Impuls, daß ich bei ihm Lehrbub werden wollte. Meine Großmutter wollte wissen, wo dieses Afrika eigentlich läge. So bin ich dann auf das Hintere Sonnwendjoch hinaufgestiegen, das knapp 2000 Meter hoch ist. Natürlich barfuß. Mitten im Sommer sah ich viele schneebedeckte Berge, von denen ich heute weiß, daß es unter anderen der Großglockner und der Venediger waren. Als ich wieder hinunterkam, waren meine Füße so kalt, daß wir sie in Kuhfladen aufwärmen mußten. Und dann habe ich der staunenden Großmutter berichtet, daß es noch viele höhere Berge gäbe, auf denen mitten im

Sommer Eis und Schnee lägen, daß ich aber sonst nichts gesehen hätte. Da haben wir wieder weiter sinniert.
Als die Großmutter zu alt wurde und es mit den Augen und den Füßen nicht mehr so recht ging, zog sie hinab, und ich betrieb die Alm vier Jahre lang, bis 1956, allein. Im Herbst besuchte ich die Großmutter, und dann hingen wir unseren Gedanken weiter nach: Was wird wohl hinter den Bergen sein? Sie konnte nicht mehr lesen, und Fernsehen gab es damals noch nicht. Sie hatte nur einen alten Volksempfänger.
Wenn ich mich heute frage, was mir die Zeit auf der Alm gegeben hat, würde ich sagen, daß mein Kontakt und mein Vertrauen zur Natur am wichtigsten waren. Für mich war die Alm einer der schönsten Plätze in meinem Leben, vielleicht sogar der schönste. Und dieses Vertrauen in die Natur bedeutete auch irgendwie ein Urvertrauen in die eigenen Lebenskräfte. Ich habe an einem Bein immer noch eine ziemlich tiefe Narbe, seit ich mir auf der Alm einmal beim Holzhacken mit der Axt selber ins Bein schlug. Der linke Zeigefinger war auch halb abgehackt. Da haben unsere Zaubermittel natürlich nichts mehr geholfen. Die Großmutter legte Spinnwebenhaut über die Wunde, weil sie so blutete, und darauf etwas von ihrer Heilsalbe, in der Baumharz, Butter und Kräuter enthalten waren. Dann bin ich in der Nacht neun Stunden zu Fuß hinunter in den Ort gegangen, weil das Unglück ausgerechnet abends passiert war. Der Arzt im Krankenhaus sah sich die Bescherung an und meinte, daß es zu spät sei zu operieren. Er hat das Bein verbunden und mir gesagt, daß ich warten müßte, bis alles wieder zuwachsen würde. Ich bin dann die neun Stunden wieder zurückmarschiert, weil die Großmutter ohne mich nicht mehr auskam. Erst zwei Jahre später ergab sich die Gelegenheit zur Operation. Unsere bescheidenen Mahlzeiten unterbrachen den eintönigen Arbeitsablauf, der mit dem allabendlichen

Melken der Kühe beendet war. Wenn es dunkel war, gingen wir zu Bett – das heißt, auf unseren Strohsack, den »Kreister«. Wir deckten uns mit einem alten Mantel zu, das war alles.

Nach 1956 bin ich den verschiedensten Arbeiten nachgegangen, um mich über Wasser zu halten und mehr von der Welt kennenzulernen. Zuerst machte ich den Führerschein und war Kraftfahrer, auch Bauhilfsarbeiter, Hotelboy, alles mögliche. Zunächst arbeitete ich im bayerischen Oberland, bin dann aber durch Deutschland und Österreich marschiert, ich war ungefähr ein Jahr lang »auf der Walz«. Aber in meinem Hinterkopf war immer noch die Frage: »Was wird wohl hinter den Bergen sein?« Nun hatte ich schon etwas mehr von der Welt gesehen und sogar jemanden getroffen, der einmal in Rom gewesen war. Für mich klang das, als ob man dreimal um die Welt herumgehen mußte, so weit schien Rom entfernt.

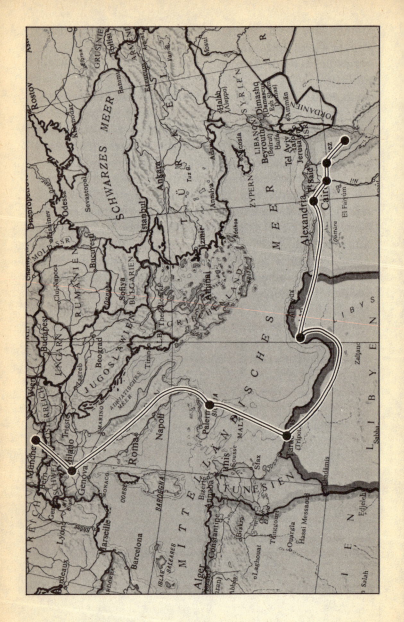

2.
Aufbruch aus der Oase Deutschland

*Erste Abenteuersehnsucht –
auf dem Fahrrad nach Nordafrika*

1960 war es dann soweit. Ich hatte eisern gespart, und schließlich fühlte ich mich mit meinem Fahrrad und 250 Mark wie der reichste Mann der Welt. Ich verdiente damals nicht mehr als drei, vier oder fünf Mark in der Woche. Ich fuhr zum Brenner, dann zum Gardasee. Meiner Großmutter schrieb ich von unterwegs Postkarten, die ihr jemand vorlas. Und schließlich kam ich nach Rom.
Die Fahrt dorthin wird mir immer in Erinnerung bleiben. Es hatte geregnet, ich fuhr auf Kopfsteinpflaster einen Hügel hinunter, direkt auf eine Kirche zu. Vor lauter Begeisterung über all das, was ich um mich herum sah, und auch natürlich wegen der Straßenglätte, schmiß es mich samt Fahrrad direkt vor der Kirchentür hin. In dem Augenblick ging die Tür auf, und ein Hochzeitspaar kam heraus: er in Uniform mit einem Säbel, die Braut wunderhübsch weiß gekleidet. Und ich direkt vor ihren Füßen. Das gab natürlich helle Aufregung, viele »Mama mia«, und ich verschwand so schnell ich konnte mit meinem verbogenen Rad über der Schulter.
Natürlich betrachtete ich alle sogenannten Sehenswürdigkeiten, den Petersplatz, die Spanische Treppe, das Forum Romanum und so weiter. Ich war ganz fasziniert, als ich hörte, daß vor rund 2000 Jahren die Apostel von Jerusalem nach Rom gekommen waren. Ich hatte von all diesen geschichtlichen Zusammenhängen vorher keine Ahnung gehabt; in den sieben Jahren, die ich in einer

kleinen Dorfschule verbracht hatte, zumal in der Kriegs- und Nachkriegszeit mit ihren eigenen Problemen, bekam ich davon nicht allzuviel mit. Die guten Lehrer waren alle im Krieg, für die älteren, die 65- bis 70jährigen, die uns unterrichteten, war es damals wichtiger als der Unterrichtsstoff, daß irgendeines der Bauernkinder etwas zum Essen mitbrachte.

Ich fuhr auf meinem reparierten Rad weiter nach Süden nach Sizilien, zum Ätna. Da ich Afrika so nahe war, reizte es mich, ein Stückchen davon zu sehen. Ich heuerte auf einem alten Seelenverkäufer in Messina an. Natürlich sollte ich zuerst Geld hinblättern, aber da ich keins hatte bzw. mein letztes nicht dafür hergeben wollte, habe ich auf dem Schiff Arbeiten verrichten müssen, die mindestens schon ein oder zwei Jahre lang fällig gewesen waren: Toiletten reinigen, die Maschinen mit Öl säubern, alte Farbe abkratzen, Böden schrubben.

Auf diese Weise kam ich umsonst nach Tripolis, wieder eine ganz neue Welt für mich. Ich hatte nie zuvor Araber gesehen, mit Turban oder Fez, in langen Gewändern. Ich konnte kein Wort mehr verstehen. Angst hatte ich allerdings immer noch nicht. Die Menschen staunten natürlich schon ein bißchen über mich, als ich mit Lederhose und Fahrrad daherkam. Das ist bis heute in allen Ländern, die ich bereist habe, so geblieben. Es sind immer wieder die gleichen Fragen, die häufig natürlich nicht ausgesprochen werden, sondern in den Gesichtern, in den Augen zu lesen sind: Wie komisch, daß so ein Mensch von weit her kommt. Was er wohl alles bisher erlebt hat? Ich habe mich hauptsächlich mit Händen und Füßen unterhalten und mit Zeichnungen und Skizzen.

Diese erste große Fahrt war das Fundament für alle späteren Expeditionen und Reisen. Ich war sehr schlecht ausgerüstet, nichts paßte zusammen. Ich hatte viel zuwenig Proviant, vor allem viel zuwenig Wasser. Ich fuhr die ganze Küstenstraße entlang, von Tripolis über Bengasi nach Alexandria und nach Kairo.

Oft begegneten mir Kamelkarawanen, die neben der Straße zogen oder sie kreuzten. Diese Menschen wunderten sich am wenigsten über mein Fahrrad oder meine Lederhosen; sie kamen aus ganz anderen Gründen auf mich zu und sagten mir mit Gesten: Du brauchst Wasser, du brauchst etwas zu essen. Sie fragten nicht, wie es mir ging, sondern gaben mir zu verstehen, daß ich ihnen meine Provianttasche und meinen Wasservorrat zeigen sollte. Sie brachten das so bestimmt zum Ausdruck, daß keine Worte notwendig waren. Und als sie dann sahen, wie wenig ich hatte, gaben sie mir von ihrem selbstgebackenen Brot, einer Art Fladenbrot. Sie füllten mir aus ihrem Vorrat auch meine Wasserflaschen auf.

Ich habe damals bemerkt, wie wichtig es ist, daß man sich mit solchen Menschen unterhalten kann. Und damals erkannte ich auch, daß für mich der Mensch immer im Vordergrund steht, bei allen meinen Unternehmungen. Mein Interesse für das, was hinter den Bergen ist, ist bis heute geblieben. Aber noch interessanter wurde für mich und ist es bis heute geblieben, welche Menschen hinter den Bergen leben, wie sie wohnen, was sie denken, was sie fühlen. Ich begann zu fragen, warum sie ihre Hütten dorthin und nicht woanders gebaut hatten, was sie glaubten, was nach dem Tode passiert, und so weiter.

In Kairo fand ich nach langer Suche einmal einen Laden, wo man Milch kaufen konnte, mein Lieblingsgetränk von Kindesbeinen an. In meiner Freude vergaß ich alle Sicherheitsmaßnahmen, nahm mein Bündel über die Schulter und stellte das Fahrrad einfach gegen eine Lehmmauer. Als ich wieder herauskam, war es weg. Als ich danach mit einem alten, klapprigen Bus in Suez angekommen war, um von dort auf einem der deutschen Schiffe nach Hause zu fahren, durfte ich nicht mitgenommen werden. Daraufhin arbeitete ich als Handlanger in einem Camp einer Hannoveraner Firma, die viele Auslandsaufträge hatte, Bohrungen nach Wasser und Öl durchführte, Erzsuchen u. ä.

Ich habe auch Kontakt zu einem gewonnen, der mich auf dem Kamel durch die Halbinsel Sinai mitnahm: zum Katharinenkloster, zum Mosesberg, sechs Wochen lang zu Stätten, von denen man annimmt, daß sich dort das Geschehen der Bibel abgespielt hat.

Das Kamel, das ich gekauft hatte, ging bald ein, es war sehr alt und schwach, wahrscheinlich war der Verkäufer froh, es an einen, der nichts von den Höckertieren verstand, losgeworden zu sein. Wir haben das Kamel einfach in der Wüste liegenlassen, nachdem es gestorben war. Danach ging ich die meiste Zeit wieder zu Fuß, ab und zu ritt ich mit auf dem Kamel meines arabischen Begleiters. Wir schlossen uns immer wieder anderen Karawanen an.

Nach neun Monaten kam ich wieder zurück nach Deutschland mit einem Arsenal von Geschichten aus dem fernen Nordafrika, an denen sich meine Großmutter nicht satt hören konnte.

3.
Ich fasse Fuß

Heirat – Eine feste Arbeit – Und doch kein Stillstand

Als ich von meiner ersten große Reise zurückkam, war es zunächst gar nicht so leicht, wieder Fuß zu fassen. Meine Arbeitssuche trieb mich quer durch Deutschland, und ich schlug mich mit Gelegenheitsarbeiten durch. Es war auch nicht einfach, eine Unterkunft zu bekommen. Viele Menschen draußen auf dem Land schauten mich ein bißchen scheel an und dachten wohl, daß ich vielleicht arbeitsscheu sei, weil ich so lange verreist war. In den kleinen Bauerndörfern war es nicht so einfach zu begreifen, daß es für einen jungen Menschen gut sein kann, etwas mehr von der Welt zu sehen. Einmal auf sich ganz allein gestellt zu sein, andere Eindrücke von der Welt zu gewinnen, die über den eigenen Kirchturm hinausgehen – diese Einstellung war damals noch recht fremd.
Ich habe immer abwechselnd Zimmer in diesem oder jenem Ort gehabt, für fünf oder zehn Mark im Monat. Richtig seßhaft geworden bin ich eigentlich erst mit meiner Heirat 1965.
Renate und ich, wir lernten uns im Zug kennen. Es war ein echter »Zufall«. Sie fuhr mit einem früheren, ich mit einem späteren Zug als geplant, und wir haben uns im Abteil getroffen. Und da damals schon etwas über meine Radtour nach Nordafrika in der Zeitung gestanden hat, sprach sie mich an und bat mich, ihr etwas über meine Reise zu erzählen. Es war eigentlich nicht »Liebe auf den ersten Blick« – dazu bin ich vielleicht ein zu nüchterner Mensch –, sondern eher ein gegenseitiges Verstehen, das

uns anzog. Renate wußte sehr bald, mit was für einem verrückten Menschen sie es zu tun hatte.
Auf unsere Hochzeitsreise gingen wir mit einem VW-Bus. Wir wollten nach Indien. Während des Krieges zwischen Indien und Pakistan blieben wir allerdings zunächst in Pakistan hängen. Wir bestiegen den Kilimandscharo zusammen, fuhren in die Türkei, machten Bergtouren – Renate ist auch eine sehr gute Bergsteigerin. Sie hat mich auf vielen Reisen begleitet, bis sie bei einer Grönland-Durchquerung mit Schlitten und Hunden in eine neun Meter tiefe Gletscherspalte fiel und sich dabei das Knie stark verletzte. Ich dachte damals, es wäre alles aus; wir waren so voller Pläne – aber nun schien allem ein Ende gesetzt, was wir eigentlich als unseren Lebensinhalt angesehen hatten.
Wir wollten damals noch keine Kinder, eben weil wir so viel gereist sind. Und später, als ich zu Extremtouren überging, war es aus unserer Sicht gar nicht mehr zu verantworten, Kinder zu haben. Denn meine Reisen waren teilweise lebensgefährlich, und ich geriet und gerate immer wieder in eine äußerst kritische Lage. Wenn ich dann für Kinder verantwortlich wäre, könnte ich diese Situationen nicht so ohne weiteres durchstehen, denn ich wäre wahrscheinlich zu stark belastet.
Es war für mich ein großes Glück, und ich empfinde es immer noch als eine ungewöhnliche Bereicherung, jemanden mit Renates Einstellung kennengelernt zu haben. Sie gibt mir die Freiheit, mein Leben so zu gestalten, wie ich es mir vorstelle. Nach ihrer schweren Verletzung durch den Sturz in die Gletscherspalte war es zwar mit Extremtouren für sie vorbei, aber sie ist Turnierreiterin und Reitlehrerin geworden, zuletzt sogar Turnierrichterin. Sie unterstützt meine Expeditionen durch eine sorgfältige Überprüfung meiner Tagebücher und der Fotos und Filme, die ich jedesmal nach meiner Rückkehr mit ihr

in allen Einzelheiten durchgehe. Wir verzichten auf etliches im Leben. Wir fahren alte, »urige« Autos. Viele Jahre lang hat sich Renate keine neuen Kleider gekauft, weil sie mir geholfen hat, für meine Expeditionen zu sparen. Sie arbeitet übrigens in derselben Firma wie ich.

Neben meiner Partnerschaft hat natürlich auch meine feste Arbeit sehr zu meiner inneren Sicherheit beigetragen, die es mir ermöglichte, all die abenteuerlichen Reisen zu unternehmen. Ich besaß keinerlei Zeugnisse, noch nicht einmal einen Volksschulabschluß. Da ich den Führerschein hatte, ging ich zum Luftfahrtunternehmen MBB bei München und erkundigte mich, ob ein Fahrer gebraucht würde. Ich mußte einen Testbogen ausfüllen. Ich weiß noch gut, daß man höchstens 160 Punkte erzielen konnte, und ich habe in sehr kurzer Zeit, schneller als die anderen Bewerber, 157 oder 158 Punkte erreicht. So sollte ich als Fahrer anfangen, und daraufhin habe ich kurz aus meinem Leben erzählt. Das brachte einen Firmenvertreter auf die Idee, daß ich vielleicht auch als Sachbearbeiter für den Zoll und die Außenwirtschaft, für das Transportwesen arbeiten könnte – damals fing die Zusammenarbeit mit französischen Firmen gerade an. Es war alles noch nicht so kompliziert wie heute und noch kein solcher Paragraphenwald. Direktor Nauschütz, der in Peenemünde schon mit Wernher von Braun zusammengewesen war, meinte einfach, ich sollte es probieren. Wenn ich es schaffte, sei es recht, und wenn es nicht klappte, würde man sich in der Firma eben etwas anderes für mich einfallen lassen. Die Leute waren nach ein, zwei Wochen mit meiner Arbeit zufrieden, und nun bin ich schon 22 Jahre bei MBB.

Mein Aufgabenbereich macht mir noch genausoviel Spaß wie vor über 20 Jahren. Allerdings arbeite ich auch häufig an Samstagen und Sonntagen oder in der Nacht. Die Überstunden lasse ich mir nicht auszahlen, sondern neh-

me sie mir als Freizeit. Natürlich gibt es darüber hinaus auch ab und zu bei mir unbezahlten Urlaub, wenn es der Beruf zuläßt. Ich wollte ja nie »Berufsabenteurer« werden – darunter würden die Reisen leiden –, sondern ich verbringe einfach meine Freizeit anders als viele andere Menschen – das ist das ganze »Geheimnis«. Ich finde es genauso wichtig, daß die Arbeit Freude macht, daß man mit den Kollegen und den Vorgesetzten gut auskommt, wie es natürlich auch spannend ist, immer wieder einmal hinauszufahren.
Vielleicht ist es wichtig zu sagen, daß meine Reisen nie sehr viel Geld kosten. Zwischen 4000 und 6000 Mark betragen die Kosten, alles eingeschlossen, Flug, Proviant, Ausrüstung usw. Und inzwischen reise ich ja fast immer völlig allein. Das war am Anfang, zum Beispiel in Grönland oder bei der Besteigung der Carstenszspitze in Neuguinea, noch anders.
Ich habe sehr viel von Hermann Huber gelernt, dem Expeditionsleiter der ersten und bisher einzigen deutschen Erkundung des höchsten Berges zwischen den Anden und dem Himalaja, der vorhin schon erwähnten Carstenszspitze. Sie ist über 5000 Meter hoch und ragt aus einem Tropenwaldgürtel heraus, schneebedeckt, weshalb damalige Beschreibungen des Weltumseglers Cook als Südseephantastereien abgetan wurden. Siebzig Leute hatten sich beworben, um mit Hermann Huber nach Neuguinea aufzubrechen, vier sind übriggeblieben, darunter ich. (Ausschnitte aus meinen Super-Acht-Aufnahmen, die wirklich atemberaubend waren, sind übrigens einmal in einem zweiteiligen Porträt über mich im ZDF Anfang 1986 ausgestrahlt worden. Es war damals der erste Super-Acht-Film, den ich überhaupt machte – davor hatte ich lediglich eine Fotokamera mit auf meinen Reisen.) Bei Hermann Huber habe ich gelernt, welche Fehler auf jeden Fall zu vermeiden sind. Ich habe auch viel auf der Expedi-

tion in die Arktis mit Dr. Herrligkoffer gelernt, bei der ein Berg nach mir benannt wurde. Aber meistens habe ich alles allein gemacht, weil ich so auf niemanden Rücksicht nehmen mußte. Und wenn man sehr anspruchsvolle, sehr harte Aufgaben vor sich hat, dann kann man keine Belastung durch andere gebrauchen, deren Kondition nicht ausreicht oder die mit Extremsituationen nicht zurechtkommen. Mit dem Bier auf dem Tisch zu Hause am Ofen läßt sich gut phantasieren, was man alles durchstehen kann, was man alles packen kann. Aber wenn man draußen ist, sieht es eben häufig ganz anders aus.

Ich war zum Beispiel eine Zeitlang Reiseleiter in Afrika, und dort erlebte ich Leute, die daheim ungeheure Pläne geschmiedet hatten; als sie dann aber in Afrika waren, konnten sie sich nicht einigen, ob es zu den Ruinen oder auf die Tiersafari gehen sollte. Man muß zu Kompromissen bereit sein. So kann es jedoch passieren, daß einer, der seit seiner Kindheit von einer Tiersafari geträumt hat, zu irgendwelchen Ruinen geschleppt wird, die ihn fürchterlich langweilen.

Man kann immer wieder vor sehr gefährlichen Situationen stehen, auch wenn man sich, wie ich, nicht absichtlich in diese Gefahren begibt. Im Sudan zum Beispiel passierte es, daß ich, ohne es zu wollen, einen Regenmacher offensichtlich beleidigt hatte. Die Regenmacher dort stehen gewöhnlich außerhalb der Gesellschaft. Dieser war schwer leprakrank, aber dennoch ein bewährter »Regenmacher«, weil er den Leuten eine gute »Show« bieten konnte. Ich glaube, daß er in Wirklichkeit an den Wolken erkannt hat, wann der Regen kommen würde. Dann nämlich hat er seinen Zauber vollführt und galt als erfolgreich. Er hatte Lepra im letzten Stadium, seine Hände und sein Gesicht waren völlig entstellt, und er wollte mich als Neuankömmling umarmen. Instinktiv habe ich das abgelehnt, und darauf wurde er so zornig, daß er uns Steine

nachschmiß. Wir, mein Träger und ich, schliefen in der folgenden Nacht in einer Lehmhütte mit Strohdach.
In dieser Nacht fing es plötzlich an zu knistern und zu rauchen: Die Hütte war angezündet worden. Wir wollten natürlich sofort durch den Türschlupf hinaus – der aber war solide verbarrikadiert. Wir schafften es schließlich doch noch, aus der Hütte zu entkommen, bevor das brennende Dach herunterfiel, und liefen in Panik davon.
Plötzlich spürte ich einen stechenden Schmerz im Fuß: Eine Giftschlange hatte mich gebissen. Ob es ein Zufall war oder ob der Regenmacher sie dorthin geworfen hatte, habe ich nie erfahren. Einer meiner Träger hatte der Viper den Kopf abgeschlagen und brachte ihn dem Medizinmann zur Identifizierung mit. Der ritzte die Bißstelle mit einem Dorn auf, massierte das Blut heraus und saugte an der Wunde. Durch die Behandlung des Medizinmannes überlebte ich den Biß dieser giftigen Viper.
Auf manchen meiner Fotos und in manchen meiner Filme sind auch scheinbar gefährliche Hängebrücken und Holzbrücken zu sehen. Aber die Brückenüberquerungen, selbst über die Täler in Shimshal im Himalaja, sind nicht wirklich lebensgefährlich. Sehr viel nervenaufreibender und risikoträchtiger ist es, wenn man ohne Begleitung ist und in eine Gletscherspalte abrutscht. Das passierte mir im Karakorum. Ich lag zwei Tage in der Gletscherspalte mit einer gebrochenen Nase: Man sieht heute noch, wie krumm sie ist. Ich kam nur mit allerletzter Willenskraft wieder heraus. Ich schlug Eiszapfen ab, schichtete sie aufeinander, schlug Stufen hinein und stemmte mich durch eine V-Spalte nach oben. Und in Madagaskar bin ich einmal fünfzehn Meter tief in ein Loch gefallen, wobei ich mir die linke Hand brach. Es gibt also durchaus immer wieder lebensgefährliche Situationen, auch wenn man die Gefahr nicht sucht.
Ich werde oft nach meinen Trainingsvorbereitungen und

meiner Ernährungsweise gefragt. Zu Hause in Deutschland bin ich reiner Vegetarier, trinke keinen Alkohol, rauche nicht, trinke keinen Kaffee und keinen schwarzen Tee. Ich trinke viel Milch, Mineralwasser und ab und zu alkoholfreies Bier. Durch die Erfahrungen in meiner Kindheit bin ich sehr genügsam und mache mir aus irgendeinem vermeintlich lukullischen Essen nicht viel.

Mein Training besteht unter anderem darin, daß ich fast täglich wenigstens sechzig Kilometer mit dem Fahrrad fahre – in der Frühe dreißig Kilometer zur Firma, dort dusche ich mich eiskalt, ziehe mich um, und dann beginnt, wenn man so will, mein zweites Leben, in dem ich mich mit Paragraphen und Terminen beschäftigen muß. Abends ziehe ich mir wieder meinen Trainingsanzug an und fahre noch einmal die dreißig Kilometer zurück. Ich rudere sehr viel, schwimme, laufe.

Ich bin auch bei einem Marathon mitgelaufen, in Bad Aibling, und habe ihn gleich gewonnen. Eigentlich bin ich kein Marathonläufer, kam aber folgendermaßen dazu:

Als mein Hausbau beendet war, machte mich ein Freund darauf aufmerksam, daß an einem Wochenende ungefähr 260 Marathonläufer in Bad Aibling versammelt wären, und fragte mich, ob ich nicht mitmachen wolle. Ich fuhr mit meinem Rennrad die knapp vierzig Kilometer nach Bad Aibling, stieg ab, ging mit der Fahrradkluft auf die Strecke und gewann auf Anhieb. Eine große Hilfe dabei war mir ein älterer Mann auf einem Fahrrad, der einen Buben im Kindersitz hatte und ungefähr zwei Drittel der Strecke vor mir herfuhr. An den hängte ich mich an, weil ich dachte, so wäre das Rennen zu schaffen. Er war für mich so eine Art Schrittmacher.

Auch die Klettertouren, die Alpintouren habe ich nie richtig gelernt oder offiziell trainiert. Ich habe ja überhaupt nie eine »ordentliche Ausbildung« gehabt, ich mußte immer alles schon können. Bei mir war es so wie bei einem

Nichtschwimmer, den man ins Wasser wirft. Er muß einfach schwimmen können, oder er ist verloren. Mit dem Bergsteigen bin ich schon seit früher Jugend vertraut. Um mir zu meinen drei Mark Lohn noch fünfzig Pfennig dazuzuverdienen, führte ich ab und zu Fremde.

Vor kurzem, vor meinem (erfolgreichen) Versuch, als erster Tibet mit dem Fahrrad zu durchqueren, habe ich natürlich besonders stark trainiert. Als letzte Trainingstour ging es in zwei Tagen 480 Kilometer nach Venedig. Ich mußte etwaige Schwächen früh genug feststellen – vielleicht am Herzen, an den Bändern oder sonst irgendwo. Ich bin ja mein eigener Trainer, mein eigener Arzt, mein eigener Expeditionsleiter.

Ein Jahr zuvor habe ich mich zum Beispiel für die Arktis-Tour fit gemacht, indem ich zwei Monate lang bei minus 40 Grad im Kühlhaus schlief. Ich schlafe übrigens im Winter fast immer auf der Terrasse, um mich abzuhärten. Mancher mag darüber lächeln. Meine Trainingsmethoden sind anders als in unserer hochtechnisierten Leistungssportgesellschaft. Ich hatte mich nicht nur auf die erwarteten minus 40 Grad in der Arktis vorzubereiten (tatsächlich wurden es minus 56 bis 58 Grad), sondern ich mußte auch meine Ausrüstung testen, denn wenn ich einmal unterwegs bin – weitab von entsprechenden Einkaufsmöglichkeiten –, läßt sich nichts mehr ändern.

Noch einmal zurück zur Ernährung. Wenn man unterwegs ist, auf einer einfachen Matte oder vielleicht im Zelt oder im Schlafsack am Boden liegt, häufiger irgendwo direkt in der Natur, und der Proviant ausgeht, wie es mir zum Beispiel in Neuguinea und in Borneo passierte, muß ich natürlich das essen, was das Land hergibt. Das können Schnecken, Mäuse, Ratten oder Affen sein; dabei kommt es nicht nur darauf an, so etwas überhaupt runterzubringen, sondern vielmehr darauf, es auch zu vertragen! Denn wenn man es nicht verträgt und krank wird, dann ist das

schon ein weiterer großer Risikofaktor. Für die Durchquerung Tibets mit dem Fahrrad habe ich mir zum Beispiel Tsampa, geriebenes oder gemahlenes Gerstenmehl, mit Wasser und einer Vitamin-Tablette vorgenommen.
Wasser ist ein ganz besonderes Problem. Man darf sich da nicht an europäischen Verhältnissen orientieren, weder was die Qualität angeht noch die Chance, welches zu finden. Wenn man mit dem Fahrrad unterwegs ist, muß man mindestens sechs Liter Wasser bei sich haben.
Ein wichtiger Abschnitt in Renates und meinem Leben war, daß wir – wiederum durch viele Zufälle – zu einem eigenen kleinen Häuschen in der Nähe von München kamen. Ich kehrte gerade von einem Besuch bei den Kopfjägern in Südostasien zurück, und eine Zeitung berichtete darüber.
Ich saß in einer Wirtschaft, in der, wie ich es oft erlebte, die anderen Gäste meine Reisen kommentierten und mir angesichts der Strapazen einen baldigen Tod prophezeiten. Ich kaufte mir dort die Wochenendausgabe des *Münchner Merkur,* nur wegen des Fernsehprogramms, und blätterte die Seiten durch. Ich komme zum Immobilienteil und sehe ein Angebot für ein Haus für 110 000 Mark; ich habe sofort angerufen, es war allerdings laufend besetzt. Als ich schließlich durchkam, sagte der Besitzer, daß er nicht mehr wüßte, was er machen sollte, weil jeder das Haus haben wollte. Ich war eben dabei, wieder einzuhängen, als er noch einmal nach meinem Namen fragte und ob ich der Bruder von dem sei, der »da draußen in der Welt herumsauste«. Als ich ihm sagte, daß ich es selber wäre, hatte ich das Haus so gut wie gekauft.
Es war in einem katastrophalen Zustand. Von Mitte Mai bis zum Herbst habe ich es allein und mit Freunden renoviert und umgebaut. Neben der Partnerschaft ist ein gemütliches Heim für mich Basis für all meine Unternehmungen.

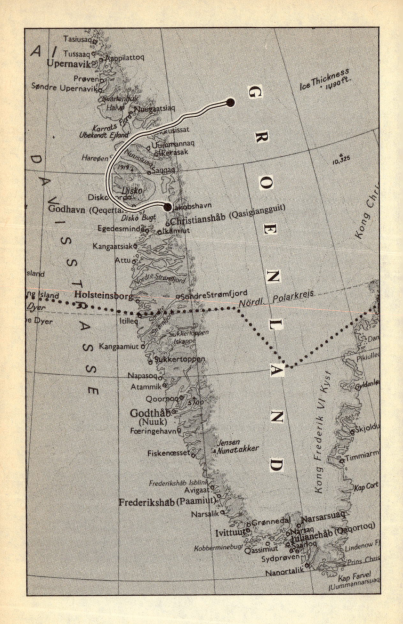

4.
Rivalik – der Held der Arktis

12. Februar 1971. Meine Frau Renate und ich kauern, eng aneinandergedrückt, unter einer zerrissenen Zeltplane auf einem kleinen Plateau des Arktischen Eismeeres. Seit zwei Tagen peitscht ein fürchterlicher Sturm über uns hinweg. Wir kommen nicht weiter. Renate hat Eisbrocken geschmolzen und trinkt ab und zu kleine Schlucke des erwärmten Wassers. Müde und verzagt fragt sie mich leise, ob ich noch an eine Rettung glaube. Sie kann nicht mehr gehen: Vor einigen Tagen sind die Hunde mit ihrem Schlitten in plötzlicher Panik davongerast. Der Schlitten stürzte um, begrub Renate unter sich und richtete sie arg zu. Ihr fällt ein, daß heute mein Geburtstag ist. Sie gibt mir einen eiskalten Kuß, flüstert »alles Gute« und schläft vor Erschöpfung ein. Ich schaue nach draußen, nach unserem grönländischen Begleiter Knud. Wenn ich mich umschaue, kann ich mir kaum vorstellen, daß der Entdecker Grönlands, der größten Insel der Erde, grüne Wiesen vor Augen hatte. Renate und ich, wir hatten uns viel von einem Filmauftrag versprochen, und wir glaubten, daß unsere Erfahrungen aus einer Reihe harter Fernexpeditionen ausreichen würden, um auch dieses Abenteuer zu bestehen.
Knud kniet vor Rivalik, dem Leithund, und spricht zu ihm wie zu einem Menschen. Er bindet ihm einen Zettel um den Hals, der in einen Handschuh gepackt ist. Rivalik springt mit gewaltigen Sätzen von einer Eisscholle zur

Folgende Seiten: Zwischenfall in der Arktis

anderen. Wir verlieren ihn schließlich aus den Augen. Dann redet Knud auf die anderen fünfzehn Schlittenhunde ein. Die dichtbehaarten Gefährten sehen ihn stumm an. Aus ihren traurigen Augen spricht der nagende Hunger. Sie können sich kaum noch auf den Beinen halten, zum Schlittenziehen sind sie längst zu schwach. Ich sehe, wie Knud unter der Not seiner Hunde mitleidet. Um ihnen ein wenig zu helfen, nimmt er ein paar der letzten Seehundpelze und seinen anderen Fellhandschuh und wirft alles den Hunden hin. Sie stürzen sich darauf und verschlingen die Felle im Handumdrehen. Knud kommt zurück unter die Zeltplane, sein Bart ist ein dicker Eisklumpen, in seinem zerfurchten Gesicht steht nicht mehr die mutige Entschlossenheit früherer Tage. Er nimmt einen Schluck Wasser aus der Konservendose, mehr haben wir nicht. Er schaut sich den spärlichen Brennstoffvorrat an und meint, zwei Tage müßten wir damit noch durchhalten, dann komme Hilfe.
Wir begreifen nicht, woher er seine Zuversicht nimmt. Wir sitzen auf unserem kleinen Felsplateau inmitten von treibenden Eisschollen, wie in einer Mausefalle gefangen. Der Platz ist nicht größer als vielleicht zwei Fußballfelder, dick mit Eis bepackt, der Sturm verstärkt noch die Kälte, die mit minus 31 Grad bis in die Gedärme schneidet. Neben unserem Biwak liegen die fünfzehn Polarhunde, nicht mehr als ein kleiner Schneehügel in der weißen Öde. Nur wenn Knud leise durch die Zähne pfeift, bewegt sich die weiße Masse ein wenig. Der Wind rüttelt am Zeltgestänge. Die Niedergeschlagenheit frißt sich immer tiefer in mich hinein, vor allem, wenn ich wieder einmal nach draußen schaue und statt der sehnsüchtig erwarteten Retter nur trostlose Einöde sehe. Nach vielleicht zwei Stunden Schweigen zwischen uns sagt Knud: »Schuld an allem bist du«, und deutet dabei auf mich, »du hast unseren Schutzgeist beleidigt. Jetzt straft er uns dafür. Ich bete

aber für dich, damit er dir verzeiht.« So meine Tagebucheintragung vom 12. Februar 1971. Wir wußten damals nicht, ob wir je wieder zurückkommen würden.

Wie kam es dazu, daß wir auf einer winzigen Insel in der Disko-Bucht, im Westen von Grönland, im fast ewigen Eis strandeten? Wir waren vom ZDF zu einer Reise mit einem freien Kamerateam eingeladen worden, das einen Film über das Leben der Menschen in der Arktis drehen wollte. Renate und ich freuten uns sehr darauf. Zur Abhärtung und Gewöhnung an die arktischen Verhältnisse schliefen wir – von Nachbarn belächelt – viele Wochen in unserer bewährten Himalaja-Kleidung und in Schlafsäcken draußen auf der Terrasse. Allerdings: Schon bei unserer Ankunft in Grönland mußten wir unsere Hochgebirgskleidung gegen die Grönland-Hosen aus Eisbärfell und Jakken aus Seehundpelz sowie Pelzschuhe eintauschen.

Das acht Mann starke Fernsehteam lernten wir zuvor am Flughafen in Söndre Strömfjord kennen. In Ilulissat (oder auf dänisch: Jakobshaven), 300 Kilometer nördlich des Polarkreises, lernte ich Knud kennen. Er war einer der etwa 3000 Einwohner dieses Ortes, in dem mehr als 6000 Schlittenhunde gehalten wurden.

In einem Gebiet, in dem der größte Eisfjord täglich ungefähr 25 Millionen Tonnen Wasser und Eis ins Meer schiebt und es außergewöhnlich kalt wird, sind Schlittenhunde immer noch zuverlässiger als Motorschlitten. Wir wurden im für dortige Verhältnisse komfortablen Hotel bestaunt und mußten pausenlos Interviews geben; die Dorfjugend bekam ja nur sehr selten einmal Fremde zu sehen.

Mit mehr als neunzig Hunden und acht Schlitten brachen wir am dritten Tag nach Norden auf. Das ganze Dorf verfolgte unsere Abfahrt, der Lehrer hatte den Schulkindern sogar frei gegeben. Wir waren voller Tatendrang und freuten uns auf das Abenteuer. Am späten Nachmittag erreichten wir ein fast verlassenes Fischerdorf. Als die paar einsamen Bewohner von unserem Ziel hörten, warnten sie uns eindringlich. Der Weg zur Disko-Insel übers offene Meer sei um diese Jahreszeit bereits sehr gefährlich, weil, wie in den letzten Jahren immer wieder beobachtet, das Eis schon stellenweise aufbreche. Der Expeditionsleiter beachtete die Ratschläge allerdings nicht weiter. Er wollte einen richtigen Abenteuerfilm mit nach Hause bringen, und dafür paßten eine solche Route und solche Umstände gut. Außerdem wollte er sich wohl keine Blöße geben, da er uns allen diesen Weg »versprochen« hatte.

Als wir am nächsten Tag aufbrachen, stand keiner der Einheimischen da, um uns gute Reise zu wünschen. Nur eine alte Frau wartete am Dorfende. Sie drückte Renate einen in Seehundfell gewickelten Gegenstand in die Hand, murmelte einige für uns unverständliche Worte und machte deutlich, daß sie den Gegenstand nach unserer Rückkehr wieder zurückhaben wolle. Da meine Frau keinen Platz dafür fand, steckte ich den vermuteten Talisman achtlos in meinen Anorak aus Seehundfell.

Vielleicht war es nur ein Zufall: Aber wir kamen von diesem Zeitpunkt an nur noch langsam voran. Der Expeditionsleiter wurde nervös. Er wollte sein Tagesziel unter allen Umständen erreichen – er fürchtete ein Biwak in der nächtlichen Kälte der Arktis. Dann folgte ein Mißgeschick nach dem anderen – Schlag auf Schlag. Ein Hund biß einem Schlittenführer in die Hand. Der immer aufgeregtere Expeditionsleiter stürzte in eine drei Meter tiefe Eisspalte und verletzte sich am Rückgrat. Der Wind schwoll zu einem Sturm an. Bei einbrechender Dunkelheit waren wir noch weit vom Ziel entfernt und mußten auf dem blanken Eis biwakieren. Am nächsten Morgen stellten wir fest, daß wir für solch tiefe Temperaturen immer noch zu schlecht ausgerüstet waren. Einige Teilnehmer hatten bereits Erfrierungen. Im Nu entbrannte ein handfester

Streit über die Schuldfrage. Am Ende beschlossen wir, umzukehren und in Jakobshaven eine bessere Ausrüstung zu besorgen und auch die Route neu zu überdenken. Auf der Rückfahrt ereilte ausgerechnet mein Hundegespann ein folgenschweres Unglück. Wir befuhren das zugefrorene Meer und sahen das Festland bereits in greifbarer Nähe. Plötzlich ein Knall, das Eis genau unter meinem Gespann barst auseinander, ich tauchte samt Schlitten und Hunden im eisigen Wasser unter. Unser Begleiter Knud reagierte blitzschnell. Er schlug den Treibriemen seiner Peitsche um mich herum und zog mich so heraus. Die anderen Schlitten hatten den Vorfall nicht bemerkt und waren weitergezogen. Durch die unterschiedliche Laufgeschwindigkeit der Hundegespanne waren die einzelnen Schlitten ziemlich weit voneinander entfernt, so daß nicht immer unmittelbar Kontakt bestand. Knuds Erfahrung verdankten wir dann auch die Rettung der Hunde und des Gepäcks. Über einen Umweg stießen wir schließlich wieder zu den anderen Gespannen. Weil ich völlig durchnäßt und meine Kleidung steif gefroren war, gab mir jeder von den Eskimo-Begleitern ein trockenes Kleidungsstück. Ich klapperte erbärmlich vor Nässe und Kälte, doch es half nichts: Ich mußte mich trotz minus 30 Grad umziehen. Beim Wechseln des Anoraks bemerkte ich den Verlust des Talismans der alten Frau.

Wir kehrten in das Fischerdorf wie ein Häuflein Geschlagener zurück. Die Bewohner standen am Dorfeingang und sahen ihre Warnungen bestätigt. Die Nacht über verbrachten wir in einem leeren Haus, in dem wir wenigstens einen Ofen und Heizmaterial fanden. Beim Wiederaufbruch am Morgen stand die alte Frau am Ortsausgang. Sie hielt die Hand auf, um ihren Talisman zurückzuerbitten, und schaute uns stumm in die Augen. Ich zuckte

Folgende Seiten: Rastplatz im ewigen Eis

verlegen mit den Schultern, denn der ausgeliehene Gegenstand lag nun auf dem Meeresgrund. Knud kam gerade hinzu. Er erfuhr von der Alten, daß sie uns ihren Tupilak, d. h. ihren Schutzgeist, anvertraut hatte, damit Renate nichts zustoßen sollte. (Tatsächlich hatte Renate als einzige von uns keine Erfrierungen!) Der Tupilak war ein uraltes Familienerbstück, das nur bei außergewöhnlichen Anlässen oder Gefahren den zu Beschützenden mitgegeben wurde. Als die Frau erfuhr, was mit dem Talisman passiert war, brach für sie eine Welt zusammen. Sie ging weinend ins Dorf zurück. Knud bezweifelte übrigens unsere Beteuerungen. Er glaubte wohl, daß wir den Gegenstand als Souvenir zurückbehalten wollten. Er warnte mich eindringlich vor der Rache des Schutzgeistes, falls wir dies wirklich täten.

In Jakobshaven forderte ich per Funk einen Hubschrauber für die Verletzten an. Als wir ebenfalls den Helikopter besteigen wollten, wurden wir abgewiesen, weil der Pilot im Nachbardorf noch einen anderen Verletzten abholen mußte. Er versprach uns aber, am nächsten Tag zurückzukommen. Wir gaben ihm unser Gepäck mit; das Hotel, das wir ansteuerten, war geschlossen, Fenster und Türen verrammelt; der Besitzer war Stunden zuvor mit dem Hundeschlitten zu Verwandten gefahren. So lud Knud uns ein, bei ihm zu übernachten. Er wohnte nicht mehr in einem der traditionellen Iglus, sondern in einer festen Baracke. Seine Frau begrüßte uns scheu. Ich war sehr froh, daß die Sitte, dem Gast die Ehefrau als Willkommensgeschenk anzubieten, nicht mehr gepflegt wurde.

Wir mußten vom Walfischfleisch kosten und schliefen gemeinsam mit der Gastgeberfamilie und den Hunden in dem stickigen Raum. Am Morgen waren wir die ersten, die sich fertigmachten. Zum Frühstück tischte uns Knuds Frau fast rohes Seehundfleisch auf. Wir warteten danach auf den Hubschrauber, aber vergebens. Auch am nächsten und übernächsten Tag kam er nicht. So waren wir gezwungen, wie die Grönländer, die keine Eskimo mehr sein wollen, zu leben. Wir aßen mit ihnen und steckten in ihren geliehenen Kleidern und rochen bald genauso streng wie sie. Jeden Abend saßen wir vor der Hütte und bewunderten das Polarlicht. Wir erfuhren viel über das Leben und die Herkunft der einheimischen Bevölkerung, wir bekamen viele schöne Märchen zu hören, wie sie Eltern ihren Kindern erzählten.

Die Bewohner fühlten sich nicht mehr als Eskimo, sie nennen ihre Insel *Kal Atdlit Nunnat* und sich selber *Innuit*, das heißt *Mensch*. Obwohl sie schon weitgehend Bekanntschaft mit den »Errungenschaften« der modernen Welt gemacht haben, wie zum Beispiel dem Helikopter, steht bei ihnen die Gemeinschaft noch hoch im Kurs. Trifft eine Familie ein Unglück, so helfen die anderen ganz selbstverständlich. Ihr Haus steht jedem offen, auch dem Fremden. Alte Grönländer zogen sich konsequent, aus unserer Sicht auf fürchterliche Weise, vom Leben zurück, wenn sie für die Gemeinschaft nichts mehr tun zu können glaubten. In früheren Zeiten ließen sie sich in Iglus einmauern, oder sie sprangen von Klippen in die tödliche Brandung.

Um so höher achten sie die Kinder, nicht nur aus Dankbarkeit den Überlebenden gegenüber, denn viele von ihnen sterben sehr früh, sondern vor allem auch, weil sie später den Eltern den Lebensabend sichern. In den Kindern wohnen nach Eskimoglauben auch die Geister früherer weiser Menschen. Schon sehr bald werden sie an die verantwortungsvollen Aufgaben in der Gemeinschaft herangeführt. Aus diesem Grund können es die Grönländer übrigens gar nicht begreifen, daß es irgendwo auf der Erde ein Land geben soll, in dem die Kinder geschlagen werden.

Wir fühlten uns schon fast wie Grönländer, als an einem

Nachmittag Hubschraubergebrumm ertönte. Der Pilot kam jedoch nur, um einen verletzten Seefahrer versorgen zu lassen, der zusammen mit drei Brüdern auf dem Schiff vom Eis überrascht worden war. Die vier hatten Proviant holen wollen, kehrten aber nicht aufs Schiff zurück und blieben verschollen. Also wurde von Jakobshaven aus eine Suchaktion mit Hundeschlitten gestartet. Renate und ich erklärten uns bereit, mitzufahren.
Der Himmel strahlte blau, kein Wind wehte, und die Eisberge vor der Küste glänzten in der Sonne, als wir aufbrachen. Aber schon kurz nach Verlassen des Ortes änderte sich das Bild. Wir kurvten auf dem zugefrorenen Meer zwischen riesigen Eisbergen hindurch, das Wetter schlug um, es stürmte, und dichter Schnee fiel. Die Eiskristalle stachen wie Nadeln ins Gesicht. Zwei Tage lang durchstöberten wir die bedrohliche Eiswüste, immer in der Hoffnung, hinter dem nächsten Eisberg die Verschollenen zu finden. Wir fuhren und marschierten von früh bis spät. In der Nacht spannten wir eine Plane über den Schlitten und kochten über einer Petroleumflamme gefrorenen Fisch. Unser Ziel war das Schiff, denn nach Knuds Ansicht hatten die Männer versucht, dorthin zu finden. Renate und mir war es völlig rätselhaft: Eines Tages, ohne daß Knud oder die anderen Hundeführer irgendeine Navigationshilfe benutzt hätten, standen wir plötzlich vor dem Schiff. Es war leer. Einige Meter davor ragte ein kleiner Hügel aus dem Schnee. Einer aus der Mannschaft scharrte den Schnee beiseite. Darunter fand er, was die Leute vermutet hatten: vier tote Schlittenhunde. Von den gesuchten Männern jedoch keine Spur. Die Nacht verbrachten wir auf dem Schiff.
Am nächsten Morgen nahmen wir Stücke von der hölzernen Reling als Brennmaterial mit. Wir zogen wieder kreuz und quer durch die Eiswüste. Der Sturm tobte unaufhörlich, und die Schneeflocken verfinsterten den kurzen Tag.

Uns narrte das Brausen, wir glaubten die Schreie Verzweifelter darin zu hören. »Der Teufel treibt einen schlechten Scherz mit uns«, meinte einer der Schlittenführer. Ein solches Wetter hatten die meisten von ihnen auch noch nicht erlebt. Plötzlich schlug er wie von Sinnen auf die Hunde ein und preschte mit seinem Gespann in Richtung Schiff davon.

Obwohl niemand eine Erklärung dafür hatte, machten es ihm die anderen nach. In wahnsinnigem Tempo rasten die Hunde durch das Eislabyrinth. Unser Schlitten stürzte dabei um und begrub Renate unter sich. Sie schrie laut auf, als die Kufen über sie hinwegfuhren. Sie verfing sich in der Zugleine und wurde mitgeschleift. Der Schlittenführer konnte die entnervten Hunde schließlich stoppen. Renate war bewußtlos. Die Eskimo packten sie in Rentierfelle und legten sie vorsichtig auf einen Schlitten. Langsam fuhren wir bis zum Schiff. Wegen Renates Verletzungen mußten wir dort drei Nächte und zwei Tage verbringen. Ich nahm per Funk Kontakt mit der Hubschrauberstation auf, von der man wegen des üblen Wetters aber keine Hilfe schicken konnte.

Der Schlittenführer, besonders Soerens, auf dessen Schlitten Renate gesessen hatte, saßen bedrückt herum. Sie litten mit ihr. Im Schiff war eine Liegestätte für sie improvisiert worden. Knud setzte sich neben Renate und hielt ihre Hand. Er vermutete, daß der beleidigte Tupilak-Schutzgeist sich gerächt hatte. Ich kümmerte mich weniger um Geister als um eine Möglichkeit, meine Frau so schnell wie möglich nach Jakobshaven und von dort nach Deutschland zu bringen. Wir beschlossen, daß Knud am nächsten Morgen mit den besten Hunden und nur ganz wenig Gepäck starten und Renate in Sicherheit bringen sollte. Die anderen Mitglieder der Suchmannschaft wollten auf dem Schiff bleiben und beim erhofften Einsetzen des Tauwetters, das in nächster Zeit erwartet wurde, über das Wasser zurückfahren.

Renate wurde auf den Schlitten gepackt. Sie ächzte vor Schmerzen, Knud und ich liefen hinter dem Gespann her. Knud trieb seine Hunde mit »gama, gama« an. Wir trabten vierzehn bis sechzehn Stunden am Tag, nur mit geringster Verpflegung, sehr häufig bei fast völliger Dunkelheit am Morgen und am Abend. Außer geschmolzenem Eis und gefrorenem Fisch, der nur mühsam auftaute, konnten wir Renate nichts geben.

Der Schneesturm toste immer stärker. Schließlich mußten wir sogar mitten am Tag auf einer winzigen Felsinsel kampieren. Wir steckten Renate unter die zerfetzte und stinkende Plane, um die schlimmste Kälte vor ihr abzuhalten. Knud und ich kauerten uns, eng aneinandergedrückt, zwischen die Hunde und verbrachten so den Rest des Tages und die Nacht. Als es morgens wieder hell wurde, bemerkten wir, daß das Eis um unsere Felsinsel herum zu zerspringen begann. Der Sturm blies aus einer anderen Richtung und hatte die Temperaturen steigen lassen. Jetzt bewegten sich die Eisberge und zerrissen die bisher zusammenhängende Eisdecke. Damit war uns jeder weitere Weg abgeschnitten. Renate wurde vor Kälte zusehends bleicher. Wir lockten die Hunde zu ihr hin, die auch schnell begriffen, worum es ging, und sich wärmend um sie drängten.

Nach einiger Zeit drehte der Wind erneut und brachte noch mehr Kälte. Dennoch bildete sich keine geschlossene Eisdecke mehr. Uns beschlich Panik; als sich die Wolken teilten und es wieder heller wurde, sahen wir die rettende Küste vor uns. Nachts schimmerten die Lichter von Fischerhütten zu uns herüber. Aber wer sollte uns bemerken? Am verzweifeltsten fühlten wir uns am zweiten Tag. Ein Schiff hielt auf uns zu, drehte aber dann wieder ab. Nach drei Tagen schließlich raffte sich Knud zum letzten Versuch auf, den ich am Anfang dieser kurzen Schilderung erwähnte. Er schickte den Leithund Rivalik mit einer Nachricht zum Festland.

Gerade hat mir Renate zum Geburtstag gratuliert. Wir wissen beide nicht, ob wir ihn je noch einmal feiern können. Wir haben keine Kraft mehr und, schlimmer, keinen Mut mehr, uns gegenseitig Hoffnung zuzusprechen. Da mischt sich in das Toben des Sturmes ein ungewohnter Ton, ein Knattern und Pfeifen. Nach wenigen Sekunden sind wir sicher: Das kann nur ein Hubschrauber sein. Das Rasseln seiner Rotoren ist wie erlösende Musik. Rivalik hat es also geschafft und sich über die Eisschollen bis ans Ufer von Jakobshaven durchgekämpft. Wir erfuhren später, daß er zu Knuds Familie gelaufen war. Dort fand man die Nachricht im Handschuh und schickte uns den Hubschrauber. Wir wagen kaum, uns auszudenken, wie es uns ergangen wäre, wenn der Hund sein Ziel nicht erreicht hätte. Für uns ist Rivalik der Held der Arktis.

In der Hütte von Knud erholten wir uns zwei Tage, ehe uns der Hubschrauber nach Söndre Strömfjord brachte. Wir mußten vor dem Einsteigen natürlich viele Hände schütteln. Auch die alte Frau war wieder da. Sie gab Renate einen neuen Tupilak, den sie sogar behalten durfte, und wünschte ihr viel Glück.

Nach zwei Tagen sind wir wieder zurück in Deutschland. Wir haben viel gelernt. Wir haben die Macht der Natur erlebt und Menschen, die sich anpassen können, die sich in die Natur einfügen. Wir haben aber auch feststellen müssen, welche Gefahren darin stecken, sich über die Natur hinwegzusetzen. Für mich persönlich war es eine Lektion, mich bei späteren Expeditionen noch besser vorzubereiten und mich noch stärker nur auf mich selbst zu verlassen.

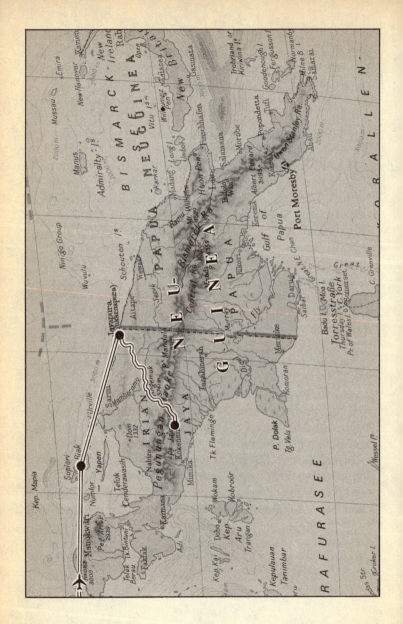

5.
Neuguinea –
Meine Reise in die Steinzeit

Im Januar 1975 war ich als Mitglied einer mehrköpfigen Gruppe bereits einmal in Neuguinea. Damals waren wir die ersten und bis jetzt einzigen Deutschen, die die Carstenszspitze, mit ca. 5030 Metern der höchste Punkt zwischen den Anden und dem Himalaja, bestiegen hatten. Ich war damals mit Menschen in Kontakt gekommen, die aus unserer Sicht noch im Steinzeitalter leben, mit den Danis. Sie hatten uns geholfen, zunächst durch den Urwald und dann durch die immer höher ansteigende Gebirgswelt Teile unserer Ausrüstung zu tragen – dabei gingen sie barfuß und waren fast ohne jede Bekleidung. Bereits damals hatte ich mir vorgenommen, wieder nach Neuguinea zurückzukehren, diesmal aber allein. Aber bis es dazu kam, vergingen noch mehrere Jahre.
Im Dezember 1980 war es endlich soweit. Nachdem ich mir Monate vorher einen komplizierten Splitterbruch am Fußgelenk zugezogen hatte – und das ironischerweise nicht etwa bei irgendeiner Extremtour, sondern weil ich zu Hause über ein Elektrokabel stolperte –, war auch der eigentliche Anfang der Reise, die ich ohne Wissen meines Arztes antrat, von außergewöhnlichen Schwierigkeiten gekennzeichnet.
Ich flog zunächst nach Jayapura, einer wichtigen Stadt im indonesischen Teil von Neuguinea. Dann ging es weiter nach Sentani, von wo aus wir einem befreundeten Missionar meine Ankunft über Funk mitteilten. Wir gerieten mit dem einmotorigen Kleinflugzeug allerdings in ein solch schlimmes Sturmwetter, daß keine Möglichkeit bestand,

bei diesem Missionar in Abmisibil zu landen. Ich muß die dramatischen Stunden, in denen wir, der junge amerikanische Pilot Ted und ich, in höchster Lebensgefahr schwebten, hier mit wenigen Sätzen schildern. Die Cessna wurde im Sturm hin und her geworfen, sie war nicht mehr zu steuern. Ich übergab mich ein ums andere Mal, auf der bleichen Stirn des Piloten perlten Schweißtropfen, wir hatten weit weniger Sprit, als zunächst aufgrund der Tankanzeige anzunehmen war, die Turbulenzen wurden schlimmer, Ted probierte eine mühsame Notlandung auf einer Lichtung neben einem kleinen Dorf. Damit begann, zunächst unfreiwillig, eine meiner interessantesten Expeditionen, eine Reise in die Steinzeit, wie sie wohl nur schwer nachzuvollziehen ist.

Mehr tot als lebendig, im Gesicht grün und gelb, kroch ich aus der Cessna. Einer der Eingeborenen, die sich während unserer Landung im Gebüsch versteckt hatten, streckte mir zum Willkommen die nun leere Spucktüte entgegen, die ich kurz zuvor aus dem Klappfenster geworfen hatte. In meinem Anorak, der mich ganz gut gegen den Sturm schützte, stand ich einer ungewöhnlichen Kultur gegenüber. Die Männer waren so gut wie nackt, lediglich mit einer *Koteka* bekleidet, einer hölzernen Penishülle. Manche trugen einen Eberzahn oder einen Vogelknochen quer durch die Nase gesteckt. Die Frauen gingen »oben ohne«, mit einem Baströckchen bekleidet, und hatten ein großes Tragenetz quer über die Stirn befestigt. Wahrscheinlich sind diesen Menschen unsere Kleidungsstücke und unsere Ausrüstungsgegenstände wie Uhr, Fotoapparat, Funk- und Navigationsgeräte vom Flugzeug ganz zu schweigen, genauso verwunderlich vorgekommen.

Wir musterten uns wortlos einige Minuten lang. Dann schob sich ein etwa 1 Meter 50 großer Mann durch die

Brücke in Neuguinea

Herumstehenden. Er stach durch einen besonders riesigen Eberzahn in der Nase und eine weit ausladende *Koteka* hervor. Später stellte sich heraus, daß er Sakios hieß und Dorfoberhaupt war. Er reichte uns nach westlicher Art die Hand und begrüßte uns mit »*telewe tuan*« – »Ich grüße dich, weißer Mann.« Das bedeutet übrigens außerdem »danke« und »auf Wiedersehen«.

Die Erwachsenen umringten die Maschine immer dichter, die Kinder konnten wir nur mit Mühe davon abhalten, auf die Tragflächen des Flugzeugs zu klettern, der Dorfchef mußte seine ganze Autorität aufbieten, um eine Kaperung zu verhindern. Ein englisch sprechender Militär, der hinzukam, sagte uns, daß wir in Borme gelandet waren, das etwa 150 Einwohner zählte. Er sorgte mit fünf weiteren Soldaten für Ruhe und Ordnung. Früher sei einmal ein Missionar dagewesen, für den die noch vorhandene Graspiste angelegt und eine kleine Hütte gebaut worden war. Als der Pilot Ted hörte, daß es in diesem abgelegenen Winkel schon seit langem kein Kerosin mehr gab, verfinsterte sich sein Gesicht. Er hieß mich alles ausladen und in das ehemalige Missionshäuschen bringen. Die umstehenden Eingeborenen halfen eilfertig, weil sie glaubten, daß der Inhalt des Göttervogels der weißen Männer ihr Eigentum wäre. Sie meinten, wie ich später erfuhr, es handele sich bei den Gegenständen um Geschenke verstorbener Stammesmitglieder, deren Seelen auf einer Geisterinsel lebten und die ihnen mit dem Göttervogel diese Dinge geschickt hatten. So konnten sie es einfach nicht begreifen, daß wir die vielen Sachen in der Hütte verschwinden ließen, und sie fragten immer wieder, wann nun die Verteilung beginne.

Ted startete anderntags allein und ohne Gepäck, weil er mit dem Restsprit in der Cessna nicht riskieren konnte, auch nur ein Kilogramm zuviel Gewicht an Bord zu haben. Er versprach, so bald wie möglich wiederzukommen und mich vielleicht doch noch nach Abmisibil zu bringen. Neugierig und ehrfürchtig schauten die Dorfbewohner dem am Horizont verschwindenden »Göttervogel« nach. Sie schienen etwas enttäuscht zu sein, nachdem sie am Tag zuvor den Eindruck von ängstlich-erwartungsvollen Kindern am Nikolausabend gemacht hatten. Sie waren eben der Ansicht gewesen, daß die fremden Wesen sie beschenken würden.

In den ausladenden Tragnetzen der Frauen steckten allerlei primitive Holzgerätschaften für die Feldarbeit, manchmal auch die Kinder. Die Männer waren schmal und zartgliedrig, sie waren klein, aber nicht so klein wie Pygmäen. Die eingeborenen Herren der Schöpfung legten offensichtlich Wert auf Schmuck, sie schienen eitel zu sein. Armbänder aus Schweinezähnen und Orchideenrinde, Papageienschnäbel oder Eberhauer, durch die Nase gezogen, Halsketten aus Hundezähnen, Stirnbänder aus Opossumfell unterstrichen für europäische Augen aber nur ihre natürliche Wildheit. Sie symbolisierten Teile ihrer Umwelt und vor allem ihren Kampf ums Dasein. In Neuguinea nannte man sie die *Ok*-Leute, das heißt, die Menschen, die am Fluß leben.

Da sie mit moderner Technik oder Flugzeugen natürlich nichts anfangen konnten, hatte ihr sehr flexibler Medizinmann das Vorhandensein von Wesen und Dingen, die ihrer Welt fremd waren, geschickt in sein religiöses Denksystem übernommen. Danach war es natürlich nicht Spritmangel, der die ganze für den Missionar in Abmisibil bestimmte Fracht aus Lebensmitteln und wichtigen Dingen des täglichen Grundbedarfs samt mir hier lagern ließ, sondern es handelte sich um die Erfüllung einer lange vorherbestimmten Vision. Das Gefährt kam aus dem Jenseits, von ihren Ahnen.

Mit Hilfe des Polizeisoldaten konnte ich mir vom Dorfhäuptling und vom Medizinmann einiges über die Vorstellungswelt der Oks erklären lassen. Mehrere Abende saßen wir im Männerhaus um ein wärmendes Feuer herum. Nach dem Glauben der Oks ist der Körper die Wohnstätte des Geistes und der Seele. In ihren Augen gibt es keinen natürlichen Tod; entweder wird man ermordet, oder man stirbt, weil man von irgend jemandem verhext worden ist. Beim Tod entschwindet der Geist aus dem Körper und zieht mit den Wolken oder den Vögeln des Urwaldes auf eine weit entfernte Insel. Auf der Reise vereinigen sich die Seelen mit den von den Oks als heilig verehrten Vögeln, zum Beispiel mit Geier, Nashorn- oder Paradiesvogel. Nach Beendigung der sehr langen Reise werden sie als weiße Menschen auf dieser Insel wiedergeboren. Schon im jetzigen Leben wird ihnen versprochen, daß sie nach dem Tod als weißhäutige Menschen an ihren früheren Wohnort oder irgendeinen anderen von ihnen gewünschten Platz zurückkehren dürfen. Dort besitzen sie dann alles, was sie sich wünschen. Den hohen Himmel über den Wolken sehen die Oks als Wohnstätte der Geister an. Dahinter liegt die Insel, auf der die verstorbenen Seelen in weiße Menschen verwandelt werden. Geier und Nashornvögel verehren sie auch deshalb ganz besonders, weil diese sehr hoch und weit fliegen und so der Geisterwelt am nächsten kommen. Diese Vögel bringen Nachrichten von den Verstorbenen, aber nur der Medizinmann des Dorfes kann die Töne deuten, die die heiligen Vögel beim Überfliegen ihres Dorfes von sich geben.

Die Sehnsucht nach weißer Hautfarbe war mir schon bei vielen Reisen zu Naturvölkern und in fremde Länder aufgefallen. Einerseits ist sie wohl Ausdruck des Wunsches, der Eroberung und Unterdrückung durch weiße Kolonisatoren, die Nord- und Südamerika, Afrika und große Teile Asiens in ihre Gewalt zu bringen versuchten, zu entgehen. Andererseits ist Weiß auch eine Farbe, welche in der religiösen Vorstellung Reinheit, Überlegenheit und Wohlstand bedeutet.

Für meine Anwesenheit hatten sie eine einfache Erklärung. Der alte Medizinmann bedeutete mir beinahe erbost, ich sei als Weißer im Auftrag ihrer Toten in das Dorf gekommen, um allen vom mitgebrachten Besitz viel zu geben, aber ich sei ein Mensch mit einem schlechten Geist, denn ich verstecke in der Hütte, die für einen anderen Menschen vor langer Zeit gebaut worden war, die Dinge, die eigentlich den Dorfbewohnern gehörten. Die ums Feuer sitzenden Männer bestätigten durch Kopfnicken immer wieder die Worte des Häuptlings und des Medizinmannes. Alles, was der Göttervogel, der allein durch die Zauberformel des Medizinmannes zu ihnen gelockt worden sei, mitbringe, stamme nicht vom *Tuan* (dem weißen Mann), sondern von den Verstorbenen ihres eigenen Volkes. Ich versuchte vergeblich, ihnen die tatsächlichen Zusammenhänge zu erklären.

Die Dorfbewohner brachten mir täglich gebratene Süßkartoffeln und uns unbekannte, schmackhafte Wurzeln. Dabei schielten sie stets auf das Gepäck und machten eindeutige Handbewegungen. Ich sah mich aber außerstande, etwas von dem Inhalt der Kisten weiterzugeben, weil ja die Missionsstation sicher sehnlichst darauf wartete. Nach neun Tagen ständiger Regenfälle war ich so ungeduldig geworden, weiterzukommen, daß ich krampfhaft nach einer Möglichkeit suchte, zu Fuß nach Abmisibil zu gelangen. Ich stapfte zum Militärposten, um mich mit dem Soldaten zu besprechen; als er schließlich begriff, was ich vorhatte, schüttelte er den Kopf und meinte, ein Fußmarsch wäre reiner Selbstmord. Die Strecke beanspruche neun Tage und werde sogar von Einheimischen nur äußerst selten begangen. Der Pfad sei gefährlich, weil von der Ahneninsel eine Menge böser Geister in den Urwald und in die Flüsse vertrieben worden seien. Dort ließen sie ihren Zorn an den Wanderern aus. Auch müsse man viele morsche Hängebrücken aus Lianen überqueren. Verschiedene reißende Flüsse könnten nur direkt durchquert werden. Dabei sei schon eine ganze Reihe von Menschen ertrunken. Danach warteten tiefe Schluchten, die es auf faulenden Baumstämmen zu überqueren gälte. Ich hatte große Mühe, einen ortskundigen Begleiter zu finden. Schließlich meldete sich ein junger Bursche, der weder von seiner Gestalt noch von seiner Art her zu den anderen paßte. Er erzählte in recht gutem Englisch, daß er aus dem Bime-Tal stamme, gut eine Woche Fußmarsch von Borme entfernt. Nach dem starken Erdbeben 1976 war er mit den überlebenden Stammesangehörigen aus dem Tal geflüchtet. Sie irrten lange umher, wurden aber nirgendwo aufgenommen. Schließlich sammelte das Militär die Flüchtlinge und brachte sie in dünner besiedelte Gebiete. Den vor mir stehenden Burschen traf das Schicksal besonders hart. Er verlor bei dem Beben nicht nur drei Brüder und eine Schwester. Sein Vater, der Dorfhäuptling und Medizinmann, wurde für das Unglück verantwortlich gemacht. Obwohl das Beben längst vorbei war, kamen eines Tages zwei Eingeborene nach Borme und riefen, als es dunkel geworden war, den Namen des damaligen Häuptlings. Beim Heraustreten aus der noch nicht ganz fertigen Hütte wurde er von mehreren Giftpfeilen tödlich getroffen. Der Junge sah noch, wie sein Vater zusammenbrach, durch den Hütteneingang zurückkroch und kurz darauf starb. Der etwa 15jährige war froh, die Schule besuchen zu dürfen. Er willigte sofort ein, mich nach Abmisibil zu begleiten, weil er dringend Geld für Schulhefte und Schreibstifte brauchte, außerdem wollte er seine Mutter, die als einzige Familienangehörige außer ihm noch am Leben geblieben war, mit einer Halskette erfreuen. Noch in der nächsten Nacht brachte er zwei Freunde mit, so daß wir am anderen Morgen aufbrechen konnten. Er selbst hieß Bitini, seine beiden Freunde Weneri und Dumbari, mich nannten sie Tenpo.

Am Tag unseres Aufbruchs hatte es aufgehört zu regnen. Ich freute mich auf einen interessanten Marsch, und auch die vor uns herfliegenden Paradiesvögel verhießen viel Gutes. Im heller werdenden Sonnenlicht sah ich zum erstenmal das Tal und die Landschaft in den vielen Grünschattierungen der Wälder und entlang den Flüssen das Grau der lebenswichtigen Kartoffelfelder. Rauchsäulen über den Bäumen zeigten die verschiedenen Siedlungen an. Einer der Burschen meinte, uns würden nur gute Geister begleiten, denn der Rauch, der von den Hütten nach unten ins Tal ziehe, trinke Wasser aus dem reißenden Fluß und lasse es später in prasselndem Regen wieder fallen. Wir kamen gut voran. Am Nachmittag erreichten wir ein kleines Dorf mit sieben Rundhütten, wie sie für das Hochland von Neuguinea typisch sind. In der Mitte stand das Männerhaus, das allen Durchreisenden als Unterkunft dient. Ähnlich wie in unseren früheren Dorfwirtschaften trifft man sich hier im Männerhaus, tauscht Neuigkeiten aus und geht wieder seines Weges. Die Männer hier trugen keine Flaschenkürbisse als Koteka, sondern kleinere, eher kugelförmige Penishüllen. Mich interessierte eine für meine Sammlung zu Hause. Ich sprach einen der Männer darauf an, aber er wollte sich nicht von seiner Koteka trennen. Nicht, weil dieses besonders schön verzierte Exemplar ihm sehr wertvoll erschien oder weil er später keinen Ersatz gefunden hätte, sondern weil er eben im Moment nur die eine besaß – und er wollte und konnte unmöglich, wenn auch nur für kurze Zeit, völlig nackt herumlaufen! Ich bot ihm eine leere Stannioltüte an, in der zuvor Pulver für ein Mineralgetränk aufbewahrt worden war. Er ging etwas abseits, probierte die Stannioltüte aus, kam zurück und meinte, der Tausch sei perfekt. Alle im Dorf beneideten ihn nun um seine außergewöhnliche Koteka und wollten auch tauschen. Aber darauf war ich natürlich nicht vorbereitet.

Ich lernte bei diesem Marsch quer durch den Urwald von Neuguinea auch ein besonderes Zählsystem kennen. Während eines lebhaften Gesprächs über den Handel von Kartoffeln und Wurzeln bemerkte ich, daß sich die Einheimischen fortwährend an Ohr, Nase, Ellbogen, Schlüsselbein, Mittelfinger usf. griffen. Mir wurde erklärt, daß jeder Körperteil für eine Zahl stünde. Das beginnt mit der Eins, die Tenpo heißt und mit dem kleinen Finger der linken Hand identifiziert wird. Nun geht es vom kleinen Finger über Ring-, Mittel- und Zeigefinger bis zum Daumen der linken Hand, dann über Unterarm, Ellbogen, Oberarm, Schultergelenk, Hals, Ohr, Nase immer weiter, bis man schließlich zur rechten Körperseite wechselt, also zum rechten Ohr, zum Schlüsselbein rechts, zum rechten Arm und schließlich zu den Fingern an der rechten Hand, so daß insgesamt bis 25 gezählt werden kann. So kauften die Träger also Süßkartoffeln und Kasbhiwurzeln ein, die man häutet und kurz über dem Feuer brät. Sie schmecken nicht schlecht, vor allem, wenn man nichts anderes hat. Auf meinem Proviantplan stehen üblicherweise bei meinen Touren etwa 30 % leichtes Gefriergetrocknetes aus Deutschland, und den Rest kaufe ich in der Gegend, in der ich gerade bin. Außerdem nehme ich täglich eine Vitamintablette ein, seit einigen Jahren auch ein besonderes Blütenpollen- und Gelee-Royal-Präparat.

Der Tagesablauf war stets gleich: Wir marschierten bis zum Nachmittag oder Abend. Wenn wir auf Hütten stießen, kauften wir hier Kartoffeln und Wurzeln und übernachteten in den stickigen und rauchigen Männerhäusern. Wir waren regelmäßig durch die inzwischen wieder einsetzenden Regenfälle bis auf die Haut durchnäßt und trockneten die Kleider am offenen Feuer.

Am Meme-Fluß waren wir mit unserem Latein am Ende. Auf 200 Metern Breite toste das Wasser talwärts. Nirgends eine Brücke, der Fluß viel zu tief, um ihn zu durchwaten.

Während ich nun darauf wartete, daß den Trägern vielleicht ein besonderer »Eingeborenentrick« einfiel, rechneten sie im Gegenzug offenbar mit dem »Alleskönner Tuan«. In unserer Ratlosigkeit sahen wir weiter oben am Fluß, wie ein Mann und eine Frau an einer Stelle, an der große Steine herausragten, den Strom zu überqueren suchten. Wir beobachteten, wie er mühevoll mit einer Stahlaxt mehrere kleine Stämme fällte, sie über und neben die Steine legte und schließlich durch hüfthohes Wasser balancieren konnte, mit einem Hund und zwei Schweinen. Auch wir bedienten uns seiner Hilfskonstruktion, und als ich mich bei dem Mann bedankte, zog er ein zerknittertes Heiligenbild hervor und versuchte, es mit einer langen Nadel im Haar zu befestigen. Er hatte das Heiligenbild von einem weißen Missionar geschenkt bekommen, der ihm viel von seinem Gott erzählte, einem weisen und reichen Mann; man könne ihn allerdings nicht sehen, denn er wohne hinter den Sternen. Man komme nur zu ihm, so hatte der Eingeborene den Missionar verstanden, wenn man ein guter Mensch sei und dieses Bildchen immer bei sich trage. Allerdings seien die Missionare teilweise recht unbeliebt, weil sie die alten Glaubensfetische in den Dörfern seiner Heimat verbrannten. Deshalb waren erst kürzlich zwei Patres getötet worden. Zwei weitere wurden umgebracht, weil sie sich nicht davon abhalten ließen, in ein bestimmtes Tal zu gehen. Auch ich sollte mich davor hüten, durch dieses Gebiet zu ziehen. Er erzählte weiter von sakral bemalten Männerhäusern in seinem Dorf. Da drinnen würden die Totenköpfe und in besonderen Netzen die getrockneten Herzen verstorbener großer Häuptlinge aufbewahrt.

Als ich meinen Trägern vorschlug, dorthin zu ziehen, erschreckte sie das nicht, sondern sie freuten sich viel-

Folgende Seiten: Brückenbau im Hochland von Neuguinea

mehr über den Mehrverdienst, den sie durch den fünftägigen Umweg erhalten sollten. Meine Neugier war durch die Erzählungen des Mannes geweckt worden. Der Pfad wurde steiler und schwieriger, der Regen machte die Steige schlüpfrig und glatt. Spinnen, Moskitos und Blutegel piesackten uns. Wir fanden keine Siedlung oder Behausung, es war unmöglich, im steilen Gelände einen Unterschlupf zu bauen. Wir legten das Gepäck in einen hohlen Baum und verbrachten die Nacht stehend im Regen. Das Vorwärtskommen wurde immer schwieriger, meine Kleider hingen bereits in Fetzen herunter. Fortwährend taten sich neue Schluchten vor uns auf, die wir mühsam überqueren mußten. Ich war nahe daran aufzugeben, doch den jungen Burschen schien all das nichts auszumachen. Sie balancierten anscheinend mühelos mit dem schweren Gepäck über die moosüberzogenen und glitschigen Baumstämme und Übergänge. Wie Greifvögel krallten sie ihre Zehen in das Holz und bewegten sich dadurch völlig sicher. Ich hatte es da mit meinen Schuhen an den Füßen viel schwerer. Teilweise taten sich unter uns bis zu 40 Meter tiefe Schluchten auf. Der kleinste Fehltritt oder ein ängstliches Zittern wäre in solchen Situationen tödlich gewesen. Die Brücken werden nie auf ihre Sicherheit kontrolliert, die Menschen gehen so lange darüber, bis eine zusammenbricht. Meine Träger nahmen mich oft an der Hand und gingen bei jeder Brücke auch voraus, um festzustellen, ob sie hielt.

Wir waren jetzt zwei Wochen unterwegs. Die Pfade hatten aufgehört, wir gingen meist in einem Flußbett. Beim Versuch, eine sechs bis acht Meter tiefe Schlucht über einen Baumstamm zu meistern, passierte es. Ich fiel samt Rucksack von einem Stamm herunter und kopfüber ins Buschwerk. Ich blieb bewegungslos im Gestrüpp hängen, meine rechte Seite schmerzte stark, Gesicht und Hände bluteten durch Abschürfungen. Meine Träger befreiten mich aus

der unglücklichen Lage und trugen mich nach oben. Ich war zu keinem Schritt fähig. Die jungen Burschen erwiesen sich als wirkliche Kameraden. An ihren ratlosen, bestürzten Gesichtern konnte ich ablesen, welches Jammerbild ich abgab: zerrissen, zerschunden und bewegungsunfähig zusammengekrümmt auf dem feuchtkalten, moosigen Urwaldboden. (Zu Hause diagnostizierte der Arzt drei gebrochene Rippen.)
Ich spürte, daß ich nicht länger liegenbleiben durfte, weil ich erste Anzeichen von Schüttelfrost bemerkte. Die Träger luden sich mein Gepäck auch noch auf und stützten mich beim Gehen. Es regnete immer heftiger. Spätabends trafen wir bei einem kleinen Dorf ein, es war dasselbe, in dem wir die Nacht zuvor verbracht hatten. Träger und Dorfhäuptling vertrieben Neugierige, die den verletzten Tuan sehen wollten. Vom Bauch an abwärts hatte ich immer noch kein richtiges Gefühl, mein Kopf tat fürchterlich weh, ich spürte erst jetzt zahlreiche andere Beulen und Verletzungen. Ein alter Mann trat in die Hütte und bot mir eine seltsame Zigarette an. Obwohl ich Nichtraucher bin, nahm ich auf Anraten eines Jungen die Zigarette an. Sie würde mir in den Schlaf helfen, sagte er. Es waren offenbar in ein Blatt gewickelte Kräuter, die meine Sinne vernebelten und die Schmerzen betäubten.
Fünf Tage und fünf Nächte verbrachte ich in der verrauchten Hütte und wußte nicht, wie es weitergehen sollte. Ich hatte zeitweise die Kontrolle über meine Ausscheidungsorgane verloren und konnte nur mit Hilfe meiner Träger menschlichen Bedürfnissen nachgehen. Abends kamen die Männer des Dorfes zusammen, hockten wild aussehend im flackernden Schein des Feuers, mit Vogelknochen oder Eberhauern in der Nase geschmückt, um mich herum und beobachteten und besprachen meinen Zustand. Es ist für mich bis heute ein außergewöhnliches Erlebnis geblieben, was ich in diesen Nächten in der Hütte

mit ansehen oder durch den dolmetschenden Träger erfahren durfte. Männer aller Altersgruppen kamen durch den kleinen Eingang, legten Bogen und Pfeile in die dafür vorgesehene Truhe und setzten sich um das wärmende Feuer. Die alten Männer begannen den jüngeren überlieferte Geschichten zu erzählen, Legenden und Sagen aus der Geisterwelt, die auf der steinzeitlichen Entwicklungsstufe dieses Erdenwinkels damals noch eine große Rolle spielten.

Sterne sind in ihrer Vorstellung die Augen verstorbener Medizinmänner oder Häuptlinge. Diese beobachteten nachts Menschen und Tiere, bei denen sie früher gelebt haben. Tagsüber wohnen die Seelen dieser Toten in Flüssen und Wäldern und steigen in der Dunkelheit auf, um besser sehen zu können. Auch für Sternschnuppen haben sie eine Erklärung. Es sind fliegende Schlangen, von bösen Geistern zur Erde geschickt. Schlangen wohnen aber auch in den Tümpeln und Seen der Berge und vergiften zeitweise das Trinkwasser. Daher heilt der Medizinmann ihrem Glauben nach einen Menschen um so sicherer und schneller, je besser er den bösen Krankheitsgeist kennt. Dazu ruft er die unsichtbaren Wesen an. Kräuter und Wurzeln verabreicht er zwar auch, aber nur, um den unheilvollen Geist zu bekämpfen. Wenn durch die Wirkung der Pflanzen etwa der Schmerz nachläßt, so beruht der Erfolg in den Augen der Eingeborenen nicht auf der medizinischen, sondern auf der geistigen Therapie – unseren Heilungsvorstellungen genau entgegengesetzt. Verletzungen behandelt der Medizinmann mit Blättern, die jedoch keine Heilwirkung haben, sondern die Wunde vielmehr vor Dreck und Ungeziefer schützen.

Aufregend hörte sich auch die Geschichte an, derzufolge sich vor langer Zeit die Oks, die Menschen am Fluß, mit den Geistern der Vorfahren trafen. Die Geister sollen so furchterregend ausgesehen haben, daß ein junger Mann die Nerven verlor und mit einem Pfeil, der mit Skorpion-Gift getränkt war, schoß. Daraufhin verschwanden die Geister im Urwald, und seitdem gibt es auch böse und erzürnte Geister, die aber keiner mehr gesehen hat. Verschiedene Eingeborene behaupteten, in Vollmondnächten im Wald eigenartige Gesänge und Töne zu hören. Sie gingen den Lauten nach, die aber immer wieder aus einer anderen Richtung kamen. Eines Tages war ein Albino beim Holzsammeln mit dabei. Er vernahm ebenfalls die Töne und ging schnurstracks auf die vermeintliche Quelle zu. Plötzlich fing er furchtbar zu schreien an. Vor ihm stand ein Mann mit Haaren bis zu den Knöcheln. Er zog den Albino an einer Liane auf einen Baum hinauf und verschwand mit ihm. Diese Geschichte diente gleichzeitig dazu, die Kinder zu erschrecken, um sie davon abzuhalten, allein in den Wald zu gehen.

Eine weitere Mythe handelt von einem Mann, der mit seinem Bambusrohr für die Familie Wasser aus einer nahen Quelle schöpfen wollte. Eines Tages war die Quelle nicht mehr vorhanden. An ihrer Stelle lag ein totes Baumkänguruh. Eine Stimme aus einem Baum sagte dem Mann, er solle geradeaus weitergehen, dann werde er viel gutes Wasser finden. Der Mann tat dies und fand tatsächlich Wasser. Er wollte gerade davon trinken, da färbte sich das Wasser grün und wurde ungenießbar. Der Mann sah im Wasser einen gräßlich anzusehenden Geist auftauchen, der laut und hämisch lachte. Da dieser Mann nun aber einer der stärksten und tapfersten im Dorf war, ergriff er blitzschnell den Geist an einem seiner haarigen Füße und ließ ihn nicht mehr los. Der Geist jammerte und bat um seine Freiheit. Bald gehe die Sonne auf, die ihn nicht bescheinen dürfe, sonst sei er auf ewig verdammt. Der Mann, der nach dem Wasser gesucht hatte, war aber so zornig, daß er den Geist eisern festhielt. Schließlich ließ er ihn los, nach dem Versprechen des Geistes, dem Mann

alles zu geben, was er wolle, und das Wasser nie mehr zu verseuchen. Der Mann wünschte sich vom Geist einen treuen Begleiter, der Tag und Nacht auf ihn aufpasse. Daraufhin stieg weißer Rauch aus der Quelle, und auf dem Wasser schwamm ein Hund daher. Auf diese Weise kamen, so glaubt der Stamm, die Hunde auf die Welt.
Schließlich fühlte ich mich, obwohl meine Rippen noch gewaltig schmerzten, wieder so weit hergestellt, daß ich weitermarschieren wollte. In einem der nächsten Dörfer, in das wir gelangten, entdeckten wir ein abgebranntes sakrales Männerhaus. Ein Missionar war dagewesen und hatte es angezündet. An seiner Stelle sollte jetzt eine Kirche gebaut werden, in der die Menschen zum »wahren Gott« beten sollten.
Ich habe mich häufig bei meinen Expeditionen zu Naturvölkern gefragt, welche geistig-seelische Hilfe eine aufgezwungene Religion sein kann. In diesem Ort in Neuguinea endeten mit dem Niederbrennen des Männerhauses auch die täglichen Zusammenkünfte der Männer, ihre Gespräche, die Weitergabe von Tradition, Kultur und praktischen Erfahrungen. Bald werden diese Stämme keine eigene Kultur mehr haben, und ihre Lebenskraft wird versiegen.
Ein Regierungsvertreter berichtete mir später, daß in der Nähe von Missionsstationen die Leute bereits ihre Feldarbeit vernachlässigten, weil sie ihnen zu mühsam geworden sei und sie durch die kostenlosen Lebensmittellieferungen praktisch zu Wohlfahrtsempfängern, sprich Bettlern, geworden waren. Ich erinnerte mich dabei an die Worte eines klugen Dani-Häuptlings auf meiner Bergexpedition zur Carstenszspitze 1975 in Neuguinea, der seinen Sohn vor den schlimmen Folgen einer solchen zerstörerischen Entwicklung gewarnt hatte.
Nach manchen weiteren Strapazen kamen wir schließlich in Abmisibil an. Tief erleichtert sah ich den Landestreifen

für Flugzeuge und das Missionshaus. Aber: Es war leer! Der Pater war schwer erkrankt und wenige Tage vorher zurück nach Holland gebracht worden. Nach einigen Rasttagen baten mich meine Träger, sie zurück in ihr Dorf gehen zu lassen. In dieser Gegend hier kannten sie sich nicht mehr aus, sie verstanden auch die Sprache nicht. Ich gab ihnen den vereinbarten Lohn und noch etwas dazu, weil sie sich so rührend um mich gekümmert hatten. Wir waren – trotz unserer großen Unterschiede – gute Freunde geworden. Sie kauften in dem kleinen Missionsladen Kerosin für Lampen, eine Stahlaxt, Feuerzeuge, Spiegel und Angelhaken. Ich mußte nun zusehen, wie ich allein weiterkommen konnte.

Nachdem ich zuvor mehrfach vergebliche Anläufe gemacht hatte, zu Fuß weiterzumarschieren, hatte ich nach einigen Tagen die Gelegenheit, von einem Versorgungsflugzeug mitgenommen zu werden. Der Pilot war froh, mich zu sehen, und wollte auch die zurückgelassene Fracht in Borme abholen. Wir flogen genau neun Minuten die Strecke von Abmisibil nach Borme, für die ich in entgegengesetzter Richtung mit den Trägern sechzehn Tage gebraucht hatte. Und ich mußte in Borme wieder aussteigen, weil der Pilot nun einen kranken Missionar aus Wamena, das nur fünf Tagesreisen von Borme entfernt liegt, abholen mußte. Da er mir nicht zusichern konnte, in den nächsten Tagen wieder in Borme vorbeizufliegen, hatte ich keine andere Wahl, als den Marsch nach Wamena zu Fuß anzutreten. Mit einigen Burschen, die etwas Englisch sprachen, startete ich. Im tiefer gelegenen Ort Pyramid, von wo aus ab und zu Boten nach Wamena fuhren, traf ich wieder auf Danis, die uns ja bereits bei unserer Bergexpedition begleitet hatten.

Die Danis sind australische Ureinwohner und kamen vor etwa 20 000 Jahren ins heutige Neuguinea, das damals noch durch eine Landbrücke mit Australien verbunden war. Ihren rassischen Namen »Papuas« haben sie aufgrund ihres wolligen Kraushaares. Wegen ihres für die anderen Einheimischen ungewohnten Aussehens sind sie möglicherweise der Hintergrund für so manche Geistergeschichte auf Neuguinea. Sie tragen oft bunte Federn als Haarschmuck, Halsketten aus Muscheln oder Baumsamen. Die Dörfer der Danis bestehen aus wenigen Hütten und sind zum Schutz gegen die oft orkanartigen Stürme mit einem etwa eineinhalb Meter hohen Zaun aus Holzpflöcken und Dornengestrüpp umgeben, das mit Lehm verschmiert ist. Die Wohnanlagen sind nach einem strengen System angelegt. Das Männerhaus steht immer gegenüber vom Eingangstor. Links und rechts vom Innenhof liegen Hütten, die als Küche oder Ställe dienen. Dazwischen befinden sich die verschiedenen Familienhütten, für Männer und Frauen getrennt. Das Männerhaus ist wie alle anderen Hütten rund und sehr niedrig, selten einmal einsfünfzig, einsachtzig oder zwei Meter hoch. Darinnen kann man nur sitzen. Das nur im Kriechen passierbare Eingangsloch ist etwa achtzig Zentimeter hoch und fünfzig Zentimeter breit. Zehn bis fünfzehn Zentimeter starke Graslagen bilden ein wasserdichtes Dach gegen die tropischen Regengüsse. Der Fußbodenbelag aus Gräsern ist ungefähr dreißig Zentimeter dick. In etwa eineinhalb Meter Höhe ist aus Holzstangen eine Decke eingezogen, die den Männern als Schlafplatz dient. In der Mitte der Hütte befindet sich der mit Lehm ausgelegte Feuerplatz. Das Feuer brennt Tag und Nacht, das ganze Jahr hindurch. Wegen der offenen Flammen zieht der Rauch nur langsam durch die Ritzen im Haus ab, entsprechend stickig und schlecht ist die Luft; einen Rauchfang oder Schornstein kennen die Danis nicht. Deshalb riechen sie auch nicht nur nach ranzigem Schweinefett, sondern auch nach Rauch und Ruß. Die Wände der Hütten werden von Pfeilen und Bogen geziert, von Stein-

und Stahläxten, von Reserve-Kotekas und manchmal von Haarbüscheln verstorbener Ahnen.
In der Nacht ist das Männerhaus Aufenthaltsort für alle Männer und für Jungen von sechs Jahren an. Frauen haben keinen Zutritt. Das gleiche gilt umgekehrt für das Frauenhaus. Im Männerhaus werden auch die »heiligen Steine« aufbewahrt, flache oder ovale Felsbrocken.
Während einer Unterhaltung am Feuer eines Männerhauses erzählte der Dorfvorsteher, daß die Danis glauben, von einem großen weißen Stein, der irgendwo im Gebirge liege, abzustammen. Vor sehr langer Zeit habe der große Stein bemerkt, daß er von Luft-, Wald- und Wassergeistern schwanger wurde. Zur Geburt eines Menschen kam es jedoch wegen der bösen Feuerhexen nicht. Daraufhin wurde ein Erdwurm aus denselben Gründen schwanger. Er gebar unendlich viele Erdwürmer, aus denen sich allmählich der erste Mann und die erste Frau entwickelten. Aber immer noch könne es sein, daß Steine von Geistern Kinder bekämen. Diese seien dann Auserwählte, könnten fliegen, Krankheiten heilen und es regnen oder die Sonne scheinen lassen. Deshalb werden alle Steine ehrfürchtig wie eine schwangere Frau behandelt.
Die Danis ernähren sich nicht nur von Süßkartoffeln und Wurzeln, sondern halten auch Kühe und Schweine. Die Paarung der Schweine erfolgt ausschließlich durch wilde Eber, mit denen die Hausschweine auf der täglichen Futtersuche im Urwald zusammentreffen. Diese Vierbeiner, die nur von Frauen und Kindern betreut werden, spielen im Leben der Danis eine große Rolle. Zu jedem Fest und jedem Anlaß, ob Eheschließung, Geburt eines Kindes, Trauerfall oder Sieg über einen Nachbarstamm, wird mindestens ein Schwein geschlachtet. Die Tiere werden dabei nach einem genau festgelegten Zeremoniell mit Pfeil und Bogen erlegt. Außerdem ist das Schwein ein wichtiges Zahlungsmittel beim Kauf einer Braut. Der

Wohlstand eines Mannes drückt sich immer in der Anzahl seiner Borstentiere aus.
Leider ist es an dieser Stelle, aufgrund des begrenzten Platzes, nicht möglich, im einzelnen von all meinen Erlebnissen auf dieser Reise in die Steinzeit zu berichten. Ich lernte einige wenige Worte, wie *abib kopma*, was soviel heißt wie »Woher kommst du«, oder *kaga kaga mok mok*, was »wir sind gute Leute« bedeutet. Ich war häufig gezwungen zu erklären, daß ich kein Missionar sei, was mir meist mehr schlecht als recht gelang, denn natürlich hatten die Danis noch nie einen »Touristen« in dieser Gegend gesehen; aber auch Dorfvorsteher und Militärvertreter glaubten oft nicht, daß sich ein einzelner aufgrund von Abenteuerlust (was ihnen sowieso fremd blieb) mutterseelenallein in ihr Gebiet wagte. Nach einer bestimmten Zeit baute ich mir ein eigenes Floß und band Bretter und Balken mit Lianen aneinander. So wollte ich auf dem Baliem-Fluß nach Wamena schwimmen. Ich war froh, meinen schweren Rucksack nicht mehr schleppen zu müssen, weil meine Rippen immer noch schmerzten. Eine Zeitlang schob ich das Floß vor mir her und schwamm im Wasser, ließ es aber schnell sein, als ich Krokodile am Ufer erblickte.
Bei einer Übernachtung in einem Männerhaus am Fluß hatte ich ein bemerkenswertes Erlebnis. Ich wurde von den dunklen Gestalten geknufft und geschubst, bis ich schließlich »meinen« Platz erreicht hatte. Mir fiel auf, daß sich mein linker Platznachbar überhaupt nicht rührte. Als ich mein Feuerzeug anknipste, um ihn anzusprechen, fuhr ich zurück: Ich saß neben einer Mumie.
Ich wußte damals noch nicht, daß die Danis reich dekorierte, geräucherte Mumien von großen Kriegern oder Häuptlingen in ihren Männerhäusern aufbewahrten. Sie genießen hohe Verehrung und erhalten den Stammplatz, den sie zu Lebzeiten hatten. Den Jungen erzählt man bei

ihrer Aufnahme ins Männerhaus von den heroischen Taten der Mumien und trichtert ihnen gehörigen Respekt davor ein. Bei bestimmten Anlässen wird ein solcher Leichnam ins Freie gebracht und auf den Stuhl gesetzt, auf dem er auch als Lebender immer saß und den Feiern beiwohnte. Den Mumien werden symbolisch Speisen angeboten, und man bittet ihren Geist, den Dorfbewohnern weiterhin hilfreich und schützend zur Seite zu stehen.

Während ich weiterfuhr, wurde der Speiseplan ein wenig abwechslungsreicher. Es gab nun Reis und Fisch und zum Nachtisch salziges, undefinierbares Kraut. Da es in dieser Region kein natürliches Salz gibt, schlagen die Danis Bananenstauden, die dort wachsen, ab, tragen sie zu einer hoch in den Bergen gelegenen Salzquelle und legen die Stauden in das Salzwasser, bis sie vollgesogen sind. Dann wird das Ganze zerkleinert und zerrieben und in frische Bananenblätter eingewickelt. Den Speisen der Menschen und dem Futter der Tiere werden Gaben dieser zerriebenen, mit Salzwasser vollgesogenen Bananenblätter beigemischt. Auch zum Salz gibt es eine außergewöhnliche Geschichte.

Einer der alten Männer erzählte von der Zeit, als die Menschen noch keine Salzquellen kannten. Damals flogen große Vögel über die Berge und hatten kleine Wassergefäße in ihren Krallen. Sie legten die Gefäße bei den guten Menschen ab und sagten ihnen, daß Kranke davon gesund würden, Starke noch stärker und daß die mit diesem Wasser zubereiteten Speisen besser schmeckten. Aber niemand kannte den Ort, von dem die Vögel das Zauberwasser holten. So faßten sich einige besonders tapfere Burschen ein Herz und schlichen den Vögeln nach. Sie waren viele Tage unterwegs, bis sie den Platz sahen, an dem sich die Vögel auf einem großen Stein niederließen. Kaum waren alle auf dem Stein versammelt, da stießen sie gemeinsam einen schrillen Schrei aus und verwandelten sich plötzlich in weiße Menschen. Sie verschwanden in einer großen tiefen Schlucht, in der ein Feuer prasselte. Die Burschen pirschten sich heran und sahen viele weiße Menschen in der Höhle, auch eine Menge Schweine und die Quelle mit dem Zauberwasser. Sie gingen darauf zu, doch plötzlich gab es einen donnernden Knall, und die Höhle war dunkel und leer. Das Feuer erlosch, und die Menschen verschwanden. Die Burschen flohen voller Angst und erzählten im Dorf ihr Erlebnis. Durch diese Störung erschienen die Geistervögel nicht mehr, und viele Leute starben, weil sie kein Zauberwasser mehr bekamen. Daraufhin gingen die jungen Männer erneut an den Ort, an dem sich die Vögel niedergelassen hatten, um sie zu bitten, doch wieder von dem Wasser zu bringen. Doch jetzt war auch die Quelle verschwunden. Sie brachten den Vögeln Bittopfer dar. Plötzlich erschien ein weißer Kakadu und forderte sie auf, ihm zu folgen. Sie kamen zu einer Quelle, aus der die Eingeborenen noch heute ihr Salzwasser holen. Deswegen würde sich auch kein Mensch mehr erlauben, die an der Quelle sitzenden und Wasser trinkenden Vögel zu vertreiben, weil sie sich durch einen neuen Zauber rächen könnten.

Beim Abschied gab mir eine Dani-Frau eine kleine Menge in Bananenblätter gewickeltes Salzkraut mit. Später schenkte ich es einem alten Mann, der sich sehr darüber wunderte, daß jemand eine solche Kostbarkeit hergab. Ich brauchte das Salz jedoch nicht, weil ich Salztabletten in meinem Gepäck mitführte. Ein Dani-Junge begleitete mich auf meinem weiteren Weg flußabwärts in einem Kanu. Er versuchte offenbar, mir zu erklären, daß es weiter unten am Fluß irgend etwas Besonderes gebe. Nach einigem Hin und Her gelangten wir an einen Felsen, der durch einen hohen Rundbogen den Eingang zu einer Höhle ankündigte. Mir kam es im Augenblick wie ein Tor für Riesen in ein unterirdisches Reich vor. Mein Begleiter zeigte mir in etwa zehn Meter Höhe eigenartige Malereien. Ich war überrascht, denn von Höhlenmalereien in Neuguinea hatte ich bislang nichts gehört. Vor mir erhob sich die Halle einer riesigen Tropfsteinhöhle, die durch jahrtausendealte Ablagerungen entstanden war. Nach Meinung der Danis hatte es früher einmal riesige Menschen gegeben, die im Inneren der Erde wohnten und die den Felsen an der glatten Wand zehn Meter über dem Boden bemalten. Der Schein meiner Taschenlampe und die Fackeln der Eingeborenen reichten nicht aus, um das riesige Höhlensystem zu ergründen. Durch ihren Geisterglauben sind die Danis zu befangen, um sich näher mit den Malereien zu beschäftigen – zumindest war es damals so. Jedoch war ohne weiteres zu erkennen, daß ein in der Nähe vorbeifließender Strom das Erdreich in der Höhle weggeschwemmt hatte und der Eingang und die Gemälde sich dadurch heute in zehn Meter Höhe befinden. Mehrere andere Spuren deuteten darauf hin, daß die Höhle vor nicht allzu vielen Jahrzehnten noch bewohnt gewesen sein mußte.

Mir wurde allmählich klar, wieviel mehr ich von diesem interessanten Land sah, weil ich mit meinem Floß unterwegs war. So spielte ich mit dem Gedanken, eventuell per Floß bis ins Gebiet der Asmat vorzudringen, zu den Menschen, die noch auf den Bäumen leben und zum Teil bis heute Kopfjäger sind. Auf dem Weg dorthin mußte ich die sogenannte Baliem-Schlucht passieren, die so gefährlich ist, daß sie noch kein Mensch zu Wasser bewältigt hat. Die nächsten Tage aber sollten meine Pläne wieder einmal völlig verändern.

Durch besondere Umstände wurde es mir möglich, eine Totenzeremonie mitzuerleben und zu fotografieren. Ich hatte allerdings den Danis zuvor versichern müssen, daß ich kein Missionar sei. Die Totenfeier dauerte von zehn Uhr morgens bis spät abends. Vor dem Frauenhaus ging es lebhaft zu. Lehmverschmierte Frauen wehklagten laut, während die Männer vor ihrem Haus saßen und aufgeregt diskutierten. Völlig mit Ruß eingerieben, boten sie ein martialisches Bild, das mit Worten nicht zu beschreiben ist. Junge Männer brachten gefesselte Schweine mit, die um zwölf Uhr wieder losgebunden wurden. Dann begann eine wilde Jagd auf die Tiere. Sobald eines gefangen war, wurde es in die Mitte des Hofes gebracht. Dort wartete ein junger Mann mit Pfeil und Bogen und schoß dem schreienden Schwein, das von zwei Danis gehalten wurde, ins Herz; anschließend wurde es wieder laufengelassen. Es war für mich schauerlich mit anzusehen, wie nach und nach junge und alte Schweine tödlich getroffen umherrasten und dann verbluteten. Ein großes Feuer wurde angezündet, die getöteten Schweine daraufgelegt und deren Borsten abgebrannt. Junge Burschen brachten Unmengen langer Gräser herbei, die wie ein Teppich auf dem Boden ausgebreitet wurden. Auf sie legte man die angesengten Tiere. Dann traten besonders schön mit bunten Federn geschmückte Männer hinzu und zerlegten die Schweine mit Bambusstäbchen, die sie mit den Zähnen messerartig zurechtgebissen hatten. Die Kieferknochen und Schwänze wurden als Schmuck und für Amulette zur Seite gelegt und nach der Trocknung im Männerhaus aufbewahrt. In einer etwa siebzig Zentimeter tiefen Grube, deren Boden auch mit Gras bedeckt wurde, legten die Danis das ausgelöste Fleisch aufeinander, in Bananenblätter gehüllt und mit Lianen zu einem großen Paket verschnürt.

Unterdessen waren im Feuer eine Menge Steine erhitzt worden, welche mit Hilfe von zu Zangen aufgeschlitzten Stangen zusätzlich in die Grube gestoßen wurden. Die Frauen brachten in ihren Netzen Kartoffeln und Bambus-

Kirner mit einem Angehörigen des Stammes der Asmat im Sumpfgebiet von Neuguinea

Salzkraut. Alles zusammen wurde ebenfalls in die Grube geschichtet, das Ganze wieder mit Gräsern bedeckt und mit Lianen zugebunden. Die heißen Steine gaben so viel Hitze ab, daß Fleisch, Kartoffeln und Kraut innerhalb von etwas mehr als einer Stunde gar waren.

Nun begann der »Totenschmaus«. Die Männer aßen vor allem das Fleisch, während die Frauen abseits saßen und den Inhalt ihrer Kochgrube verzehrten, der allerdings im wesentlichen nur aus Kartoffeln bestand. Sie warteten darauf, daß die Männer ihnen etwas Fleisch brachten. Selbst durften sie sich nichts nehmen, erst nachdem die Männer sich sattgegessen hatten, machten sie sich über die Reste her.

Nach der Mahlzeit kehrte eine bedrückende Ruhe ein. Überall auf dem Hof lagen die Männer herum, doch spürte man, daß bald etwas passieren würde. Die unheimliche Stille dauerte etwa eine halbe Stunde. Mit einemmal wurde sie von einer Gruppe von Männern durchbrochen, die heulend durch den Haupteingang des Hofes kamen. Sie waren dick mit Lehm beschmiert. Sofort begannen auch die Frauen zu heulen, die vor dem Frauenhaus lagerten. Das Wehklagen wurde ohrenbetäubend. Wie auf Kommando standen die bisher vor sich hin dösenden Männer auf und gingen der ankommenden Gruppe entgegen. Etwa einen Meter voneinander entfernt blieben sie stehen und beklagten offensichtlich gemeinsam den Tod eines ihrer Stammesmitglieder. Die sonst so wild dreinblickenden Männer heulten wie kleine Kinder und rieben sich den Körper. Dann umarmten sie nacheinander einen alten Mann, den Ehemann der Verstorbenen. Bald verstummten die Wehklagenden und gingen zum Männerhaus zurück. Weitere, ebenfalls grimmig aussehende Gestalten gesellten sich dazu. Sie wurden von den Anwesenden jedesmal auf die gleiche Art begrüßt. Die Frauen kamen nie in Gruppen, sondern stets einzeln und setzten

sich sofort vor das Frauenhaus, in dem anscheinend die Tote lag.
Danach brachten einige Männer große Holzscheite und schichteten sie zu einem Stapel auf. Der Mann der Verstorbenen entzündete mit einem Grasbüschel den Scheiterhaufen. Als das Feuer hoch auflöderte, setzte ein schrilles Geheule der Frauen ein, und die Männer klagten noch entsetzlicher. Sie bewarfen sich mit Erde oder wälzten sich am Boden. Plötzlich liefen alle Frauen vom Frauenhaus weg. Eine Frau kam heraus, die in ihren Armen den leblosen Körper einer fast bis zum Skelett abgemagerten Frau trug. Jammernd legte sie den Leichnam auf den Scheiterhaufen. Tief ergriffen nahmen alle Abschied von der Verstorbenen. Die Szene beeindruckte auch mich so stark, daß ich nahe daran war mitzuweinen. Ich dachte daran, wie eilig und unpersönlich doch so mancher bei uns aus der Welt verabschiedet wird.
Über den verbrennenden Körper hielt jemand ein Büschel Gras. Dies wurde von dem Mann, der zuvor die Schweine getötet hatte, mit einem Pfeil durchschossen. Dadurch sollte der Seele der Weg aus ihrem irdischen Leib freigegeben werden. Sie würde in eine andere Welt ziehen und dort alle bereits toten Danis wiedertreffen. Durch den Schuß, der gleichzeitig das Abtöten des Bösen in dem betreffenden Menschen symbolisierte, wurde dem seelischen Wesen ermöglicht, makellos in die Ewigkeit einzugehen. Zum Schluß wurde der Leichnam mit weiterem Holz für ein größeres Feuer bedeckt, damit er völlig verbrannte. Erst mit dem Verglühen des Feuers verstummten nach und nach die Frauenstimmen. Die nicht verbrannten Knochen wurden abends eingesammelt und außerhalb des Dorfes an einem Platz vergraben, der zum Schutz vor den Hunden umzäunt wurde.
Wird ein bei einem kriegerischen Überfall ermordeter Dani beigesetzt, so verläuft die Feier ähnlich. Die vom

Verlust besonders Betroffenen verstümmeln sich zusätzlich nach der Verbrennung der Leiche. Sie binden dazu mit einer Liane zum Beispiel einen Finger ab, um die Blutzirkulation zu unterbinden und die Nerven zu betäuben. Danach wird das Fingerglied mit einem Beil oder einer Steinaxt abgeschlagen. Zur Desinfektion wird die Wunde mit Asche und Lehm bestrichen. Dann wird der Arm fest in Bananenblätter gewickelt und hochgebunden. Beim Abschied verschenkt der Mann einer Verstorbenen deren persönliche Habseligkeiten, wie Gürtel mit Muschelbesatz, Tragnetze, Kopfbänder und anderes, an die Verwandten oder Freundinnen. Die Ehemänner bestimmen dabei allein über die Verteilung der Dinge. Liegt eine angesehene oder beliebte Person im Sterben, so dürfen in den Dörfern der Umgebung übrigens während dieser Zeit keine Schweine geschlachtet werden, damit für den erwarteten großen Andrang zur Totenfeier genügend Schlachttiere zur Verfügung stehen.

Am nächsten Tag machte ich mich wieder auf, um mit meinem Floß die Baliem-Schlucht zu meistern. Aber ich schrammte wieder einmal dicht am Tod vorbei, anstatt die erhoffte »Erstbefahrung« zu erleben. Ich geriet in gefährliche Stromschnellen, das Floß schellte gegen einen Felsen und wurde in der Mitte auseinandergerissen, ich fand mich im Wasser wieder und verlor vieles von meiner Habe. Mit Mühe und Not konnte ich meinen Rucksack mit der Fotoausrüstung und dem Notwendigsten retten, das Problem der Baliem-Schlucht-Überquerung hatte sich auf völlig ungeahnte Weise erledigt. Mir blieb nichts anderes übrig, als auf einer Sandbank unter freiem Himmel zu nächtigen. Ich hatte Hunger, fror in den nassen Kleidern und lechzte nach einem warmen Tee. Mein Rucksackinhalt war allerdings trocken geblieben, weil ich jedes größere Stück im Regelfall wasserdicht mit Plastik umwickele. Ich lag auf der Sandbank, höchstens dreißig

Zentimeter über dem Wasserspiegel, und schaute auf die klaren Sternenbilder; daß ich auch einen Satelliten als winzige Leuchtspur seine Bahn ziehen sah, erschien mir ein wenig paradox hier in meiner steinzeitlichen Umgebung, in der für die Menschen die Welt an der nächsten Flußbiegung aufhört.
Ich kam schließlich zu einem Dani-Dorf, in dem mich ein Teilnehmer der Totenfeier wiedererkannte. Er brachte mich zu einem weiter entfernt liegenden Dorf, in dem eine Mission und eine Schule sowie eine notdürftige Landepiste existierten. Dort erlebte ich mit, wie die Dorfjugend vor einem kleinen Fernsehapparat saß und ein amerikanisches Cowboy-Filmchen mit viel Ballerei und Prügelei über den Bildschirm flimmern sah. Alle saßen auf dem Boden und bestaunten mit offenem Mund die »tolle Geschichte«. Ich hatte Schwierigkeiten, und habe sie heute noch, mir vorzustellen, welche Reaktionen, welche Verwirrung und wahrscheinlich auch falsche Sehnsüchte bei Naturvölkern durch einen solchen »Kulturexport« verursacht und geweckt werden.
Nach einigen Tagen hatte ich das Glück, in einem Versorgungsflugzeug einen Platz zu bekommen; allerdings erst, nachdem ich gut zwei Drittel meines Gepäcks und meine schweren Stiefel zurückgelassen hatte. Wieder einmal waren Gewicht der Ladung und Spritvorrat nicht unter einen Hut zu bringen. Der Pilot hatte seine Maschine bereits erheblich überladen. Ich war trotz des Verlustes von wichtigem Gepäck sehr glücklich, denn der Flug sollte nach Agats zu den Asmat gehen. Während der zwei Stunden in der Luft konnte ich in der Ferne einmal die Carstenszpyramide erkennen, die ich zusammen mit Kameraden fünf Jahre zuvor bestiegen hatte. Die weitere Route führte über ein unendliches Sumpfgebiet mit zahllosen schlangenförmigen Wasserläufen. Dann zeigte mir der Pilot das Gebiet der Asmat, die in einer noch vorstein-

zeitlich zu nennenden Welt leben und bei denen es noch viel Unentdecktes gab, wahrscheinlich noch heute gibt. Er sagte mir, daß man dort wegen der Sümpfe keinen einzigen Stein finden könne. Die Asmat lebten im »Zeitalter der Sagopalme«, in einer Gegend, deren Flüsse in die Arafurasee münden. Hierzulande ist der Stamm höchstens durch den Tod des Millionärssohnes Rockefeller im November 1961 bekannt. Und eine andere Geschichte aus Neuguinea ging um die Welt, daß nämlich eine amerikanische Anthropologin 1973 einen Asmat-Häuptling heiratete und die Erfahrungen ihrer nur sechs Tage dauernden Ehe danach ausführlich schilderte.

Der Pilot wußte auch, daß die Menschen dieser Region noch häufig Kannibalen sind. Der Name Asmat ist abgeleitet von *As-Asmat*, was ungefähr »wir, die Baummenschen«, heißt. Die Asmat sind ein Volk von Jägern, Fischern und Sammlern. Hunger leidet bei ihnen niemand, weil der Wald, die Flüsse und das Meer genügend Nahrungsmittel hergeben. Das Mark der Sagopalme steht im Mittelpunkt der Ernährung. Unter den Asmat sind viele schon seßhaft geworden, aber weit im Landesinneren, speziell am Brazza-Fluß, streifen sie noch als Nomaden durch den Urwald und hausen in Hütten, die hoch in Baumkronen gebaut sind. Wenn die in der Nähe ihrer Baumhütten wachsenden Sagopalmen abgeholzt sind, verlassen die Asmat ihre Quartiere und ziehen weiter. Das Wort »Arbeit« kennt ihre Sprache übrigens nicht. Verkehrsmittel ist der Einbaum, mit dem sie sich auf dem endlos verzweigten Flußnetz fortbewegen. Aus der Luft sah ich auch den Fluß, auf dem ich mit dem Floß bis zu den Asmat vordringen wollte, und mußte einsehen, daß ich für diese enorme Strecke im sehr dünn besiedelten Gebiet wohl mindestens einen Monat benötigt hätte.

Agats, die »Hauptstadt« der Asmat, bot sich als eine Ansammlung von mehreren Hütten dar, die auf Pfählen im

Sumpf standen. Straßen und Landfahrzeuge gibt es nicht. Die einzige Chance, zu den Asmat im Landesinneren zu gelangen, sind Einbäume oder Motorboote. Aber: Seit zwei Monaten schon gab es keinen Treibstoff mehr, außer auf dem Schwarzmarkt und zu sündhaft hohen Preisen. Nur ein Händler und die Missionsstation verfügten darüber. Das Schiff, das den Sprit bringen sollte, war seit vier Monaten überfällig. Kaufte man Sprit unter der Hand, so kostete das Boot mindestens 250 Mark Miete pro Tag. Vermittlungsbemühungen schlugen fehl. Der Museumsverwalter, mit dem ich mich angefreundet hatte, konnte mir auch nicht weiterhelfen. Von Kämpfen oder Kriegen zwischen den Stämmen, von denen bei manchen »Westlern« zuvor die Rede gewesen war, wußte er nichts. Er erzählte allerdings von der Ermordung einiger Missionare, die aus Rache wegen der Fetisch-Verbrennungen überfallen wurden. Er zeigte mir auch einen Zeitungsartikel aus den USA, aus dem hervorging, daß eine amerikanische Missionsstation mit ihrem »großen und einmaligen Museum« in Amerika prahlte. Mir dämmerte, daß die Missionare nicht nur die sakralen Männerhäuser verbrannten, sondern den Asmat und anderen Ureinwohnern auch die Fetische, kostbare wunderschöne Schnitzereien und andere Kultgegenstände schlicht raubten und nach Amerika verkauften. Kein Wunder, daß dem »christlichen« Glauben unter solchen Begleitumständen kaum Erfolg beschieden war.

An eine Expedition zu den Asmat in ihr eigentliches Siedlungsgebiet schien nicht zu denken zu sein, bis sich wieder einmal ein »Zufall« ergab. Ein sehr wohlhabendes deutsches Ehepaar hatte ein Boot und alle möglichen extravaganten Ausrüstungsgegenstände gechartert, um dorthin zu fahren, wo auch mein Ziel lag. Da Schwierigkeiten mit dem Motor auftauchten und kein anderer in der Lage war zu helfen, hatte ich die Chance, als »Handlanger« mitzufahren. Ich entrostete die vom Salzwasser oxidierten und dick verkrusteten Kontakte und reinigte die völlig verdreckten Filter. Die Pole der Zündkerzen waren verschmort, die Isolierung zum Teil abgesprungen. Noch in der Nacht ließ ich in der Missionsstation neue Kerzen besorgen. Ich kontrollierte die Treibstoffleitungen, den Tank, alles, was es zu überprüfen gab. Das Ehepaar kam früh am Morgen, um nachzusehen, ob ich Erfolg gehabt hatte. Völlig ölverschmiert und von Moskitos traktiert fanden mich beide im Boot vor, in dem ich eingeschlafen war. Ich sagte ihnen, daß sie das Boot ruhig beladen könnten; ich war mir meiner Sache ganz sicher. Aber niemand wollte mir glauben. Dennoch, nach einigen Regulierungen an Vergaser und Zündanlage, legten wir ab. Meine lange Erfahrung als Lkw-Fahrer, bevor ich bei MBB arbeitete, und meine technische Findigkeit hatten mir wieder einmal geholfen.

Die Asmat glauben an eine mythologische Schöpfergestalt mit dem Namen *Fumeriptsj,* was soviel wie »Windmann« bedeutet. Ihrer Vorstellung nach ist er vor langer Zeit einsam an der Küste entlang von Westen nach Osten durch ihr Gebiet gezogen. Er fand viele Lebewesen vor, Schweine, Papageien und anderes Getier, aber keine Menschen. Also schnitzte er menschliche Figuren und stellte sie überall auf. Sie hatten aber noch kein Leben in sich. Da riet ihm ein schwarzer Papagei, die Enden eines hohlen Baumes mit Eidechsenhaut zu bespannen und eine Trommel daraus zu machen. Der Windmann tat, wie ihm geheißen, und schlug in Vollmondnächten die Trommel. Eines Nachts hörten es die Holzfiguren und verwandelten sich in Menschen; so entstanden die ersten Asmat. Mit den verschiedenen menschlichen Stämmen und Rassen, die ihrer Meinung nach alle im Urwald leben, hat es nach der Überzeugung der Asmat eine besondere Bewandtnis. Eines Tages kam der Windmann wieder in das Land. Er saß gerade in einer Sagopalme und aß von deren Mark. Da näherte sich von hinten ein Krokodil und wollte ihn töten. Die Papageien aber warnten ihn. Er drehte sich schnell um und erschlug die Bestie. Dann zerschnitt er den Körper des Krokodils und warf die Teile in verschiedene Richtungen. Die großen Urwaldvögel nahmen die Stücke auf und ließen sie an anderen Orten fallen. Aus diesen Krokodilresten ging die übrige Menschheit hervor.

Ihrer Vorstellung entsprechend, die eigene Herkunft vom Holz abzuleiten, besteht bei den Asmat eine enge Bindung an Baumstämme. Die Männer schnitzen heute noch Ahnenpfähle. Ihrer Ansicht nach entsprechen die Füße des Menschen den Wurzeln eines Baumes, der Körper dem Stamm, die Arme den Ästen und der Kopf den Früchten. Die Seelen der Verstorbenen wohnen in den Tieren, die nachts durch den Urwald streifen, hauptsächlich aber im Nashornvogel.

Die kunstvoll geschnitzten Ahnenpfähle von drei bis vier Meter Länge sind meist bemalt. Die Grundfarbe ist Weiß, die aus zerriebenen Muscheln gewonnen wird. Mit dem Schwarz der Holzkohle oder mit Ruß werden die Haare der Figuren gefärbt. In den Pfählen sehen die Asmat ihre verstorbenen Familienmitglieder, die so immer in der Nähe der Lebenden sind.

Jedes Dorf hat einen eigenen Schutzgeist. Er ist verantwortlich für das Wohl der Dorfgemeinschaft. Läßt der Geist Schlimmes über die Siedlung kommen, wird er gedemütigt und durch einen neuen ersetzt. Mitunter nimmt der Schutzgeist eine solche Behandlung übel und rächt sich an einem der Dorfbewohner. Entweder wird dieser krank, oder er hat bei Jagd oder Fischfang kein Glück mehr.

Für die Asmat ist ein figürlich dargestellter Toter kein Sinnbild, sondern lebendige Gegenwart, die sich nur dadurch von den tatsächlich Lebenden unterscheidet, daß der Mensch in dieser Holzgestalt nicht mehr sprechen und sich nicht mehr bewegen kann. Wenn dann nach vielen Jahren der Ahnenpfahl alt wird und zu faulen beginnt, verbrennt man ihn bei einem großen Fest. Dem Geist darin wird erklärt, daß nun neuere Geister von in letzter Zeit Verstorbenen als Pfähle aufgestellt werden, die mehr Kraft als er geben können, und daß er somit nicht mehr gebraucht wird. Dann dankt man ihm lautstark für seine bisherige Hilfe. Zugleich bittet man ihn, in die Welt der Ahnen einzugehen. Die Dorfbewohner beschwören daraufhin die Hilfe der neuen Geister.

Die Schnitzer im Dorf nehmen einen besonderen Rang ein. Sie werden von den Frauen stets mit ausgewählten Speisen bedacht. Wir hatten in allen Dörfern, die wir besuchten, reichlich Gelegenheit, die mit einfachsten Werkzeugen angefertigten kunstvollen Arbeiten zu bewundern. Diese Handwerker schnitzen daneben auch die Spitzen der Einbäume und die zwei bis drei Meter langen Paddel. Vorlagen gibt es nicht, der Künstler arbeitet allein aus der Phantasie. So kennt in den meisten Fällen auch nur der Schnitzer selbst den genauen Sinn der Figuren. Die Motive zeigen häufig Menschen und Tiere in einer Einheit: zum Beispiel eine Menschengruppe, die einen Nashornvogel in den Händen hält. Der Schnabel des Vogels berührt dabei den Mund eines Menschen, um zu zeigen, daß die Seele des Verstorbenen in den Körper des Nashornvogels übergegangen ist und daß der Nashornvogel zum Totemtier dieser Familie geworden ist und sie ihn deshalb schützen muß.

Ähnlich wie in den Ahnenpfählen sind die Geister im Leben der Bewohner allgegenwärtig und überall mit da-

Typische Ureinwohnerin vom Stamm der Asmat im Sumpfgebiet von Neuguinea

bei. Mehrmals wurde ich Zeuge, wie die Leute im Dorf Dankeslieder anstimmten, wenn Jäger oder Fischer mit Beute heimkehrten. Der Erfolg wurde den Schutzgeistern und Ahnengeistern zugeschrieben. Angesichts der herrlich geschnitzten Figuren der Asmat ist man sehr erstaunt über die einfallslos und nachlässig gebauten Pfahlhütten.

Meine Nahrungsmittel auf der ganzen Fahrt waren fast ausschließlich Kartoffeln, die ich in den Dörfern auf Vorrat kaufte, und nicht abgekochtes Wasser aus dem trüben Fluß. Mein eigentlicher Proviant hatte ebenfalls wegen der eben erwähnten Überladung des Flugzeuges zurückbleiben müssen. Meine deutschen »Gastgeber« behielten aus ihrem reichen Nahrungs- und Getränkevorrat fast alles für sich. Für sie zählte allein, daß die Motoren liefen. Nach der einen oder anderen erfolgreichen Reparatur bekam ich hier und da einen Schluck gefiltertes Wasser oder gar eine Dose Bier – ich war ihnen aber nicht wirklich willkommen; sie waren lediglich an meinen Mechanikerkünsten interessiert.

Die Einfahrt in ein Asmat-Dorf war zuweilen recht schwierig und gefahrvoll. Über den Fluß gespannte Fischernetze oder umgefallene und treibende Bäume behinderten uns oft. Noch größere Probleme verursachte das Wasser selbst. Bei Flut stehen die Flüsse hoch, das Land ist bis weit ins Innere hinein, oft bis zu zwanzig Kilometer, überschwemmt. Bei Ebbe dagegen sind die Flußbette fast leer. Bäume, die zuvor teils unter Wasser standen, werden dann zum Hindernis. Dramatisch wurde es bei der Einfahrt ins Dorf Ocenep. Die Dörfer sind stets so angelegt, daß immer freie Sicht auf den Fluß gegeben ist. Um aber andererseits vor Blicken geschützt zu sein, befinden sie sich direkt hinter einer Flußkrümmung. Wir waren am Morgen zuvor sehr spät aus einem anderen Dorf herausgekommen, weil nachts jemand das begehrte Kerosin in den Motortanks mit Wasser vertauscht hatte. Wir waren uns über den Gezeitenwechsel nicht im klaren. Innerhalb kurzer Zeit saßen wir fast auf Grund und mußten die Motoren hochklappen. Fischer, die in ihren leichten Einbäumen noch heimwärts paddeln konnten, schoben uns zwei Stunden lang vor sich her, sonst hätten wir die Nacht mitten im Flußrinnsal verbringen müssen. Das Entladen in Ocenep und später auch in anderen Dörfern wurde zu einem schlammigen Vorgang, bei dem wir manchmal bis zu den Hüften im Morast versanken. Die Eingeborenen, selbst die Kinder, kennen ohne Uhr die Dauer von Ebbe und Flut so genau, daß ihre Abfahrt zum Fischen und ihre Heimkehr ins Dorf immer genau während des Hochwasserstandes stattfindet.

Ocenep unterscheidet sich äußerlich in nichts von anderen Asmat-Siedlungen. Es wurde jedoch durch die Berichte über den Tod oder das Verschwinden des Millionärssohnes Michael Rockefeller bekannt. Er war 1961 mit einem Holländer auf einem Katamaran unterwegs, um bei den Asmat Holzschnitzereien gegen mitgebrachte Stahläxte, Tabak und anderes einzutauschen. Das Material war wohl für ein amerikanisches Museum gedacht. Auf dem Eilandenfluß gerieten beide in ein schweres Unwetter; Rockefeller versuchte an Land zu schwimmen. Danach verlor sich seine Spur. Der Begleiter blieb im Boot und konnte bald gerettet werden. Das Verschwinden Michael Rockefellers gibt bis heute Rätsel auf. Er könnte einem Racheakt zum Opfer gefallen sein.

Zu jener Zeit zahlten amerikanische Souvenir- und Kultgegenstandsjäger sehr hohe Preise für einen *kusch*, das heißt einen Schädel eines von den Asmat erbeuteten und präparierten Menschen. Rockefeller bot, wie man sich erzählte, etwa zehn Stahläxte für einen Kopf. Dies ist enorm viel, wenn man bedenkt, daß ein Asmat-Jüngling für ein heiratsfähiges Mädchen zum Beispiel nur drei Äxte bezahlen mußte. Angelockt durch diese extrem hohen Verdienste, jagten und töteten die Asmat damals mehr Menschen als je zuvor. Allmählich entdeckten die anderen Stämme die Hintergründe dieser Menschenjagd. Aus dem Dorf Ocenep tat sich eine Gruppe von Kriegern zusammen und ging gegen die Weißen vor. Zwar schlug eine holländische Regierungspatrouille den Aufstand mit Waffengewalt nieder. Aber man hatte in Ocenep noch eine alte Rechnung zu begleichen. Das Kriegsgebiet des Ortes reichte bis hinein in die Gegend, in der Rockefeller verscholl. Vielleicht wurde er an Land abgepaßt, und vielleicht erlitt er den Tod, den er durch sein Verhalten provoziert hatte. Wir sprachen die Bewohner von Ocenep mehrmals auf den Vorfall an, erhielten aber keine Antwort.

Der Kannibalismus ist bei den Asmat kultischen Ursprungs. Vor Urzeiten verzehrten sie die toten Körper besonders tapferer oder kluger Stammesgenossen, um so deren Kräfte und Geister in sich aufzunehmen. Dasselbe taten sie später mit den getöteten Feinden. Deshalb versuchte man, immer die kräftigsten, mutigsten und höchstrangigen zu töten. Bei einer Kopfjagd erschlagen die Asmat den Feind mit einer sternförmigen Axt, wodurch im Kopf ein Loch entsteht. Die älteren Dorfbewohner dürfen zuweilen mit Hilfe eines Stäbchens des Gehirn des Toten essen, das als Aufputschmittel gilt und ihnen für lange Zeit wieder Kraft und Lebensmut geben soll. Der Totenkopf wird anschließend auf einen Pfahl vor der Hütte des erfolgreichen Jägers gesteckt, damit jeder sieht, welch starker Mann darin wohnt.

Wir verließen die Küstenorte und fuhren den Eilanden-Fluß mit dem Brazza-Fluß als Ziel hinauf. Die Siedlungen, zu denen wir vorstießen, hatten nicht einmal mehr einen Namen. Dies wies darauf hin, daß wir uns jetzt den noch urzeitlich lebenden Menschen nähern sollten. Von unserem Dolmetscher erfuhren wir, daß sie großenteils noch als Nomaden durch den Urwald zogen und deshalb auch keine festen Hütten bauten. In einer kleinen Siedlung, in der wir zum Übernachten anlegten, verschaffte ich uns dadurch Sympathien, daß ich die arg zerschundenen, verwundeten und eitrigen Füße und Beine der Bewohner desinfizierte und verband, solange meine Vorräte reichten. Der Andrang war riesig. Als ich keine Binden und Pflaster mehr hatte, behalfen sich die Menschen selbst und gaben die von mir angelegten Verbände nach kurzer Zeit an den Nebenmann weiter.

Später wurde ich von einem Mann in Hut und Hose, in dem ich den Häuptling vermutete, aufgefordert, am Busen einer nur mit einem Bastrock bekleideten Frau zu trinken. Ich wußte nicht, wie mir geschah. Sollte es mitten im Urwald, unter Steinzeitmenschen, Prostitution geben? Ich lehnte unwirsch ab, aber er bedeutete mir, wenigstens in die Hütte der Frau zu gehen, in der sich offensichtlich schon eine ganze Reihe Eingeborener versammelt hatte. Weil er wohl annahm, daß ich vielleicht wegen des verdreckten Busens der Frau so verärgert reagiert hatte, spuckte er in die Hand und »säuberte« so die Brust der Frau. Ich war der festen Meinung, daß die Dorfgemeinschaft wollte, daß die Frau von mir ein Kind bekäme, weil weiße Kinder – dort Albinos – einen recht engen Kontakt zu den Geistern haben. Schließlich stellte sich aber heraus, daß der Häuptling lediglich beabsichtigte, den Bootsführer und mich als Mitglied in die Dorfgemeinschaft aufzunehmen. Dazu müßten wir symbolisch am Busen der Häuptlingsfrau trinken. Der Dolmetscher hatte Mühe, zu erklären, daß diese Art von Aufnahmezeremonie bei meinem »Stamm« nicht üblich sei.

Die Weiterfahrt führte uns immer tiefer in eine fremdartige Urwelt. Die Männer liefen nun völlig nackt herum, nicht einmal mehr mit der Penishülle bekleidet. Papagei-

en, Kakadus und Nashornvögel flogen so zahlreich wie bei uns die Spatzen über unsere Köpfe hinweg. Plötzlich blockierten ohne Zweifel absichtlich in den Fluß geworfene Bäume unser Fortkommen. Der Dolmetscher, den wir in Ocenep ausgetauscht hatten, erkannte sofort, daß dies nichts Gutes bedeutete. Einige Minuten später kamen uns in Einbäumen stehende, grimmig dreinblickende, bunt geschmückte Männer mit angelegtem Pfeil und Bogen entgegen. Sie traten aus versteckten Nebenflüssen so zahlreich hervor, daß keine Fluchtmöglichkeit blieb. Ich dachte an einen Raubüberfall und daß wir vielleicht so enden würden wie vermutlich Michael Rockefeller. Sie redeten aufgeregt auf uns ein und fuchtelten mit ihren Waffen herum. Der Dolmetscher, der ihren Dialekt sprach, beruhigte sie nach und nach. Ihm erzählten sie schließlich den Grund für den Überfall.
Etwa ein Jahr zuvor waren Indonesier ins Gebiet gekommen und hatten bei verschiedenen Häuptlingen erreicht, Bäume abschlagen zu dürfen. Dabei sollten nicht nur die Arbeiter aus den verschiedenen Stammesgebieten entlohnt, sondern auch jeder einzelne Stamm einzeln bezahlt werden. Da Geld in diesem Winkel der Erde noch keine Bedeutung hat, wurde vereinbart, daß jeder Arbeiter gleich am ersten Tag eine Stahlaxt bekommen sollte, die nach zwei Monaten Arbeit sein Eigentum werden würde. Außerdem sollte es Salz, Angelhaken und Tabak geben. Das Geschäft schien perfekt, die Häuptlinge willigten ein, die Arbeiter legten sich ins Zeug. Sie erhielten wie besprochen am ersten Tag Stahläxte, die sie allerdings immer am Ende des Arbeitstages abgeben mußten. Die gefällten Stämme wurden zu Flößen zusammengebunden und in teilweise tagelangen Fahrten nach Atsy, einem Ort mit genügend tiefem Hafen für große Schiffe, gebracht.
Nachdem so eine Menge Holz fertiggestellt war, verschwanden eines Nachts die Vertreter der Holzfällergesell-

schaft mit allen Gerätschaften und ohne irgendeine Bezahlung zu hinterlassen. Die Asmat erkannten, daß sie hereingelegt worden waren. Wütend verfolgten sie die Indonesier und holten sie mit ihren leichten, wendigen Einbäumen und weil sie Abkürzungen in den Wasserstraßen kannten, auch bald ein. Es kam zu einem harten Kampf, bei dem die Asmat anscheinend den Chef der Holzfäller gefangennahmen und ihn so lange festsetzten, bis alles bezahlt und ausgehändigt worden war, was man ihnen zuvor versprochen hatte.

Als sie nun den Lärm unseres Motorbootes hörten, glaubten sie, es sei wieder eine Holzfällergesellschaft unterwegs, die vermutlich die Gefangennahme ihres Freundes rächen wollte. Man muß wissen, daß für die Asmat der Urwald nicht nur Lebensstätte, Nahrungsquelle und Heimat, sondern auch Heiligtum ist. Ihrem Glauben nach leben die Seelen der Verstorbenen zeitweise im Urwald. So empfindet ein jeder Bewohner aus dem Asmatgebiet, wenn er einen majestätischen Baum fallen und verschwinden sieht, das gleiche wie ein Christ, dessen Kirche von Bilderstürmern oder dessen Friedhöfe von Grabräubern verwüstet werden. Folglich ist es für die Eingeborenen fast ein Frevel, überhaupt fremde Menschen in ihr Gebiet zu lassen, die noch dazu mit kreischenden Motorsägen die Geister in ihrem heiligen Wald erzürnen.

Nachdem sie sich aber von unserer Harmlosigkeit überzeugt hatten, ließen sie uns passieren. Wir durften sogar Zeuge eines besonderen Rituals werden, das die Geister im heiligen Wald günstig stimmen sollte. Daraus, daß die Fischzüge in letzter Zeit nicht sehr erfolgreich gewesen waren, schlossen die dortigen Asmat, daß die kreischenden Motorsägen und der Lärm der indonesischen Holzfäller ihre Geister sehr verärgert hatten. Nun mußten sie wieder versöhnt werden. Die ganze Dorfgemeinschaft umringte einen in der Mitte der Siedlung stehenden großen Baum und schrie Worte, die auch der Dolmetscher nicht verstand, ins Geäst hinauf. Die etwa siebzig Männer waren mit wundervollen Vogelfedern geschmückt, sie tanzten nach dem Trommelrhythmus. In ihren Händen trugen sie geschmückte Speere, über den Schultern hingen Pfeil und Bogen. Einige hatten Trikothemden und kurze Hosen an, die ihnen die Holzfäller geschenkt hatten, die meisten aber waren nackt. Einer der Tänzer wurde als Strohpuppe maskiert. Er tanzte wild gestikulierend um den Baum. Aus dem Urwald liefen Krieger auf die Puppe zu und brüllten auf sie ein. Die Gestalt versuchte zu fliehen, doch wurde sie jedesmal unter dem Triumphgeheul der Krieger zurückgestoßen. Die Puppe stellte offensichtlich den gefangenen Holzfällerchef dar. Diese Szenen faszinierten mich so, daß ich nicht auf den Boden achtete, mit dem Fuß irgendwo anstieß und mir dabei die linke kleine Zehe brach. Sie stand im rechten Winkel vom Fuß ab und schmerzte fürchterlich. Mir blieb nichts anderes übrig, als die Zähne zusammenzubeißen und sie in die richtige Stellung zurückzudrücken. Ich schiente sie mit zwei Holzstücken, die ich mit Heftpflaster umwickelte. Wie gut wäre es gewesen, meine stabilen Stiefel dabeizuhaben – aber die standen ja im Gebiet der Dani. Zum Schutz streifte ich zwei Socken über den Fuß, damit ich mit meiner »Schiene« nicht irgendwo hängenblieb. Was hätten die Asmat wohl gesagt, wenn ich ihnen zu erklären versucht hätte, daß man bei meinem »Stamm« jetzt einige Wochen lang »krankgeschrieben« würde. Aber der Bruch der kleinen Zehe war harmlos, gemessen an dem gefährlichen Höhepunkt meiner Reise zu den Steinzeitmenschen.

Während des Beschwörungs- und Versöhnungsrituals war uns ein etwa zwölfjähriger Junge aufgefallen, der abseits saß und weder mittanzte noch lachte. Während wir zum Boot gingen, folgte uns einer der geschmückten

Männer und fragte, ob wir den Jungen mitnehmen würden. Der Bursche hieß Jumuc und hatte vor einiger Zeit mit zwei Brüdern den Stamm verlassen, um nach einem neuen Gebiet von Sagopalmen zu suchen. Der Vater war Häuptling des Stammes, der seine Söhne schon mehrere Male zur Suche ausgeschickt hatte. Wegen Hochwassers konnten sie kaum einmal an Land gehen und hatten lange Zeit nichts gefunden. Als seine beiden Brüder eines Tages schließlich doch zur Suche aufbrachen, blieb er, wie schon so oft, im Boot zurück und wartete. Er harrte Stunde um Stunde aus, doch die Brüder kamen nicht zurück. Vergebens wartete er eine ganze Nacht und noch einen Tag, ruderte am Ufer entlang, rief und klopfte an die Bäume. Bei einem Manöver im Wasser kippte sein Boot um und schleuderte den Jungen hinaus. Er stürzte einen Wasserfall hinunter und verletzte sich böse. Er wachte erst wieder auf, als er von den Bewohnern des Dorfes, in dem er sich jetzt befand, an Land gezogen wurde. Seine Brüder blieben verschollen. Allein war es ihm nicht möglich, zu seinem Stamm zurückzukehren, weil er weder ein Boot hatte noch es allein hätte flußaufwärts rudern können. Außerdem wußte er nicht genau, wo sein Stamm war. Die Dorfbewohner lehnten es ab, ihn über die gefährlichen Stromschnellen zu rudern, außerdem reichte ihre Welt stets nur bis an die Grenze ihrer Jagdgründe. Wir waren uns einig, den Buben mitzunehmen, nicht zuletzt deshalb, weil das deutsche Ehepaar von der Existenz eines nomadisierenden Asmat-Stammes, der Leute am Brazza-Fluß, wußte, aber schon dreimal vergeblich versucht hatte, bis in dieses Gebiet vorzustoßen.

Jumuc lotste uns vortrefflich durch die verschiedenen Flußarme und Flüsse. Die Bewohner der wenigen Siedlungen, an denen wir jetzt noch vorbeikamen, waren sehr scheu und rannten davon, sobald sie uns sahen. So bauten wir uns unsere Schlafhütten selbst. Jumuc und der Dolmetscher entpuppten sich als wahre Baumeister. Sie brauchten nie mehr als eine Stunde, bis zwei oder drei dieser kleinen Hütten fertig waren. Eines Abends kamen wir an ein verlassenes Dorf mit halbverfallenen Hütten. Ich freute mich, daß ich eine fand, die sehr weich mit Zweigen, Blättern und Moos gepolstert war. Morgens erfuhr ich von Jumuc, daß die jungen Leute am Brazza-Fluß nach der Hochzeit in einer solchen Hütte, die etwas abseits von den anderen gebaut wurde, ungestört ihre Flitterwochen verbringen konnten.

Wir kamen schließlich in ein Dorf, in dessen Hütten mehrere geschmückte Totenköpfe herumlagen. Wenn ein Asmat stirbt, wird er unter großem Wehklagen irgendwo im Wald beerdigt. Sobald das Fleisch verwest ist, wird das Skelett ausgegraben und die Knochen dem Feuer übergeben. Der Schädel aber wird saubergewaschen und einem Auserwählten in der Familie als Kopfkissen zugeteilt. Die Asmat am Brazza-Fluß legen größten Wert darauf, daß ihr Kopf während des Schlafens bequem liegt. Ruht er unbequem, so verläßt die Seele unzufrieden den Körper und geht auf Wanderschaft. Der Vorfahre sagt dem Schläfer, ob ihm Gefahr droht, wo seine Freunde sind und was er zu tun oder zu lassen hat. Die Ahnenköpfe, die der Vater für seinen heranwachsenden Sohn bereithält und die von einem großen Krieger oder Häuptling aus der Familie stammen, werden besonders geschmückt. Wenn der Sohn dann ins Mannesalter kommt und ins Männerhaus aufgenommen wird, übergibt ihm der Vater den Kopf für die bevorstehenden Zeremonien. Dies ist die Zeit, in der die Jungen beschnitten werden und durch ein Schlammbad kriechen müssen. Bei der Einführung eines Burschen ins Männerhaus wird er durch die Eingangstür getragen. Dort wäscht ihn jemand mit einem Saft aus verschiedenen Kräutern. Der Stammeshäuptling überreicht ihm Pfeil und Bogen und ruft die Geister an, um ihnen zu sagen, daß der Junge jetzt ein Mann sei. Schließlich streicht er ihm mit dem Knochen eines verstorbenen Häuptlings über den Körper. Wenn er alle Zeremonien absolviert hat, kann er den Ahnenkopf behalten. Der Vorfahre wird ihm von da an den rechten Weg weisen.

Allmählich blieben auch die seltenen scheuen Menschen aus, die wir zuvor noch ab und zu gesehen hatten. Jumuc glaubte sich zunehmend im heimatlichen Bereich und bat mehrmals, am Ufer anzulegen. Er suchte nach Spuren und klopfte mit einem Ast in verschiedenen Tönen und Abständen an einen Baum. Er horchte eine Weile in den Wald hinein, doch als er nichts hörte, fuhren wir weiter. Wir konnten uns zunächst keinen Reim auf sein Tun machen. Inzwischen waren sieben Tage vergangen, seit wir ihn aufgelesen hatten, und wir zweifelten bereits an seiner Orientierung und an der Richtigkeit seiner Erzählung. Schließlich schien er doch irgend etwas Besonderes zu bemerken. Der Bootsführer, der Dolmetscher und ich folgten ihm an Land, während das deutsche Ehepaar im Boot zurückblieb. Er schien irgendwelchen Tönen aus dem Wald nachzugehen. Wir marschierten etwa eine halbe Stunde durch schwieriges Gelände – meine gebrochene Zehe tat immer noch höllisch weh –, als wir unvermittelt vor einem Baumhaus standen. In kleineren Abständen entdeckten wir weitere. Jumuc hatte sich und uns also nicht getäuscht. Wir erklommen einen der Bäume, um die Menschen in den luftigen Hütten kennenzulernen. Weil dünne Rauchsäulen aufstiegen, mußten sie bewohnt sein. Unsere Gastgeschenke – Tabak, Salz und Angelhaken – hatten wir bereits zurechtgelegt. Jumuc erstieg als erster die steile Leiter. Er rief einige Worte, ehe er durch die Tür trat, doch es antwortete niemand. Wir folgten ihm, sahen aber nur einen leeren Raum. Wegen des noch schwelenden Feuers, in dem Kartoffeln und Sago schmorten, wegen eines wassergefüllten Schildkrötenpanzers und weil

Zigaretten aus Blättern am Boden glommen, konnte die Hütte erst vor ganz kurzer Zeit verlassen worden sein. Am Feuerplatz lagen einige geschmückte Totenköpfe, die uns geisterhaft anstarrten.
Während wir rätselten, was die Bewohner zu dem plötzlichen Aufbruch veranlaßt haben mochte, sahen wir uns das Baumhaus genauer an. Besonders die Feuerstelle schien interessant.
Die Eingeborenen nehmen ein großes Stück Rinde und füllen es mit Sand. Darin kann das Feuer ohne Gefahr für die Hütte Tag und Nacht brennen. Das Haus selbst war auf einem sechs bis sieben Meter hohen Baum gebaut, dem die Asmat zuvor die Krone abgeschlagen hatten. Zugänglich war es über eine Leiter, andere, niedrigere, werden über die leicht entastete, umgekippte Krone erreicht. So hoch oben sind die Menschen vor Ungeziefer am Boden sicher, stets umfächelt sie ein kühlender Luftzug, und die Moskitos schwärmen in dieser Höhe nicht so zahlreich wie unmittelbar über der Erde. Wir stiegen wieder herab und begannen uns weiter umzuschauen.
Plötzlich teilte sich wie von Geisterhand das Urwaldgebüsch um uns herum, und etwa 25 Eingeborene umzingelten uns; jeder hatte seinen Bogen im Anschlag auf uns gerichtet. Ein etwa ein Meter vierzig großer Mann, vermutlich der Chef der Truppe, trat auf mich als einzigen Europäer zu und brüllte mit solch wutverzerrtem Gesicht auf mich ein, daß ihm weißer Schaum vor den Mund trat. Ich verharrte wie versteinert. Die Szene kam mir vor wie ein böser Traum, und ich hoffte voller Angst, sie möge beim nächsten Augenaufschlag vorüber sein. Ich war nicht in der Lage, fortzulaufen. Den anderen erging es ebenso. Der Bootsführer warf instinktiv den Kriegern seine Geschenke vor die Füße, doch niemand beachtete sie. Es war entsetzlich, jeden Augenblick mit einem Pfeilhagel rechnen zu müssen. Uns schien das Ende nahe zu sein.

Der tobende Häuptling spritzte mir seinen Geifer ins Gesicht, aber ich vermochte mich immer noch nicht zu rühren. Ich versuchte meine Gedanken zu sammeln, doch was hätte ich tun sollen? Jeder Verständigungsversuch war sinnlos, jeder Fluchtplan mußte scheitern.
Jumuc rettete uns das Leben. Er war vermutlich genauso erschrocken wie wir, näherte sich aber zitternd dem Häuptling und sprach ihn in weinerlichem Ton an. Der alte Mann beachtete uns auf einmal überhaupt nicht mehr, drehte sich nach dem Jungen um, der jetzt vor ihm auf dem Boden kniete, warf in Sekundenschnelle Pfeil und Bogen weg und umarmte Jumuc. Die beiden drückten sich gegeneinander, und – ich täuschte mich nicht – das Gesicht des Alten wurde weich, und Tränen standen in seinen Augen. Wie auf Befehl legten alle Eingeborenen gleichzeitig ihre Waffen nieder und starrten auf das Bild vor ihnen. Auch in ihre Züge schlich sich Rührung. Da lagen sich zwei Menschen weinend in den Armen, von denen uns der eine noch vor ein paar Augenblicken mit tödlichem Haß begegnet war. Das Blatt hatte sich gewendet, weil Jumuc in dem alten Mann seinen Vater wiedererkannte. Zur Bekräftigung zeigte er an der rechten Wade eine große Narbe, die von einer Verletzung im Kindesalter herrührte. Der Vater tastete glückselig das Wundmal ab und freute sich, daß er sich nicht getäuscht hatte. Weil der Sohn Hemd und Hose trug, hatte der Vater ihn anfangs nicht erkannt, denn sie waren sonst alle splitternackt.
Jumuc und sein Vater berichteten sich gegenseitig von ihren Erlebnissen. Die Brüder waren auch nicht mehr zum Stamm zurückgekehrt, sie mußten als tot gelten. Die Mutter Jumucs war aus Gram über den vermeintlichen Verlust aller drei Söhne verstorben, ihr Geist war mit dem Wind zu Wolken und Sternen entschwunden. Doch der Vater hatte ihren Kopf präpariert, geschmückt und in der Hütte aufbewahrt, damit sie doch wieder unter ihnen weilte.

Es fiel Jumuc schwer, sich zu entscheiden, ob er bei seinem Vater und bei seinem Stamm bleiben oder ob er hinaus in die fremde Welt, in ein vermeintlich besseres Leben mit uns ziehen sollte. Durch seine Unentschlossenheit provozierte er erneut den Zorn des Vaters, der uns, wie der Dolmetscher übersetzte, zuschrie, wir Fremden sollten uns nie wieder in seinem Gebiet blicken lassen. Zwei seiner Söhne hätten wir schon entführt und den dritten verhext, die Geister im Walde würden uns schlimme Krankheiten schicken, unsere Sagopalmen vergiften, und wenn wir dennoch wiederkämen, würden wir sofort getötet.

Jumuc entschloß sich, im Urwald zu bleiben. Er gab uns ein Zeichen, daß wir weiterfahren sollten. Wir fuhren den Fluß entlang zurück zu dem Ort, an dem wir Jumuc aufgenommen hatten. Unterwegs wurden wir immer wieder gefragt, was wir erlebt hatten. Der Dolmetscher mußte die Geschichte mit Jumuc mehrfach erzählen. Lediglich in der Missionsstation mit zwei europäischen Missionaren zeigte man keinerlei Interesse an unseren Erlebnissen.

Der Abschied von den beiden Deutschen verlief ebenso kühl, wie die Atmosphäre während der ganzen Fahrt über gewesen war. Sie hatten mir fast stündlich zu verstehen gegeben, wie unwillkommen ich eigentlich in ihrer Exklusivität war. Meine Betrachtung des geringen »Entwicklungsabstandes« zwischen den »steinzeitlichen Wilden« und den »zivilisierten« Europäern machte mich sehr betroffen.

Unser Wissen über Neuguinea, das sich auf archäologische Funde stützt, reicht bis in die Zeit vor etwa 20 000 Jahren zurück. Von Europäern wurde die Insel vermutlich 1526 entdeckt. Selbstverständlich hat sich in der Lebensweise dieser Menschen im Laufe ihrer Geschichte vieles verändert. Wahrscheinlich wurden verschiedene

Stämme durch Krieg oder Krankheit reduziert, vermischten sich deshalb mit anderen, stärkeren, und mußten deren Lebensgewohnheiten annehmen. Doch gibt es keinerlei Aufzeichnungen darüber, weil die Urstämme dieser nach Grönland zweitgrößten Insel der Erde den schriftlosen Kulturen angehören.

Die Völkerstämme entwickelten die bewundernswerte Fähigkeit, in dieser menschenfeindlichen Umgebung zu überleben. Der Drang, die Natur zu erforschen, fehlt ihnen allerdings nahezu ganz. Auch wuchsen sie nicht zu größeren Gemeinschaften zusammen, um sich so wohl bessere Existenzbedingungen zu erhalten. Sie fürchten nach wie vor die ungebändigte Gewalt der Natur, die sie ins Mystische rücken. Eine ängstliche Phantasie tat ein übriges. Wie schön wäre es, wenn es einen Weg gäbe zwischen der Urangst dieser Völker und der Aufforderung unseres Christengottes, der am siebenten Schöpfungstag zu Adam und Eva sagte: »...und macht euch die Erde untertan.« Dieses »Untertanmachen« haben wir leider nur zu oft aus Habgier, Oberflächlichkeit oder Kurzsichtigkeit gründlich mißverstanden. Deswegen sollten unsere Zukunftsplaner, Wissenschaftler, Wirtschaftler und Politiker auch einmal mit dem Einbaum in die Steinzeit fahren. Sie würden neue Perspektiven, neue Erkenntnisse, vielleicht sogar eine neue Weltsicht gewinnen. Warum sollte es nicht möglich sein, ohne Ängste und doch im Einklang mit der Natur zu leben?

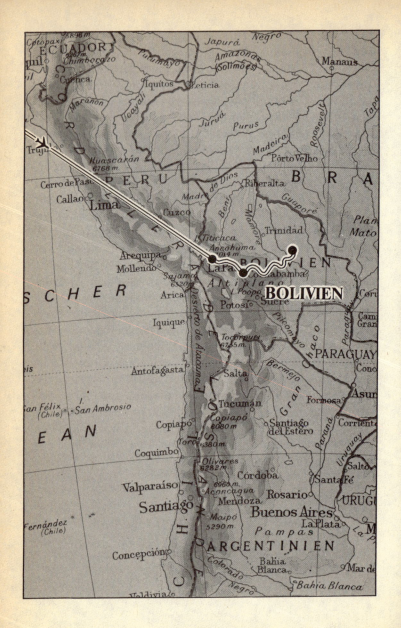

6.
Santa Cruz de Elicona – eine verwunschene Stadt, dem Urwald entlockt

Meine Expedition in den nahezu unberührten bolivianischen Urwald in den Cordilleren von Cochamba war aufgrund einer alten Überlieferung zustande gekommen. Alle Expeditionen vor mir, die die sagenumwobene Stadt Santa Cruz de Elicona im Urwald gesucht hatten, waren unverrichteterdinge zurückgekehrt. Sollten sich die vagen Anhaltspunkte über diese Stadt auch für mich als Fabeln herausstellen? Die Geschichte hatte einige Jahre vor dieser Expedition auf einer meiner anderen Reisen ihren Anfang genommen. In einem Rasthaus hatte mir ein österreichischer Weltenbummler von einem längst verstorbenen anderen Österreicher erzählt, der als Forscher und Missionar im Urwald gelebt und die Sage von einer verwunschenen, verschwundenen Stadt mitten im Gebirge einem Museum hinterlassen hatte. In der Stadt sei eine goldene Glocke verborgen.

Zu Hause begegnete ich eines Tages Leuten, die mir diese Überlieferung, wenn auch mit etwas anderen Details, bestätigten. Um 1720 hatte tatsächlich ein österreichischer Forscher und Missionar in der Gegend gelebt und von der Stadt Santa Cruz de Elicona in den Anden berichtet. Trotz aller Gefahrenschilderungen – der Landstrich wurde nicht nur von der Tsetsefliege heimgesucht, sondern in neuerer Zeit auch durch Schmuggler, Kriminelle, politisch Verfolgte und Marihuana-Pflanzer verunsi-

Folgende Seiten: Die vergessene Inka-Stadt im Urwald von Bolivien

chert – war meine Abenteuerlust nicht zu bremsen. Nachdem ich wieder einmal, nicht zuletzt durch die tatkräftige Hilfe meiner Frau, das nötige Kleingeld und auch genügend Urlaubs- und freie Tage zusammen hatte, machte ich mich über Lima, La Paz und Cochabamba in Richtung Cocapata auf den Weg.

In Quilla Colla erwartete ich ungeduldig den »Bus«. Indios liefen in ihren farbigen Trachten herum, auf dem Marktplatz herrschte ein heilloses Durcheinander, der Geruch von scharfen Gewürzen stieg mir in die Nase, neben angeblich glückbringenden Lama-Embryos wurden die unverwüstlichen Schuhe aus Autoreifen verkauft. Die Händler rumpelten mit ihren Handkarren zwischen den hupenden Autos hindurch, Ziegen wurden aus Omnibussen entladen. Den Bus nach Cocapata fand ich nirgends. Je mehr Leute ich fragte, desto mehr verkehrte Antworten erhielt ich. Auch wegen der fast vierzig Kilo Gepäck auf dem Rücken nahm ich mir schließlich ein Taxi. Der Fahrer feilschte fast eine Viertelstunde um den Preis und brauchte dann nicht mehr als 300 Meter bis zum Ziel. Dort, in einem finsteren Hinterhof, warteten bereits mehrere Dutzend Indios auf einen Lkw. Kein anderes Fahrzeug würde die Tour hinauf in die Berge schaffen.

Für einen Aufpreis von sechzig Pfennig erkaufte ich mir das Privileg, mit im Fahrerhaus zu sitzen und nicht hinten auf der offenen Plattform. Ein Unbekannter hatte mir ein Bündel Briefe für Padre Carlos in die Hand gedrückt, den ich aufsuchen wollte, um weitere Aufschlüsse über Santa Cruz de Elicona zu erhalten. Nachdem es erst in Strömen gegossen hatte, begann es nun zu schneien, ein eiskalter Wind fegte um das Gefährt. Wir fuhren nachts, weil der Fahrer keinen Führerschein hatte und damit rechnen konnte, daß die Polizeistationen in der Dunkelheit nicht besetzt wären. Die Kurven wurden so eng, daß der Fahrer den Lkw mehrmals zurücksetzen mußte, um die Serpentinen zu meistern. Er mußte vom Beifahrer mit Taschenlampe und Handzeichen dirigiert werden. Beim Zurückstoßen wurden jedesmal Steine hinter die Räder gelegt, weil man den Bremsen offensichtlich nicht recht traute. Nicht jedesmal gelingen solche Manöver, und deshalb hört und liest man auch immer wieder von verunglückten Omnibussen und Lastautos.

Anderntags erlebten wir die Gastfreundschaft der Menschen in diesem Teil der Anden. Immer wenn wir uns irgendwelchen Behausungen näherten, kamen uns Leute mit heißem Kaffee entgegen, den sie aus den Schalen der Kaffeebohnen in alten Konservenbüchsen gebraut hatten. Sobald bekannt wurde, daß ich, der *Gringo*, der *Vista Azuro* – das heißt der »mit den blauen Augen Sehende« –, zu Padre Carlos wollte, wurden mir Grüße an den beliebten Missionar aufgetragen. Die Menschen hier oben haben große Existenzprobleme. Für das Vieh ist nicht immer genügend Futter vorhanden; die Hühner sterben wegen vieler Krankheiten schnell weg. Hoch oben auf den Bergen sind Äcker angelegt, in überaus steilem Gelände, Terrassenformationen kennen diese Leute hier offenbar nicht. Sie kommen mit gekochten Maiskörnern, gerösteten Erbsen und Kartoffeln aus. Selten gibt es etwas Fleisch oder Schafs- und Ziegenkäse.

Nachdem wir mehrere Pässe bis zu 4300 Meter Höhe überwunden hatten, erwartete uns Padre Carlos schon. Ich konnte mich in einem kleinen Zimmer erst einmal richtig ausschlafen, und der Glockenschlag der nahen Kirche erinnerte mich an zu Hause in Bayern. Indiofrauen in ihrer bunten Kleidung zogen durch die Gassen des kleinen Ortes; ihre Kinder trugen sie auf dem Rücken, um die Hände fürs Spinnen oder das Weitertreiben von Vieh frei zu haben. Die Männer, meist Bauern, trugen ihren Pflug auf den Schultern. Kinder standen neugierig an meinem Fenster, es waren die Ministranten des Paters.

Die Leistung und das Leben des Missionars nötigten mir allen Respekt ab. Er verkündete dort nicht nur das Wort Gottes, sondern gab auf seinen oft wochenlangen Ritten den Leuten viele praktische Ratschläge und trat auch als Vermittler zwischen verschiedenen Stämmen auf. Da er früher Gärtner gewesen war, beschaffte er jetzt den Menschen Samen für Salat, Möhren, Bohnen und sonstiges Gemüse.

Ich hatte Mühe, drei Begleiter zu finden, die sich bereit erklärten, mit mir nach der verschwundenen Stadt zu suchen. Geisterglauben und Bedrohung durch herumziehende Vagabunden nahmen den meisten Männern den Mut, sich den sonst durchaus begehrten Lohn zu verdienen. Der dritte Begleiter kam erst lange nach der vereinbarten Zeit angetrunken auf mich zu und erzählte, er sei am Abend zuvor zum Bürgermeister gewählt worden und könne deshalb nicht mitkommen. Den Menschenauflauf um mich herum nutzte er gleich zu seiner Antrittsrede. Den bereits bezahlten Vorschuß auf den Trägerlohn rückte er freilich nicht mehr heraus. Da sich in den nächsten Stunden sechs weitere Bürgermeister umliegender Dörfer einfanden, konnte ich noch eine Konferenz über den Bau einer von der Regierung genehmigten Straße miterleben. Egoismus, Wurstigkeit und pfiffige Bauernschläue sind dort genauso zu Hause wie in manchen unserer bayerischen Gemeinderatssitzungen.

Ich fand einen neuen Träger, und wir peilten auf Anraten des Paters zunächst ein kleines Indiodorf mit dem Namen Cora an. Die Pferde zockelten in einem unglaublichen Zeitlupentempo voran, das an meinen Nerven zerrte. Meinen Begleitern schien es aber sehr willkommen, denn so konnten sie in Ruhe plaudern oder Cocablätter kauen. Sie richteten es so ein, daß wir täglich gegen drei Uhr nachmittags in irgendeinem Dorf eintrafen. »Zufällig« trafen sie dort stets Verwandte, mit denen sie sogleich feierten.

Ich hatte manchmal den Eindruck, eher Verwandtenbesuche als eine Expedition zu finanzieren.
Vor zehn Uhr morgens war an Aufbruch nicht zu denken. Aber ich hatte mich schon seit langem daran gewöhnt, in fremden Ländern nicht mit deutschen Maßstäben zu messen. Immer hatte einer von ihnen am Abend zuviel vom Chica getrunken, einem selbstgebrannten Schnaps, und klagte am Morgen über Kopfweh. Schließlich verteilte ich morgens Kopfwehtabletten und sagte, daß man damit nicht nur die Schmerzen los, sondern auch stark wie ein Bär würde. Das wirkte. Nach wenigen Minuten waren meine Begleiter immer putzmunter und berichteten von ihrer jetzt enormen Kraft. Prompt nahmen sie sich auch gleich zwei Packsäcke auf den Rücken. Sie marschierten mindestens einen Schritt pro Stunde schneller. Vom »Wundermittel« erzählten sie in den folgenden Dörfern lang und breit, so daß sich bald alle krank fühlten und jeder eine Tablette wollte. Ich mußte zu einer List greifen und maß jeden mit dem Fieberthermometer hinter dem Ohr. Mit gerunzelter Stirn und äußerst ernst schaute ich auf die Anzeige und unterschied nach Gutdünken zwischen »Kranken« und »Gesunden«. Ab und zu erhielt ich zum Dank einen Hut voll köstlicher Orangen und Zitronen und mußte so das übelriechende Wasser, das mehr einer Kloake ähnelte, nicht mehr ausschließlich trinken.
Orangen- und Zitronenbäume sind in früheren Zeiten von den Spaniern entlang den Inkastraßen angebaut worden. Die Spanier benutzten die Wege der Inkas für ihre Eroberungszüge.
Schließlich kamen wir in Cora an, wo die Bewohner mich beschworen, meine Absicht fallenzulassen, die verschwundene Stadt Santa Cruz de Elicona zu suchen. Sie unkten, daß man die Suche mit dem Tode bezahlen müsse. Ich hörte von einer anderen alten Stadt, die den spanischen Namen Creston trug, was soviel wie »Hahnen-

kamm« bedeutet. Für die Bewohner von Cora befand sich dieses alte Creston auf dem Machu Picchu, was soviel wie »stolzer Felsen« bedeutet. Es gibt also nicht nur einen Machu Picchu in Peru, mehrere tausend Kilometer von Cora entfernt, sondern wohl überall dort, wo Menschen einem »stolzen Felsen« eine besondere Bedeutung beimessen. Meine Begleiter wollten mich wegen der finsteren Geschichten, die sie über Creston hörten, davon abhalten, dorthin zu ziehen. Ich fand aber bald heraus, daß es in Wirklichkeit darum ging, daß dort ein goldener Kochtopf vermutet wurde, den einige Familien in Cora eines Tages selbst zu finden hofften. Nur deshalb verbreiteten sie Gerüchte über alle möglichen Gefahren.

Einige Bewohner Coras boten mir ganz diplomatisch ihre Begleitung an, in der Erwartung, ja mit dabeizusein, falls ich diesen goldenen Topf finden sollte. Wir starteten also ohne meine ursprünglichen Begleiter in ein wegloses Gelände. Hier und da trafen wir auf einen alten Inkaweg oder sahen Fundamente einer längst eingestürzten Brücke. Vor jeder Flußüberquerung warfen die Dorfbewohner einige Steine ins Wasser, um die bösen Geister zu vertreiben.

Unversehens erhob sich vor uns im Urwald der Machu Picchu mit der alten Stadt Creston, besser gesagt, mit ihren Ruinen. Es ist ein eigenartiges Gefühl, plötzlich im undurchdringlich und unbewohnt erscheinenden tropischen Urwald einen Berg aufragen zu sehen, der in den früheren Jahrhunderten bewohnt war. Die Vorstellung – und dann noch als Ausländer –, etwas so Seltenes zu erleben wie die Wiederentdeckung eines vor langer Zeit bewohnten Ortes, versetzte mich in unbeschreibliche Hochstimmung. Ich hastete den Berg hinauf, sehr viel schneller als meine Begleiter. Ich gelangte zu einem gut erhaltenen Eingangstor, an dem die Stufen zu einer kleinen Wehrmauer noch deutlich zu erkennen waren. An mehreren Plätzen lagen sauber aufgeschichtete faustgroße Wurfsteine. Mit ihnen wurden Angreifer abgewehrt. Inzwischen waren die Dorfbewohner schnaufend nachgekommen. Sie flehten mich an, auf keinen Fall allein weiterzugehen, denn hier wimmele es von Geistern, und es könnte Furchtbares passieren. Auch sollte ich eventuell aufgehobene Gegenstände zurücklegen. Je höher wir kamen, desto deutlicher wurde der Festungscharakter der Stadtanlage. Sie war an zwei Seiten durch einen Fluß begrenzt, ihre Wände waren unbezwingbar steil und glatt. Der Blick schweifte weit hinunter auf die Flußtäler. Zur Anlage führte nur ein einziger Zugang, abgesehen von einem versteckten, kleinen Fluchtweg, der direkt ins Gebirge ging. Die Überreste ehemaliger Brücken, Steinmauern um frühere Felder und Überbleibsel von Häusern zeugen noch von dem ehemals pulsierenden Leben. Anders als auf dem Machu Picchu in Peru, entdeckte ich hier keine Spuren eines Heiligtums oder vielleicht sogar eines Sonnensteins zur Götterverehrung. Beim Betrachten der alten Stadt Creston fiel mir wieder der Spruch meiner Großmutter ein: »Bub, schau einmal, was hinter den Bergen ist.«

Meine beiden Begleiter suchten inzwischen eifrigst nach irgendwelchen Schätzen. Plötzlich, es muß kurz vor 14 Uhr gewesen sein, kamen sie aufgeregt zu mir gelaufen und baten inständig, den Rückweg anzutreten. Es sei die Zeit, wo bald die bösen Geister auf dem Winde daherritten und uns in die Tiefe stürzen würden. Ich mußte über so viel »Aberglauben« unwillkürlich lachen. Als ich trotz mehrmaliger Bitten immer noch nicht mit zurückgehen wollte, führten mich die Männer zur wohl geheimnisvollsten Stelle der Anlage, einem etwa siebzig Zentimeter breiten und anscheinend sehr tiefen Loch, etwas abseits der früheren Gebäude. Beide gingen aus Angst nicht direkt an die Vertiefung heran. Sie erklärten, daß die Windgeister jeden in dieses Loch würfen, der versuche, den goldenen Kochtopf auszugraben. Noch während ich ihre Schilderungen über mich ergehen ließ, fegte tatsächlich auf einmal bei strahlendem Himmel ein Sturm daher. Wie von Furien gejagt rasten meine Begleiter talwärts, ihrer Ansicht nach hatte ihr letztes Stündlein geschlagen. An solchen Vorfällen zeigt sich, wie der Mangel an Verständnis für natürliche Vorgänge Menschen in abergläubischem Schrecken gefangenhalten kann. Wer sich ein bißchen in der Meteorologie auskennt, weiß, daß durch Zusammentreffen erhitzter Luft, die von Felsen abstreicht, mit kühler Luft aus schattigen Tälern wegen des Temperaturgefälles manchmal ein sehr heftiger Wind entstehen kann. Mir blieb aber nichts anderes übrig, als auch den Rückweg anzutreten, denn allein wäre es mir nicht möglich gewesen, nach Cora zu finden. Als ich meinen Begleitern erklärte, daß ich am anderen Tag erneut zum Felsen gehen wollte und diesmal, wenn nötig, sogar alleine, hielten sie mich für einen dem Tod Geweihten. Am anderen Morgen hielt eine alte Frau, die sich Doña Maria nannte, Tee und einen Hut voller Orangen bereit, sie zeichnete mir drei Kreuze auf die Stirn, da sie wußte, daß ich noch einmal nach Creston wollte.

Ich fand den alten Pfad wieder, erreichte den »stolzen Felsen« und peilte das geheimnisvolle Loch an. Ich hatte zwar weder Seil noch einen sichernden Begleiter dabei, entdeckte aber in etwa drei Meter Tiefe einen Absatz, auf den ich mich stellen wollte. Das Gestein war brüchig, ich konnte mich aber langsam in die Dunkelheit hineinspreizen. Der Felsvorsprung hielt, es stank allerdings fürchterlich von unten herauf. Ich tastete im Dunkeln herum und stieß auf eine kleine Höhle hinter mir. Ich tastete sie

Kurz vor dem Ziel entdeckten wir den Wasserfall, von dem die Sage erzählt, daß dahinter der Zugang zu der Stadt liegt.

behutsam ab, um sicherzugehen, daß keine Skorpione, Giftspinnen oder Schlangen darin verborgen waren. Ich fühlte etwas Rundes in meiner Hand, dachte zunächst an einen eingeschrumpelten Totenkopf, weil ich nichts erkennen konnte, und steckte das Gebilde einfach in mein Hemd. Beim weiteren Umhertasten fand ich noch eine Menge Gegenstände, die offenbar von Menschen geformt worden waren. Ich stopfte sie in meine Taschen und in mein Hemd, als ich einmal Staub aufwirbelte, der mir fast den Atem nahm. Ich hörte ein seltsames Pfeifen und Heulen und mußte unwillkürlich an die »Windgeister« denken. Konnte ich mir den gestrigen Sturm noch leicht erklären, überfiel mich hier doch ein gewisses Grauen, und ich suchte so schnell wie möglich nach dem Höhlenausgang. Als ich nach vielen Mühen endlich wieder im Freien unter der Sonne stand, spürte ich kaum einen Luftzug. Die Beklemmungen waren verschwunden. Um so weniger vermochte ich mir das eigenartige Pfeifen und Heulen in der Höhle zu erklären, das, wie mir die Bewohner Coras später erzählten, auch nachts zu hören sei. Nach ihrer Meinung sind es die Stimmen der Verstorbenen, die noch eine Zeitlang in der Festung und in dem Loch hausen, bevor sie endgültig aus der Welt verschwinden. Eine rationale Erklärung für die Geräusche könnte sein, daß es in der Höhle vielleicht einen weiteren engen Lufteintritt gibt, der im Zusammenwirken mit den Windungen in dem Loch einen Sog verursacht, der ab und zu so stark wird, daß man ihn als Pfeifen hören kann.
Ich besah mir nun erst einmal die merkwürdigen Dinge, die ich zutage gebracht hatte. Beim näheren Betrachten erschrak ich: Es waren alles Tonkrüge mit zum Teil kleinen Knochen darin. Unter dicken Staubschichten waren wundervolle Malereien zu bestaunen. Ich vermag die Schönheit der Formen und Farben und die Ausdruckskraft geheimnisvoller Linien darauf nicht zu beschreiben.

Aber alle Ängstlichkeit war wie weggeweht, mein Entdeckerdrang wieder erwacht. Ich stieg nochmals in das Loch hinab und in die Seitenhöhle, um noch mehr zu finden. Erneut hatte ich Glück. Ich bekam einen merkwürdig geformten Stein zu fassen, den ich zunächst wegwerfen wollte. Beim näheren Hinschauen identifizierte ich ihn als *samiri*. Ein Samiri ist ein heiliger Fetisch, der in meinem Fall die Form eines Lama-Kopfes hatte. Die früheren Bewohner verehrten ihn sehr, hing nach ihrem Glauben doch der Wohlstand eines ganzen Dorfes davon ab. Ich vermute, daß dieser Samiri dort in der Höhle entweder von einem Priester oder aber von Feinden des Ortes versteckt worden war. Beim weiteren Suchen stieß ich auf einen metallischen Gegenstand. Ich hoffte schon, meine verlorengegangene Sonnenbrille wiedergefunden zu haben, als ich sah, daß ich eine Silbervase in den Händen hielt.

Inzwischen versank die Sonne hinter den Bergen, ein frischer und immer stärker werdender Wind strich über die geheimnisvolle Stätte, so daß es Zeit zur Rückkehr wurde. Vor mir lagen noch zwei Stunden Weg und eine schwierige Flußüberquerung. Ich kam im Dunkeln zurück in meine Hütte in Cora. Von nebenan hörte ich eine lautstarke Diskussion zwischen meinen Begleitern aus Cocapata und einigen Einwohnern von Cora. Ich gesellte mich zu ihnen und wollte von meinem Alleinmarsch erzählen. Sie glaubten mir allerdings nicht, daß ich allein auf ihrem »stolzen Felsen« gewesen war, weil einerseits der Fluß doch schon seit Tagen gestiegen war und andererseits es ihnen nicht vorstellbar war, daß ich allein den Weg dorthin und wieder zurück gefunden hätte. Als ich ihnen einige meiner Funde zeigte, konnten sie es kaum fassen, daß der Gringo es tatsächlich geschafft hatte, ohne sie in das Loch hinabzusteigen und auch wieder sicher zurückzukommen.

Meinen Trägern gefiel das untätige und ruhige Leben bei guter Bezahlung sehr gut. Daher waren sie wenig erbaut, als ich ihnen nun ankündigte, daß wir am nächsten Tage mit der Suche nach Santa Cruz de Elicona beginnen würden, der Stadt mit der goldenen Glocke. Die Bewohner von Cora konnten uns nichts Näheres über diese geheimnisvolle Stadt berichten. Einer erzählte jedoch von einem Mann, der schon zweimal versucht habe, dorthin zu gelangen. Nach zweitägiger Reise trafen wir auch auf besagten Señor Francisco, der uns sehr freundlich aufnahm. Meine Begleiter stapften glücklich davon, denn sie hatten in diesem Ort wieder einmal Verwandte entdeckt.

Am Abend, als der Mond die strohgedeckten Hütten fahl beschien und ab und zu eine Sternschnuppe niederging, hatte Francisco für mich Zeit. Tagsüber war er mit der Kartoffelernte beschäftigt, einer wichtigen Arbeit, um seine zwölfköpfige Familie zu ernähren. Er verriet mir, daß er zusammen mit seinem Bruder Mario bereits mehr als zehn Jahre lang im Urwald herumgezogen war, um die Rinde von Chininbäumen abzuschälen. Dafür gab es auf den Märkten gutes Geld. Francisco und Mario waren auch schon mit einer italienischen und französischen Expedition unterwegs gewesen, um die unbekannte Stadt zu suchen, allerdings ohne Erfolg. Francisco berichtete von verschollenen Abenteurern und davon, daß ein längerer Aufenthalt in der lebensfeindlichen Umwelt, in der Santa Cruz de Elicona vermutet wurde, unmöglich sei. Er schilderte mir aber auch, was ihm schon seine Großeltern über diese Stadt gesagt hatten:

»Irgendwo in den Bergen gibt es eine Stadt, in der die Geister wohnen. Für einen normalen Menschen ist sie unsichtbar und unerreichbar. Sie steht auf einem hohen Berg, der nach allen Seiten stark abfällt. Am steilen Fels wächst dichtes Moos, das jeden, der hinaufzuklettern versucht, unweigerlich in den reißenden Fluß unten am Berg abrutschen läßt, wenn er nicht über einen anderen Abhang bereits in eine gähnende Schlucht gestürzt ist. Der Zugang in die Stadt führt über einen hohen und steilen Wasserfall mit unfaßbar glitschigen Wänden. Die Geister, die den Zugang bewachen, können jeden Eindringling fortschwemmen. Auf dem höchsten Punkt der Stadt steht ein Turm. In ihm hängt eine goldene Glocke, die von giftigen Spinnen und Schlangen bewacht wird. Geister läuten in bestimmten Vollmondnächten die Glocke, und einige der Indios hörten das Läuten schon auf ihrer Suche nach der verwunschenen Stadt. Angeblich gingen sie den wundersamen Tönen nach. Am Ende waren sie völlig verwirrt, weil die Glocken immer wieder aus einer anderen Richtung zu hören waren. So verloren sie bald die Orientierung und gingen jämmerlich zugrunde. Andere Sucher vernahmen, wie die Seelen der von Spaniern erschlagenen Inkas laut wehklagten. Sollte sich trotz aller Gefahren und Hindernisse jemand der Stadt doch nähern, dann wird er plötzlich vor einer unüberwindlichen Mauer ohne Eingangstor stehen. Auf der Mauer sitzen viele wilde, unheimliche Tiere, die im Auftrag der Geister jeden zerfleischen, der sich der Stadt weiter zu nähern versucht.«

Je mehr Begeisterung ich für die Geschichte zeigte, desto länger wurden die Gesichter meiner Begleiter. Heftig gestikulierend lehnten sie schließlich ab, mit mir auch nur einen einzigen Schritt nach Santa Cruz de Elicona zu gehen.

Am nächsten Morgen blieben meine Begleiter dabei, auf keinen Fall auf die Suche nach der verwunschenen Stadt zu ziehen. Was tun? Meine Hochstimmung der letzten Nacht sank auf den Nullpunkt; mußte ich jetzt umkehren? Nach vielem Hin und Her und einigen Tagen heftiger Diskussionen erklärten sich Francisco und Mario bereit, mit mir in den Urwald zu marschieren. Ihre Bedingungen:

zwei Hemden aus meinem Gepäck, sechs Mark Lohn am Tag und die Bestätigung, daß die goldene Glocke zu gleichen Teilen aufgeteilt würde. Wieder einmal vertraute ich mein Hab und Gut mir völlig fremden Menschen an. Auf mehreren Reisen war ich von Trägern hereingelegt worden, weil sie meine Abhängigkeit erkannten und ausnutzten. Aber diesmal blieb ich gottlob von solchen Erlebnissen verschont.

Anderntags packten Frauen und Männer Lebensmittel für uns und Futter für die Pferde ein. Im letzten Moment kam ein Indio, der die Huftiere mit Eisen beschlug. Alles war gepackt, die Pferde beschlagen, aber dennoch zogen wir nicht los. Wir mußten warten, bis ein Mann mit den »lebensnotwendigen« Cocablättern kam. Vier Tage nach meinem geplanten Start trotten wir, die Indios, Francisco, Mario und ein Dritter außer mir abenteuerlustigem Gringo, dazu drei Pferde und zwei Maultiere als Packesel, durch die Ansammlung neugieriger Dorfbewohner fort. »Die Geister meinen es gut mit uns«, sagte Francisco und deutete auf die über uns fliegenden Papageien, die in Richtung auf unser vermutetes Ziel flogen. Hoch oben am blauen Himmel kreisten Kondore.

Es ging steil bergauf und bergab. Auf wackligen Brücken überquerten wir Flüsse und passierten kleine Dörfer, in denen man uns erstaunt anschaute. Überall wurde ausführlich unser Vorhaben diskutiert. Nachts schliefen wir in strohgedeckten Hütten, die Indios wickelten sich in ihre Ponchos, ich verkroch mich in meinen Schlafsack. Francisco und Mario sorgten dafür, daß sich alle immer wieder mit frischen Cocablättern eindeckten und auch Fladenbrote als Reserve mitnahmen. Sie hielten die Cocablätter für wesentlich wichtiger als ich meine Vitamintabletten und meine deutsche Kraftnahrung. Und in der Tat sollten uns die Cocablätter und die Fladenbrote später das Leben retten.

Mein Höhenmesser zeigte bereits 3500 Meter an, aus dem Amazonasbecken zogen Nebelschwaden herauf, es wurde nicht nur feucht, sondern auch unangenehm kalt. Hier und da kreuzten Lamaherden und Mulikarawanen unseren Weg. Gegessen wurde nur einmal am Tag, es gab Wasser und Reis, manchmal einige Kräuter dazu, selten Mais- oder Weizenkörner. Unterwegs kauten die Indios ihre Cocablätter. Als schließlich keine Hütten mehr zu finden waren, verkrochen wir uns zu viert in meinem Zweimannzelt. Alle Gerüche des Orients würden nicht ausreichen, wenn ich beschreiben wollte, wie es riecht, wenn vier ausgewachsene durchnäßte Männer, die sich seit Wochen kaum gewaschen haben, sich auf engstem Raum zusammendrängen. Zudem pafften die Indios aus Cocablättern gedrehte Zigaretten. Und weil wir in der Nässe kein Feuer zuwege brachten, gab es auch kein warmes Essen. So schnitt ich meine Salami von zu Hause an und verteilte sie gleichmäßig. Den Indios schmeckte die europäische Wurst sichtlich, sie gaben mir als Gegenleistung ein paar gekochte Kartoffeln, die sie seit einigen Tagen in ihrer Kleidung getragen hatten.

Nach gut dreieinhalb Wochen waren wir in dem Urwaldgebiet angekommen, in dem sich vermutlich Santa Cruz de Elicona befand. Wir ließen den dritten Begleiter samt Pferden und Mulis und einem Großteil des Gepäcks zurück, damit sich Francisco, Mario und ich zu Fuß auf die eigentliche Suche begeben konnten. Die schweren Rucksäcke drückten uns fast zu Boden, der Blick auf mehrere hundert Meter tiefe Abgründe links und rechts von schlüpfrigen Bergpfaden beeinträchtigte das Gleichgewicht so sehr, daß wir uns schließlich auf allen vieren vorwärts bewegten. Bald näherten sich uns die ersten »Geister« aus den Indioerzählungen: breite Nebelwände, die alles Darunterliegende verdeckten. Auch uns hüllte der Nebel jetzt ein. Weil es zu gefährlich gewesen wäre, in dieser Waschküche mit ungefähr 30 Kilo auf dem Rücken weiter nach oben zu kraxeln, verkrochen wir uns in eine Höhle, die Francisco und Mario kannten. Wir machten mit einigen Reisern trockenen Holzes Feuer, das die beiden auf ihren früheren Jagdzügen nach Chininrinde dort hinterlassen hatten. Ich fühlte mich in diesem verlassenen Winkel der Erde, nachts und in etwa 4000 Meter Höhe, wohl. Mein Optimismus, Santa Cruz de Elicona zu finden, war noch ungebrochen.

Franciscos und Marios Stimmung sank allerdings immer tiefer. Das Wetter verschlechterte sich zusehends noch mehr, ein heftiger Sturm peitschte Nebel und Regen um die Felsen. Meine beiden Begleiter sahen in den Unbilden Zeichen der Geister. Sie wollten wenigstens bis zum letzten Rastplatz, an dem der dritte Indio inzwischen vermutlich eine Hütte errichtet hatte, zurückkehren. Sie waren erstaunt, daß ich mich nicht vor den Geistern fürchtete. Ich machte ihnen Mut, indem ich ihnen erzählte, daß in mir ein guter Geist wohnte, der mir auch zu besonderen Kräften verhalf. Dann machte ich ihnen einige kleine Taschenspielertricks mit Streichhölzern und Steinchen vor. Das munterte sie so auf, daß sie bald nicht mehr an eine vorzeitige Rückkehr dachten. Eine Wetterbesserung am nächsten Tag war ausschlaggebend für unsere Entscheidung, weiterzumarschieren. Francisco und Mario hatten allein, zu zweit und mit der italienischen und der französischen Expedition bereits die Bergwelt hier abgesucht, aber nichts gefunden. Demnach blieb nur noch ein Gebiet, das von ihnen nicht erforscht worden war. Franciscos Großmutter hatte einst erzählt, der Berg liege zwischen zwei Flüssen. Mit dem Fernglas suchte ich immer wieder die Gegend ab, aber die Angaben halfen nicht viel, denn an dem Gebirgszug, auf dem wir standen und der die Nebel des Amazonas stoppte, entsprangen alle Flüsse dieser Gegend.

Schließlich entdeckte ich weit in der Ferne einen Berg, der, wie beschrieben, zwischen zwei Flußläufen lag. Ich war bereits felsenfest davon überzeugt, endlich den richtigen Ort entdeckt zu haben. Zwar erblickte ich keinen Turm, glaubte aber ganz deutlich am Felsen Spuren menschlicher Bearbeitung zu sehen. Am liebsten wäre ich hingeflogen. Die Entfernung schätzte ich auf etwa fünf Kilometer Luftlinie. Francisco und Mario blieben jedoch merkwürdig gelassen. Sie unterhielten sich in ihrer Quechua-Sprache und deuteten in verschiedene Richtungen. Ich hörte immer nur wieder die Brocken »*Gringo*«, »*Italia*« und »*Francia*«. Dann erklärte mir Mario, daß er bereits mit der italienischen und mit der französischen Expedition auf diesem Berg gewesen war, beide Male aber nichts gefunden hatte. Ich mochte ihnen nicht glauben und hielt sie entweder nur für zu »faul« oder dachte, daß sie mich vielleicht wegen der vermuteten Schätze nur von diesem Berg ablenken wollten. Also beharrte ich darauf, zu diesem Berg zu marschieren und ihn zu erklettern, und ließ mich auch nicht durch ihre Hinweise, daß dadurch wertvolle Zeit verstreiche und unser Proviant nicht mehr groß sei, nicht beeindrucken.

Wir kamen in der tieferen Urwaldregion auf kleinen Pfaden recht gut voran und mußten uns nur selten mit der Machete den Weg freischlagen. Wie ein alter Pionier zog ich durch das Dickicht, Francisco und Mario trotteten hinter mir her. Abends baute ich mein Zelt auf, die Indios schliefen unter dem sternenklaren Himmel. Wieder und wieder sah ich zu »meinem« Berg hinüber, sicher, dort morgen eine große Entdeckung zu machen. Ich machte sie tatsächlich: Wir fanden uns plötzlich auf einer ebenen, ungewöhnlich großen Lichtung wieder. Aber weder Inka-Mauer noch Kirchturm, sondern Reste der Basislager der italienischen und französischen Expeditionen lagen herum. Meine Begleiter sagten kein Wort, sie hatten mir meine Freude am vermeintlich interessanten Berg nicht nehmen wollen. Ich wäre am liebsten im Erdboden versunken, so blamiert fühlte ich mich.

Kleinlaut überließ ich wieder Francisco die Führung. Wir brachen sofort auf, und ich hörte immer wieder die Worte *»Gringo caramba«*. Ich konnte den beiden, die jetzt sehr schnell gingen, nur noch mühsam folgen. Wir kehrten zurück auf den Felsgrat und prüften erneut das Gelände. Francisco und Mario besprachen sich, und dann machten wir uns auf, nicht mehr auf irgendeinem alten Inkapfad, sondern durch den fast undurchdringlichen Dschungel, der sich wie eine grüne Wand uns entgegenstellte. Die Richtung war dabei nicht genau festgelegt. Abwechselnd schlug einer von uns einen Durchschlupf mit der Machete frei, während die beiden anderen das Gepäck schleppten. Länger als eine Stunde hielt keiner die kräftezehrende Arbeit mit der Machete durch. Geeignete Plätze für das Nachtlager fanden wir leicht, auch Wasser, allerdings setzten uns die Moskitos fürchterlich zu. Keines der angeblich hervorragenden deutschen Mittel half hier im bolivianischen Urwald. Mario hatte allerdings einige nach Knoblauch riechende Pflanzen mit dabei, mit denen wir uns alle einrieben und so Ruhe vor den Stechmücken hatten.

Der Boden wurde immer sumpfiger und zuletzt grundlos, so daß wir ohne festen Tritt wie auf einem riesigen Schwamm marschierten. Das Netz des Urwaldes wurde noch dichter, riesige morsche Stämme zwangen uns dazu, sie entweder mühsam zu übersteigen oder unter ihnen durchzuschlüpfen und so noch nasser zu werden. Mein großer Rucksack behinderte mich mehr und mehr. Obwohl wir uns stark einsetzten und täglich zwölf bis sechzehn Stunden arbeiteten und marschierten, schafften wir wohl fast nie mehr als einen, vielleicht eineinhalb Kilometer. Die Gewehre, mit denen wir Wild erlegen wollten, nutzten in der triefenden Urwaldfeuchtigkeit nichts, außerdem trafen wir auf kein jagdbares Tier. Selbst mein Zelt ließ sich in dem Morast nicht mehr aufstellen. So ließen wir Gewehre und Zelt kurzerhand an einem Rastplatz und marschierten um einige Kilo erleichtert weiter. Immer wieder bewunderte ich, wie pflanzenkundig Francisco und Mario waren. Sie zeigten mir unbekannte Gewächse, die sie als Würzmittel für den Reis verwendeten, andere, mit denen sie Magen- oder Kopfweh vertrieben, und wieder andere, die sie, zum Beispiel bei Fußverstauchungen, in die Socken legten. Ich war darüber heilfroh, denn meine Medikamente und Binden waren längst aufgebraucht oder durch die Nässe unbrauchbar geworden. Wir stürzten mehrfach in moosbedeckte Abgründe, so daß sich schließlich jeder von uns mit etlichen Verletzungen herumplagen mußte. Bald wurde sogar das Wasserholen schwierig, obwohl es täglich regnete. Das Wasser versikkerte im Moorboden sofort, so daß wir es oft aus tiefen Schluchten mühselig und gefahrvoll heraufbringen mußten. Oft schauten die Indios in abgebrochene Bäume, in denen sich Wasser gesammelt hatte, oder schlugen hohlstängelige Pflanzen ab und saugten das Wasser heraus. Ich tat es den beiden nur im äußersten Notfall gleich, denn oft war dies fauliges, mehrere Wochen altes Wasser, in dem viele Tiere herumschwammen. Zum Bereiten der Mahlzeiten suchten die Indios stets frisches Wasser, das sie aus dem Inneren abgeschlagener Bambuspflanzen schütteten. Ich staunte nicht schlecht, als ich bemerkte, daß Francisco das Wasser auch »hören« konnte. Jedesmal, wenn wir einen Übernachtungsplatz suchten, hieß er uns still sein. Hörte er nichts, so zogen wir weiter; vernahm er etwas, dann kam er mit einem Topf guten Wassers zurück.

Zwölf Tage kämpften wir uns schon durch Berg und Tal und hatten wegen des täglichen Regens keinen trockenen

Faden mehr am Leib. Das kümmerliche Feuer in der Nacht nützte fast nichts. Ich spürte, wie meine Nieren rebellierten. Deshalb stellte ich mich, so oft es ging, mit dem Rücken ans Feuer. Am 15. Tag kam die unvermeidliche Krise. Unsere Nerven begannen zu versagen, wir hatten kaum noch etwas zu essen, waren kraftlos und entmutigt. Sieben Berge hatten wir umsonst erklommen. Das bedeutete jedesmal eine Enttäuschung. Meine bisher so tapferen und fleißigen Begleiter zeigten nun ihre Erschöpfung durch den täglichen qualvollen, schrittweisen Kampf ums Vorwärtskommen im gnadenlosen Urwald. Also einigten wir uns auf einen Ruhetag. Danach wollten wir nur noch den einen, vor uns liegenden Berg bezwingen. Wenn auch auf ihm nichts von Santa Cruz de Elicona zu finden wäre, würden wir umkehren.
Wir teilten den Rest des Lebensmittelvorrates genau ein. Meine Salami war längst verzehrt, wir hatten weder wilde Früchte noch irgendwelche Tiere gefunden. Francisco und Mario hatten zwar oft Fallen aufgestellt, in der Hoffnung, einmal etwas zu fangen – aber immer umsonst. Selbst den Köder für die Falle losten wir jedesmal aus. Auch die erneute Bergbesteigung brachte eine Enttäuschung. Irgendwann einmal mußte hier zwar ein Mensch gewesen sein, denn ich entdeckte eine alte Konservendose mit einigen Cocablättern darin, vermutlich ein Opfer für die Geister. Auch war eine alte Feuerstelle zu sehen. Aber keine Spur von Santa Cruz de Elicona, keine Spur von irgendeiner alten Siedlung. Wir waren noch niedergeschlagener als zuvor, hatten wir doch das Letzte aus uns herausgeholt. Inzwischen glaubten wir, die verwunschene Stadt existierte tatsächlich nur in Sagen und Fabeln.
Wir beschlossen, die Nacht auf dem Berg zu verbringen. Weil wir am anderen Morgen den Rückweg antreten wollten, genehmigten wir uns eine größere Essensration. Ich war in Gedanken schon wieder in meinem kleinen Zim-

mer bei Padre Carlos. Francisco kam erst nach zwei Stunden mit nur einem Liter Wasser zurück, mehr hatte er nicht gefunden. Er hatte es mit einem hohlen Bambusstock aus Baumhöhlen gesogen. Mittlerweile hatte ich mich daran gewöhnt, Wasser zu trinken, das ein anderer bereits im Mund gehabt hatte. Ein Wetterleuchten in der Ferne wurde von Francisco und Mario als ein Kampf zwischen guten und bösen Geistern gedeutet. Ich nahm im stillen Abschied von meinem Abenteuer. Ich kroch in meinen nassen, stark angeschimmelten Schlafsack, die Indios wickelten sich in ihre feuchten Lappen ein.
Am Morgen packten wir so rasch wie möglich unsere Habe. Mario, der Jüngste von uns, kletterte auf einen etwa vierzig Meter hohen Baum, um nach dem besten Rückweg Ausschau zu halten. Auf einmal schrie er laut auf. Nicht vor Schmerz, sondern offensichtlich vor Freude. Er rief Francisco etwas zu, ich verstand allerdings nur wenige Wortfetzen. Deutlich hörte ich immer wieder die Worte »Santa Cruz de Elicona« heraus. Mario winkte uns hinauf, und ich kletterte, so schnell ich es vermochte, ihm nach in die Baumkrone, gefolgt von unserem dritten Gefährten. Ungefähr einen Kilometer Luftlinie entfernt schien sich eine Fata Morgana zu erheben: Es tat sich ein Berg mit Gebäuderesten und Terrassen um eine alte Siedlung vor uns auf. Mir fielen die Berichte und Zeichnungen des deutschen Missionars und Botanikers Thaddäus Hänke ein, der zwischen 1810 und 1817 in Santa Cruz de Elicona gewesen war und auf einer der bereits vorhandenen Terrassen der alten Inka-Stadt einen botanischen Garten angelegt hatte. Waren wir also endlich fast am Ziel, konnten es wegen des Proviantmangels aber nicht erreichen? Aufgeregt suchten die beiden Indios nach einem Turm mit der angeblich goldenen Glocke darin und nach der sagenhaften unüberwindlichen Mauer. Urwaldgestrüpp verdeckte jedoch von unserem Blickpunkt aus die Sicht.

In all unsere Freude mischte sich die Ernüchterung über unsere begrenzten Vorräte. Nach unserer Rechnung brauchten wir noch elf Tage bis zur Rückkehr in eine menschliche Siedlung. Obwohl ich in dem Moment, als ich die verwunschene Stadt zum erstenmal erblickte, mir wie der glücklichste Mensch auf der Welt vorgekommen war, obwohl ein jahrelanger Traum sich erfüllt zu haben schien, Sparen und Verzicht auf viele schöne Dinge in den letzten Jahren nicht umsonst gewesen wären, bedurfte es so unmittelbar vor dem Ziel doch noch der schweren Entscheidung: Sollten wir Santa Cruz de Elicona tatsächlich aufsuchen und uns damit möglicherweise in Lebensgefahr begeben, oder mußten wir es, der Vernunft gehorchend, bei diesem Blick aus der Ferne bewenden lassen? Wir machten Inventur: Noch etwa dreißig inzwischen halb verschimmelte Fladenbrote aus unserer eisernen Reserve, zwanzig wilde Zwiebeln, das war alles. Ich wollte es einfach nicht wahrhaben, so kurz vor der Erfüllung meines Traumes aufgeben zu müssen. Ich redete auf Francisco und Mario ein wie auf zwei Kinder, versprach ihnen die ganze goldene Glocke, wollte auf meinen Anteil verzichten. Offensichtlich zwar besten Willens, lehnten sie aber meine flehentlichen Bitten mit Hinweis auf den spärlichen Proviant ab. Ich versprach ihnen eine Erhöhung des Lohns und dazu ein wertvolles Schweizer Taschenmesser am Ende der Expedition. Daraufhin erbaten sie Bedenkzeit. Als sie sich nicht entscheiden konnten, wurde das Orakel befragt. Dazu wurde mehrmals eine Handvoll Cocablätter aus etwa einem halben Meter Höhe bei geschlossenen Augen fallen gelassen, dazu mir unverständliche Worte gemurmelt und schließlich geschaut, ob mehr als die Hälfte der Blätter mit ihrer hellen Unterseite nach oben zeigte. Das wäre ein Zeichen dafür gewesen,

Alte Mauer, die wir dann hinter dem Wasserfall fanden.

daß die Geister wohlgesonnen waren. Da die meisten Blätter nun immer wieder mit der dunklen Seite nach oben fielen, manipulierten die beiden Indios lange Zeit herum, um das Ergebnis zu beeinflussen. Schließlich sprachen sie den Cocablättern die Orakelkraft ab, weil sie bereits zu gelb geworden seien, und entschieden sich, doch mitzukommen. Wir sagten uns, daß, wenn wir schon nicht wiederkehren würden, wir doch die einzigen gewesen wären, die Santa Cruz de Elicona in der Gegenwart gesehen hätten.

Die Besteigung der Bergkuppe, die wir schließlich nach fast einem Tag Kampf gegen den Urwald erreichten, erwies sich als ein erneutes Abenteuer. Den beißenden Hunger besänftigte inzwischen auch ich damit, ein wenig auf Cocablättern herumzukauen. Zunächst ragten uns glatte, steile, dicht mit Moos überwucherte Wände entgegen. Jeder Versuch einer Besteigung scheiterte, wir rutschten einfach immer wieder ab. Ich erinnerte mich der Schilderung, derzufolge ein Zugang über einen Wasserfall bestünde. Wir fanden tatsächlich einen Wasserfall und kämpften uns durch das herabbrausende Wasser hindurch. Auf der Rückseite bot sich uns ein einigermaßen begehbarer Felsen mit Rissen und Stufen – was mir ein gutes Omen für den Wahrheitsgehalt auch der übrigen Legenden zu sein schien. Nach etwa hundert Metern Felsklettelei hielten uns Moos, Bäume und Lianen wieder auf. Die Lianen wirkten zwar wie Seile, waren aber so stachelig, daß wir uns die Hände blutig stachen. Die Indios banden sich ein paar Lappen als Schutz um ihre Hände, ich riß meine aufgekrempelten Hemdsärmel ab und fertigte daraus provisorische »Handschuhe«. Wir hangelten uns so weiter hinauf, ungeachtet der schmerzenden Hände. Schließlich langten wir unvermittelt auf einer kleinen Ebene an. Vor uns ragte ein völlig erhaltenes Tor aus Steinquadern empor. Jetzt waren wir sicher, den Eingang der Stadt gefunden zu haben. Mein Herz klopfte wild vor Freude. Vom Tor führte ein freier Weg nach oben. Wir folgten diesem Weg, den wir uns allerdings mit der Machete immer wieder freischlagen mußten. Einer riß eine Liane, an der ich mich festhielt, plötzlich ab, und ich landete zehn Meter tiefer, froh über die dicken Moospolster. Francisco und Mario gruben mich unter vielen Mühen wieder aus. Mir war nicht viel passiert, allerdings hatte ich mir meinen Fuß verrenkt. Wir schlugen an der Stelle das Nachtlager auf, einer der Indios hielt Wache aus Angst vor Bären.

Am nächsten Tag, dem 28. April 1980, sahen wir einen offensichtlich künstlichen Aufbau auf dem gewachsenen Fels vor uns. Mir kamen Zweifel, ob dies auch wirklich die Stadt war, nach der wir suchten. Denn: Nirgendwo war ein Turm mit einer Glocke zu sehen und auch keine unüberwindliche Mauer. Noch einmal mußten wir uns zäh Felswände und Lianen hinaufhangeln, um schließlich den höchsten Punkt des Berges zu erreichen. Francisco und Mario begannen sofort mit der Suche nach dem Turm und stöberten schließlich, als kein Turm zu finden war, in den zahlreichen Höhlen nach der goldenen Glocke. Plötzlich liefen sie verängstigt zu mir zurück, sie waren auf ein menschliches Skelett gestoßen. Sie bekreuzigten sich dauernd und wahrten ab jetzt einen respektvollen Abstand zum Ort ihres Schreckens.

Nach und nach erkannte ich mehr von der Struktur der Siedlungsanlage. Aufgeschichtete Steine markierten ehemalige Hausmauern, der Weg einer alten Inka-Straße hob sich durch die Linienführung unter dem inzwischen dichten Urwaldbewuchs deutlich hervor. Der obere Teil des Berges war zu einer Kuppe behauen worden, auf der früher wohl ein Heiligtum stand. Der Berg fiel hier links und rechts etwa fünfzig Meter steil ab. Wir fanden nirgendwo Spuren anderer Besucher oder gar Expeditionen.

Gern hätte ich noch mehr Mauerreste oder anderes gefunden, doch der Urwald hatte die Anlage so dicht überwuchert, daß man allein und ohne technische Hilfsmittel nichts ausrichten konnte. Wir blieben etwa vier Stunden auf dem höchsten Punkt der Stadt. Ich träumte vor mich hin und hätte zu gern alle Steine befragt, um zu erfahren, was sie mir über die Geschichte von Santa Cruz de Elicona hätten berichten können. War die Rede von einer goldenen Glocke, weil die ganze Gegend hier eine Goldgräberregion ist? Warum hieß die Stadt »Santa Cruz« de Elicona? Welche spanischen Eroberer oder welche Missionare hatten ihr diesen Namen gegeben? Mario, der immer noch in den Höhlen nach der verheißenen goldenen Glocke suchte, kam plötzlich freudestrahlend heraus: Er hatte einen eigenartig geformten Stein gefunden. Später sollte er sich als Steinaxt erweisen.

Der Hunger zwang uns schließlich, den Rückweg anzutreten. In der Nähe des Eingangstores erkannten wir mehrere Stufen, die auf die andere Seite eines Gipfelaufbaus führten. Vielleicht hatte es in der Fortsetzung der Stufen eine Brücke oder einen Steg gegeben, der vom Platz der Wohnstätten zum Heiligtum führte. Während die Indios das Nachtlager vorbereiteten, stocherte ich mit der Machete in der Umgebung des Tores herum. Ich stieß auf einen runden, bearbeiteten Stein mit einem Loch in der Mitte. Später konsultierte Experten hielten ihn für einen Hammer.

Sicherlich könnte man an diesem Ort noch sehr viel mehr Zeugnisse einer unbekannten Vergangenheit zutage fördern. Dazu würde es eines organisierten Vorgehens, vielleicht unter Einsatz von Hubschraubern, bedürfen. Aber vielleicht ist es auch ganz gut, daß nicht an jeder historischen Stätte Technik und bald sicher auch Kommerz den Gang der Dinge bestimmen.

Francisco und Mario waren tief enttäuscht darüber, daß

sie ohne die goldene Glocke abziehen mußten. In ihren Augen waren alle Strapazen umsonst gewesen. Zum Trost erhöhte ich nochmals ihren Tageslohn. Ich nahm nur ungern Abschied von diesem geheimnisvollen Platz. Einen Monat waren wir unterwegs gewesen, hatten schließlich doch großen Erfolg gehabt, unsere Kräfte aber praktisch völlig aufgezehrt. Wir hatten nichts mehr zu beißen, und uns stand noch ein strapaziöser Rückweg von mindestens fünf Tagen bevor. Beim Hinunterklettern stürzten wir mehrfach ab und fanden uns in Schluchten oder Wasserpfützen wieder. Wir torkelten wie Betrunkene herum, fühlten uns inzwischen ganz apathisch. Einmal lag ich mehr als eine Viertelstunde lang in einem gar nicht tiefen Loch, in das ich von einer großen Moosplatte gerutscht war. Ich war zwar nicht verletzt, aber zu ausgelaugt und willenlos, um die geringe Anstrengung zu unternehmen, wieder nach oben zu steigen. Ich dachte nur: Endlich ist diese Schinderei zu Ende. Wortlos holten mich Francisco und Mario heraus. Francisco erging es wenig später genauso. Er rutschte in einen mit Moos und Wasser gefüllten Trichter und rührte sich nicht mehr. Lallend bat er, dableiben zu dürfen. Das wäre natürlich sein sicherer Tod gewesen, und so zerrten Mario und ich ihn mit vereinten Kräften wieder heraus und schoben uns gegenseitig talwärts. Von der Begeisterung über unsere unerwartete Entdeckung blieb zu diesem Zeitpunkt nichts mehr übrig.

An einem Wasserfall tranken wir Unmengen kalten Wassers und beschlossen, allen unnötigen Ballast wegzuwerfen. Ich behielt lediglich meine Fotoausrüstung und den gefundenen Lochstein, die beiden Indios ihre zerrissenen Ponchos und die alte Steinaxt. Mario verwaltete die restlichen zwölf verschimmelten, kaum untertassengroßen Fladenbrote und ein paar Zwiebeln, Francisco einen Beutel mit Cocablättern. Der Speiseplan lautete jetzt: pro

Mann ein Fladenbrot pro Tag und eine Konservendose mit »Tee«, den die Indios aus Chininrinde zubereiteten. Der ewig nasse und finstere Urwald hatte uns wieder verschluckt. Wir folgten unserer Spur vom Hinweg und brauchten so immerhin die Machete nicht mehr so häufig zu schwingen. Nur an wenigen Stellen war das Dickicht bereits wieder zugewachsen. Francisco, der den besseren Orientierungssinn hatte, kümmerte sich um den Weg; Mario wurde immer mehr zum Versorger mit Lebensmitteln, da er bestimmte Blätter und Wurzeln fand, die zwar schlecht schmeckten, uns aber am Leben erhielten.

Als unsere Ernährungssituation noch prekärer wurde, drängten Francisco und Mario mir die restlichen Brote und Zwiebeln auf: Ich sollte sie allein essen. Sie wollten sich mit Wurzeln und Cocablättern bescheiden. Ich mußte mich beherrschen, die Brote nicht auf einmal zu verschlingen, selbst wenn sie jetzt völlig verschimmelt waren und eher einem alten Topflappen ähnelten als irgend etwas Eßbarem. Auch an unseren alten Lagerplätzen fanden wir keinerlei Verpflegung mehr. Der dritte Begleiter mit Pferden und Mulis war längst wieder ins Dorf zurückgekehrt.

Nach dreieinhalb Tagen erreichten wir ausgemergelt und mehr tot als lebendig ein Dorf der Aymaras. Ich werde diesen Augenblick nie vergessen. Zuerst stürzten sich Hunde auf uns. Aus einer Hütte liefen drei Frauen herbei. Sie fingen erbärmlich zu heulen an, nicht vor Schreck, sondern aus Mitleid mit uns zerlumpten Gestalten. Wir wurden in Hütten hineingebeten, in denen wir erst einmal in einen tiefen Schlaf versanken. Mit Rippenstößen wurden wir geweckt: Vor uns lag viel gekochtes Fleisch und noch mehr kleine Kartoffeln. Wie die Wölfe fielen wir mit unseren verdreckten Fingern über die Töpfe her, eine alte Frau sah uns vergnügt dabei zu. Später stellte sich heraus, daß wir Hundefleisch gegessen hatten. Die Alte meinte

treuherzig, der Hund sei ohnehin schon recht alt und krank gewesen, deshalb sei es nicht schade um ihn. Er hat mir schließlich auch nicht geschadet.
Überall auf unserem weiteren Rückweg stellte man natürlich die Frage nach der verwunschenen Stadt und der Glocke – und überall die gleichen zweifelnden und enttäuschten Gesichter. Die Leute konnten nicht glauben, daß uns die bösen Geister nicht in die Tiefe gestürzt hatten oder daß wir nicht von giftigen Schlangen gebissen wurden. Sie waren überzeugt, daß der Lochstein verhext sei. Als nach mehreren Tagen der Lkw kam, um mich wieder zurückzubringen, nahmen viele Dorfbewohner Abschied vom blauäugigen Gringo. Ein alter Mann gab mir noch einige gebratene Kartoffeln mit auf den Weg. Er drückte mir die Hand und sagte, übersetzt von Padre Carlos: »Gringo, du bist in unser Tal gekommen und hast mit unseren Freunden die verwunschene Stadt gesucht und gefunden. Die Geister waren gnädig und haben euch nicht getötet. Ich beglückwünsche dich zu diesem Erfolg, der vielen anderen nicht gegönnt war. Du sollst deinen Freunden in deinem Land davon erzählen, und sie werden stolz auf dich sein, so wie auch wir auf unsere Freunde, die dich begleitet haben, stolz sind. Du hast in der Cordillera eine Stadt wiederentdeckt. Du hast aber auch uns und unseren Kindern ein Märchen, eine Legende, eine Hoffnung genommen.«
Danach entfernte sich der alte Mann, und der Lastwagen keuchte meinem normalen Leben entgegen. Was hatte ich erreicht? War es notwendig, daß ich zwei Indios in den Urwald lockte? Wir hätten genausogut ums Leben kommen können wie viele andere vor uns. Wir waren von schlimmen Krankheiten und anderen schweren Unfällen verschont geblieben. Ich bin der Ansicht, daß sich diese Fragen jedem stellen, der die ausgetretenen Wege und die Sicherheit unserer Zivilisation verläßt, um Neues, Fremdes, Unentdecktes zu suchen.

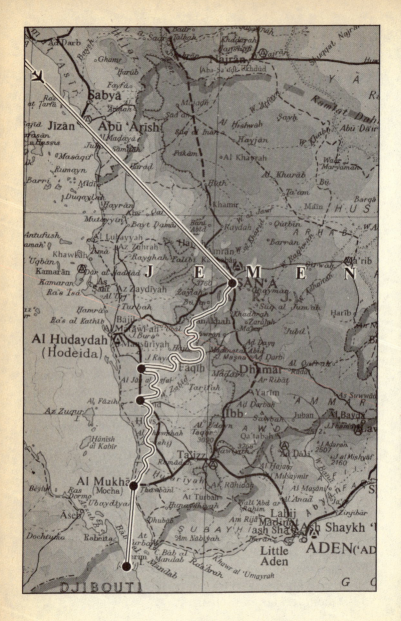

7.
Flucht nach Mokka

Vor der recht betagten DC-3 auf dem Flughafen von Sana, der Hauptstadt des Nordjemen, entbrannte ein heftiger Streit. Nicht meinetwegen – einziger Europäer der ich war –, sondern weil sich die Einheimischen gegen die detaillierte Körperkontrolle der Polizei wehrten. Es war erstaunlich, was alles unter den knöchellangen Gewändern, *futu* genannt, an Waffen hervorkam. Revolver, Gewehre, Munition, und natürlich die *dschambias*, die Krummdolche, Zeichen von Würde und Freiheit des Mannes in diesem Lande.

Schließlich flogen wir über eine der trostlosesten Landschaften, die ich je gesehen habe. Ich konnte es kaum glauben, daß hier vor etwa 2 500 Jahren eine der blühendsten Landschaften Arabiens lag. Schon 800 vor Christus hatte man einen Erdwall aufgeschüttet, um das spärlich vorhandene Wasser für die Bewässerung der Felder aufzustauen. Als man zirka 200 Jahre später den Vorteil dieses Erdwalls richtig schätzenlernte, baute man an derselben Stelle einen festen Damm aus Quadersteinen, der mit einem ausgeklügelten Schleusensystem verbunden war. Dadurch wurden zwei Flächen von jeweils 180 Quadratkilometern bewässert. In unmittelbarer Nähe des Dammes, der später sogar im Koran erwähnt wurde, stand nicht nur der »Mondtempel«, sondern auch der Palast der schon in der Bibel genannten Königin von Saba. Hier führte die Weihrauch-Straße vorbei, die sich vom Arabischen Golf bis zum Roten Meer zog.

Felix Arabia, glückliches Arabien, hieß es noch im Mittelalter in Europa.

Kaum war die DC-3 auf der holprigen Landepiste von Marib ausgerollt, verließen meine Mitreisenden das Flugzeug, nahmen ihre Waffen wieder in Empfang, dankten Allah für seine Großmut, sie wieder heil auf die Erde zurückgebracht zu haben, und verließen eiligen Schrittes den mit Stacheldraht umzäunten Flugplatz in verschiedene Richtungen. Während ich noch darüber nachdachte, wohin sie wohl gehen wollten – man konnte vom Flugzeug aus keine Siedlungen oder gar Dörfer in der Nähe des Flugplatzes erkennen –, kamen plötzlich überall hinter den Dornenbüschen oder Sandhügeln kleine Gruppen von Menschen hervor, die mit ihren Kamelen dort auf ihre Freunde gewartet hatten. Bald verschwanden sie alle am Horizont, nur ich stand jetzt ganz allein am Flugplatz und wußte noch nicht, wie ich weiterkommen sollte. Ich folgte einer Piste und sah bald in der Ferne den kleinen romantischen Ort Marib, auf den ich jetzt, so schnell ich konnte, zumarschierte, weil der Abend bereits hereinbrach.

Ich sah vier Männer bei der Feldarbeit, drei von ihnen zogen einen primitiven Holzpflug, während der vierte ihn in die Erde drückte. Wahrscheinlich hatte man so schon vor 2000 Jahren die Erde bearbeitet. Oder bediente man sich damals der Kamele oder anderer Zugtiere für solche Arbeiten? Die Männer bemerkten mich und winkten mir zu. Mit Gesten fragten sie mich nach dem Woher und Wohin. Mit meinen spärlichen Arabischkenntnissen versuchte ich ihnen meine Ziele zu erklären: den Damm, das alte Wasserreservoir, den Mondtempel, die Ruinen des Palastes der Königin von Saba. Sie machten mir klar, daß ich in ihrer »Wohnburg« für ein paar Tage bleiben könnte. Hotels gab es zumindest damals noch nicht, nur die *funduks*, Herbergen für alle Reisenden.

Ich erhielt auf dem Flachdach des Funduks, auf dem man

Kirner als Amateur-Zahnarzt in Nord-Jemen

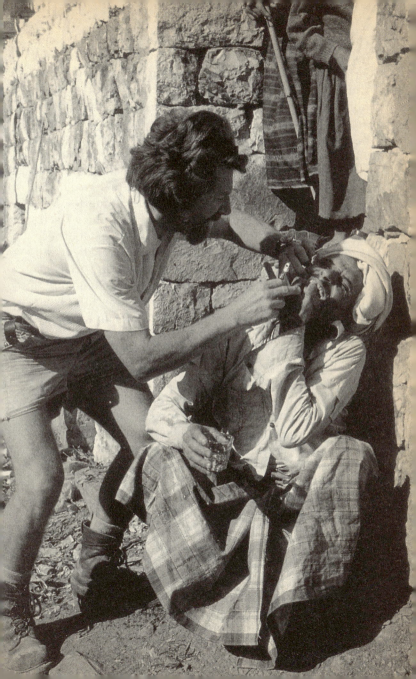

Hirse und Gerste zum Trocknen ausgebreitet hatte, einen Schlafplatz. Mein mitgebrachtes Brot, inzwischen hart geworden, und der heiße Tee, den man mir brachte, waren meine Abendmahlzeit. In meinen Schlafsack gehüllt, schlief ich unter dem greifbar nahen Sternenhimmel schnell ein. Zum Frühstück gab es wieder Tee und Brot, und dann konnte ich mir in aller Ruhe die Wohnburg ansehen. Sie bestand aus vier Stockwerken und war nur aus Lehm und Steinen gebaut. Zwischen den Stockwerken waren Balken aus Palmen kreuz und quer gelegt, die so alles zusammenhielten. Durch ein raffiniertes Auffangsystem wurde der spärliche Regen auf dem Flachdach gesammelt und in eine Zisterne geleitet. Diese Wohnburgen dürften die Vorläufer unserer heutigen Hochhäuser sein. Es ist schon eigenartig, sich vorzustellen, daß in New York die Indianer noch in Zelten lebten, als man hier im Jemen bereits Wohnburgen mit bis zu acht Stockwerken kannte. Im ersten Stock, im Familienraum, saßen schon etwa zwanzig Leute mit gekreuzten Beinen auf dem Fußboden und warteten auf mich. Wohnburgen waren die Lebensstätte von Großfamilien, die sich darin auch gemeinsam gegen Angreifer wehren konnten. Die vermummten Frauen verschwanden bald, als sie meinen Fotoapparat sahen. Die jungen Mädchen wurden aus dem Raum geschickt, weil sie Bonbons von mir annahmen und ich ihnen offensichtlich gefiel. Dann waren wir Männer unter uns, es wurde die Wasserpfeife geraucht und die Rauschpflanze Kat gekaut. Dieses Kat ist ein »Ersatz« für den von Allah verbotenen Alkohol. Auch ich probierte Kat, wurde aber nicht »high«, sondern mir wurde nur speiübel. Nach diesem geselligen Teil gingen die Männer wieder auf ihre Felder, und ich wollte mir die Zeugen einer großen Vergangenheit anschauen.
Dort, wo einst blühendes Leben gewesen war, hat heute der Sand fast alles gleichmäßig überdeckt, hier und da

ragen ein paar Sträucher heraus, die ein kärgliches Dasein fristen. Ein junger Bursche hütete ein paar dürre Ziegen. Scheu und stumm begleitete er mich unaufgefordert bis zum Damm. Ehrfürchtig standen wir vor den Resten dieses Bauwerkes. Man sah noch deutlich die Mauern und vor allem die einwandfrei erhaltenen Nord- und Südschleusen, durch die das ganze Tal bewässert und somit fruchtbar gemacht wurde. Beim Umherklettern fand ich eine in Stein gehauene Inschrift, die davon berichtete (wie ich später erfuhr), daß der Damm dreimal gebrochen war. Der Koran erwähnt in seiner 34. Sure, daß Allah mit dem Dammbruch das frevelhafte Treiben der hier lebenden Bewohner bestraft habe. Ich sah noch deutliche Spuren, wo Metallbolzen, vermutlich aus Blei, zwischen die großen Quader eingeschlagen waren, um sie zusammenzuhalten.

Ich saß die halbe Nacht neben dem Hirten am Feuer und beobachtete, wie er seine Ziegen mühevoll einzeln mit Wasser versorgte und ihnen Zecken aus dem Fell zupfte. Mit Worten konnten wir uns nicht verständigen; trotzdem machte er mir deutlich, daß man sich hier vor Schlangen vorsehen müsse. Offenbar war einer seiner Freunde oder vielleicht auch sein Bruder vor kurzem an einem Schlangenbiß gestorben.

Am nächsten Morgen führte er mich zu einem kleinen Hügel, unter dem sein Gefährte jetzt »schlafe«, und schüttete ein paar Tropfen Wasser auf das Grab. Daneben lag ein verdorrter Wassersack aus Leder und ein Wurfstock, die wohl dem Verstorbenen gehört hatten. Ich verabschiedete mich schließlich von meinem neuen Freund und wanderte zum ehemaligen Mondtempel, von dem nur noch fünf Säulen aus dem gelben Sand steil und hoch in die Unendlichkeit des blauen Himmels aufragen.

Für die Inkas in Südamerika bedeutete die Sonne nicht nur Licht, sondern auch Wärme: So konnten sie in fast

4 000 Meter Höhe Getreide und Gemüse anbauen. Sie verehrten deshalb Inti, den Sonnengott. Hier in der arabischen Wüste aber wurde die Sonne noch nie verehrt, sie brannte schon immer unbarmherzig vom Himmel und wurde deshalb von Mensch und Tier eher als Feind empfunden. Der Mond dagegen bescheint die Landschaft und spendet für Mensch und Tier eine angenehme Kühle. So ist es wohl auch zu erklären, daß der Kalender der Südaraber auf den Mond bezogen ist.

Die nächste Nacht verbrachte ich direkt bei den Überresten des Palastes der Königin von Saba. Dieser Ort befand sich an einem idealen Kreuzungspunkt der Karawanenstraße, auf der Güter aus Indien und Hadramaut bewegt wurden, mit der sogenannten Weihrauch-Straße, die nach Norden, über Mekka, Medina, Petra und Gaza, bis zu den Mittelmeerländern führte. Niemand weiß heute mehr ganz genau, wann dieser rege Handelsverkehr begann. Tatsache ist aber, daß man bereits im 8. Jahrhundert vor Christi mit Griechen und Römern Handel trieb, was Funde griechischer und römischer Münzen belegen. Diese Völker verwendeten schon in der Frühzeit ihrer Kultur duftende Hölzer und Weihrauch sowie Myrrhe zum Schutz vor Dämonen und zur Beschwörung ihrer Götter. Weihrauch kam damals zum Großteil aus dem Jemen; man nimmt an, daß mindestens einer der Heiligen Drei Könige aus dem Jemen stammte. Obwohl vieles dafür spricht, daß auch im Jemen Weihrauchbaumgewächse angepflanzt wurden, ist seine Herkunft dennoch nicht ganz klar. Die christliche Kirche setzte erst vom 4. Jahrhundert an Weihrauch bei den Messen ein.

Über all dies dachte ich nach, als ich zwischen den Ruinen lag, in meinem Schlafsack zusammengerollt, und im fahlen Licht die Reste des ehemaligen Palastes betrachtete. Das Wort Saba bedeutete bei den Griechen soviel wie Mysterium, und diese Stätte wird wohl für immer geheimnisvoll bleiben.

Wissenschaftler haben eine alte Steintafel gefunden, auf der geschrieben steht, daß irgendwo in der Wüste eine Pyramide mit der Spitze nach unten vergraben ist. In ihr soll das Geheimnis über den Ursprung des Lebens auf der Erde und die Wahrheit enthalten sein. War es vielleicht irgendwo hier, unter dem Wüstensand?

Ich blieb zwei Tage bei den Ruinen, und selbst dieser kurze Aufenthalt wäre mir nicht möglich gewesen, wenn nicht ab und zu Kamelreiter vorbeigekommen wären, die mir Wasser und Ziegenkäse geschenkt hätten. Ich traute mich gar nicht, nach dem kostbaren Naß zu fragen, weil es mir zu wertvoll erschien. Doch diese Menschen begrüßten mich immer freundlich mit *salem aleikum* und bedeuteten mir, ihnen meine Wasserflaschen zu zeigen. Ohne zu fragen, füllten sie sie bis obenhin. Und sie boten mir auch immer etwas von dem in feuchte Tücher gewickelten Ziegenkäse an.

Auf meinem Rückmarsch nach Marib fiel mir auf, welch große Schäden die kriegerischen Auseinandersetzungen zwischen dem Nordjemen und dem Südjemen angerichtet hatten. An einigen Hausfronten konnte ich teilweise zerstörte Steinbock-Reliefs und große Steintafeln mit sabäischen Inschriften erkennen. Während ich mir den Ort Marib näher anschaute, hörte ich Gewehrschüsse, dachte aber, daß die vielen Soldaten hier ein Manöver abhielten. Doch plötzlich tauchten aus den Ruinen des Ortes bis an die Zähne bewaffnete Soldaten auf und liefen zum Staudamm. Während ich noch über den Grund nachdachte, war ich schon von drei Soldaten umgeben, die mich packten und in einen außerhalb des Ortes gelegenen Bunker schleppten. Dort nahmen sie meine gesamte Ausrüstung in Verwahr und erklärten mir mit kurzen, barschen Worten, daß von der Gegenseite ein bewaffneter Angriff bevorstünde.

Ich konnte nur mit Mühe und Not einen der beiden Beschützer und Bewacher davor bewahren, meine Foto- und Filmausrüstung zu zerschlagen. Er vermutete, daß ich militärische Einrichtungen fotografiert hatte, ich konnte ihn aber schließlich davon überzeugen, daß mich nur die antiken Bauwerke interessiert hätten, nicht die Politik. Die nächsten beiden Tage mußte ich mich um kein Quartier mehr kümmern: So lange blieb ich im heißen, muffigen Bunker eingeschlossen. Einmal bewachte mich ein Sanitäter, der nicht nur seine Verpflegungsrationen und sein Wasser mit mir teilte, sondern auch über das Schicksal seines Landes sprach. Für ihn sei es unmöglich, erklärte er mir, auf Menschen zu schießen, die zufällig auf der anderen Seite des geteilten Landes lebten. Die meisten seiner Verwandten seien noch jenseits der künstlichen Grenze zwischen dem Nord- und dem Südjemen. Er lebte mit seiner Frau im nördlichen Teil, weil ihr Haus und ein paar Felder hier lagen. Ich erzählte ihm, daß es in meinem Lande ähnlich sei, und bald wurde aus meinem Bewacher ein Freund. Es gelang ihm zu erreichen, daß ich nach einigen Tagen mit einem Versorgungsflugzeug, das verwundete Soldaten von der Front nach Sana zurückflog, dieser prekären Situation entkam.

Viele verletzte junge Burschen lagen, teils schreiend vor Schmerzen, auf dem bloßen Fußboden des Flugzeuges. Sie waren nur notdürftig verbunden, riefen nach Wasser; es gab aber keins. Ich hatte leider keine Möglichkeit zu helfen. In vielen Blicken konnte ich erkennen, wie sehr sie mich, den gesunden Menschen beneideten. Am Flugplatz stieg ich in ein Sammeltaxi nach Menacha, das hoch oben im gebirgigen Zentrum des Kaffeehauses liegen sollte. Ich wollte die ursprünglichen Anbaugebiete der braunen Bohne, die von hier aus in die ganze Welt ging, einmal mit eigenen Augen sehen und auch die Stadt Mokka besuchen. Ich wollte wissen, warum man heute noch vom »türkischen« Mokka spricht, und die Stadt Sabid ansehen, in der einst die Algebra erfunden wurde.

Ich machte mir vorläufig keine Gedanken, wie ich an all diese Orte gelangen sollte. Wie häufig überließ ich dies der jeweiligen Situation und dem »Zufall«. Immer wieder konnte ich Wohnburgen auf den Gipfeln der kahlen Berge bewundern. Sie sind wohl einmalig auf der Welt. Bis zu acht Stockwerke hoch, bieten sie Platz für eine ganze Sippe. Sie sind ohne Zement und Mörtel gebaut und stehen seit Jahrhunderten. Verwunderlich war für mich nicht nur, daß es Toiletten darin gab, sondern auch, daß die Fußböden mit besonders schönen Mustern geschmückt waren. Zu den oberen Stockwerken gelangte man nicht etwa über eine Hühnerleiter, sondern über richtige Treppen. Während der heißen Jahreszeit bevorzugt man die oberen Stockwerke, weil immer wieder eine leichte Luftbewegung etwas Kühle bringt, während man in der kalten Jahreszeit in die unteren Stockwerke zieht. Zu meinen ersten Eindrücken hier im jemenitischen Gebirge gehörten natürlich auch die engen Gassen, in die kaum Sonnenlicht dringt, und die Menschen, die den Märchenerzählungen von Tausendundeiner Nacht entsprungen sein könnten. Ein harmonisches Bild: die alten Bauten und dazwischen diese ausdrucksstarken Gestalten mit ihren weißen Gewändern und den verschiedenfarbigen Turbanen. Der Stolz eines jeden Jemeniten ist sein Krummdolch, das Zeichen seiner Würde und Freiheit, gut sichtbar vorn auf dem Bauch getragen.

Ich sog die Eindrücke regelrecht in mich auf. In der Umgebung von Menacha sind hohe Berge ganz mit Terrassenfeldern verbaut. In Lumpen gehüllte Menschen mit primitiven Hacken bearbeiteten die spärliche Humuskruste, während spindeldürre Ochsen Astgabeln als Pflüge hinter sich herzogen. In den Zeiten des großen Staudammes, dessen Wasser riesige Felder fruchtbar machte und der damaligen Bevölkerung Wohlstand brachte, scheint mir das Leben für die einfache Bevölkerung dort lebenswerter gewesen zu sein als heute.

Diese »vorsintflutliche« Art der Feldbestellung nahm mich so sehr gefangen, daß ich sie aus unmittelbarer Nähe betrachten wollte. Kinder bekamen Angst vor mir und begannen zu weinen. Sofort bellten die im Gebüsch liegenden Hunde, und wie auf Kommando kamen einige der Männer herbei und vertrieben mich, indem sie mir mit ihren Hacken drohten. Ich konnte ihnen nicht verständlich machen, daß ich nichts Böses im Schilde führte, sondern nur ihr Leben und ihre Kultur kennenlernen wollte. Mir blieb nichts anderes übrig, als wegzulaufen, um den Frieden dieser Menschen nicht weiter zu stören.
Auf dem Markt in Menacha lernte ich einen etwa 25jährigen Mann kennen, der in Sana studiert hatte und jetzt für einige Zeit bei seinen Eltern in Menacha wohnte. Er sprach gut Englisch, kannte die Gegend bestens und bot mir an, mich zu begleiten. Er hieß Mohammed, sein Vater war Offizier. Ich konnte die Nacht über in der Wohnburg seiner Eltern bleiben, die er mir voller Stolz zeigte. Nur in einen Raum durfte ich nicht hinein, die Frauengemächer, die in arabischen Ländern bekanntlich tabu sind. Am nächsten Morgen wollte ich so bald wie möglich losziehen, aber Mohammed mußte erst ein Bündel Katblätter auf dem Markt kaufen. Auch er erklärte mir, daß Allah ja Alkohol verboten habe und sich die Jemeniten deshalb an Kat berauschten.
Nach einer guten Stunde Marsch kamen wir wieder bei den Leuten an, die mich am Vortag vertrieben hatten. Mohammed sprach längere Zeit mit ihnen, und bald legten alle die Arbeit nieder, setzten sich zu uns in den Schatten und bedienten sich vom mitgebrachten Kat meines Begleiters. Dazu diskutierten sie heftig und tranken Wasser aus ihren Tonkrügen. Nach etwa einer Stunde war der Kat aufgebraucht, und die Leute schliefen nacheinander ein. Ich wußte nicht, was ich anfangen sollte. So gab ich den immer noch scheuen Kindern einige Bonbons, so

daß sie ihre Angst vor mir verloren. Nachdem die Männer aus dem Katrausch aufwachten, gingen sie wieder an die Arbeit, während Mohammed zurück nach Menacha marschierte. Er hatte dafür gesorgt, daß ich bei den Bauern bleiben durfte und auch eine Unterkunft fand.
Ali, ein älterer Mann, sprach ein paar Brocken Englisch, und so erfuhr ich von ihm, daß der Kaffeeanbau nur noch rund 40 Prozent betrug, während der Katanbau schon bis zu 60 Prozent ausmachte. Er erklärte mir, daß er zum Beispiel für ein Kilo Rohkaffee umgerechnet acht Mark bekam, aber immerhin sechs bis dreißig Mark für ein kleines Büschel Kat, je nach Qualität. Dabei ist zu bedenken, daß die Kaffeestaude fast so empfindlich wie ein Weinstock ist und erst nach vier Jahren die ersten Bohnen bringt, während Kat fast keine Pflege braucht und man schon nach dem ersten Jahr die Blätter zupfen und verkaufen kann. So bauten er und seine Landsleute immer mehr Kat an, um mit dem Erlös schließlich lebensnotwendige Dinge wie Mais, Gerste und Hirse zu kaufen. Inzwischen kannte man mich auf den Feldern und half mir, soweit es notwendig war. Ich filmte und fotografierte den Tagesablauf der Dorfbewohner. Kinder begleiteten mich fast überallhin, und jedes wollte entweder meinen kleinen Rucksack oder das Stativ tragen, weil es dafür immer einen Bonbon gab. Dann passierte mir eines Nachts ein Mißgeschick, das eine entscheidende Wende in meiner Reise durch den Jemen bewirken und mich später mehrmals in Lebensgefahr bringen sollte.
Die Misere begann damit, daß ich während einer Nacht wegen des reichlichen Teegenusses vor die Tür mußte, um mich zu erleichtern. Dabei muß ich wohl einen Hund in seiner Ruhe gestört und ihm in der Dunkelheit auf den Schwanz getreten haben. Ehe ich mich's versah, biß er mich in die Wade. Ich schrie auf, nicht nur wegen des Schmerzes, sondern auch wegen des plötzlichen Schrek-

kens, auch der Hund jaulte, weil er von mir instinktiv einen Tritt bekam, obwohl ihn ja eigentlich keine Schuld traf. Durch diese Schreie wurden mehrere Dorfbewohner aufgeschreckt, kamen nach und nach mit brennenden Kienspänen in der Hand herbei und besahen sich die Wunde. Sie gestikulierten, schimpften, und vor allem Ali war außer sich, daß ausgerechnet sein Ehrengast von einem Hund gebissen worden war. Man brachte mich in die Wohnburg, beschwor Allahs Hilfe, betupfte die Wunde mit heißem Wasser und legte Kräuter darauf. Ich wollte mich lieber auf meine hergebrachte »westliche« Medizin verlassen und holte meinen Verbandskasten. Ich tupfte Jod auf die Wunde, schluckte für alle Fälle eine Penicillintablette und legte einen kleinen Verband an. Den ganzen Tag über blieb ich in der Wohnburg, und immer wieder kamen Neugierige, die sehen wollten, wie es der Wunde unter dem Verband ging. Nach ein paar Tagen – Ali war nicht mehr zu beruhigen – nahm ich den Verband ab, und mehr als fünfzig Leute betrachteten die recht gut verheilte Bißstelle und faßten dies wohl als ein Wunder auf. Offensichtlich hatte man mit Hundebissen und ihren Folgen hier schon schlechte Erfahrungen gemacht. Die Kunde von der Heilung verbreitete sich schnell, und offensichtlich auch Wundergeschichten vom *sadik Alemani*, dem Wunderheiler aus Deutschland, der geheimnisvolle Mittel mit sich führte.

In der Folge hatte ich ständig kleinere oder größere Verletzungen mit Jod zu bestreichen oder mit Heftpflaster zu verarzten. Bald gab es niemanden mehr im Dorf, der nicht von mir irgendeine Tablette oder eine »medizinische Hilfe« bekommen hatte. Schließlich kam auch noch Ali mit angeblich furchtbaren Zahnschmerzen daher. Ich mußte mir seine Zähne ansehen und zweifelte nicht an seinem Zahnweh: Mehr als die Hälfte der Zähne waren einfach schwarz. Es drängte mich, ihm die schlimmsten Zähne mit einer kleinen Kombizange, die ich für kleinere Reparaturen immer mitführte, herauszureißen. Zu seiner Zufriedenheit und zur Schadenfreude der immer anwesenden Besucher »zog« ich ihm schließlich vier verrottete Zähne aus dem Mund. Die Umstehenden untersuchten die Zähne und diskutierten noch lange darüber, ob man sie nicht, trotz ihres Zustandes, vielleicht einem anderen einsetzen könnte, der überhaupt keine Zähne mehr hatte. Als ich dies verneinte, wickelten sie die Zähne ein und nahmen sie mit, wohl in der Hoffnung, daß einmal ein besserer Zahnarzt vorbeikäme, der für die Zähne wieder Verwendung fände.

Ich war sehr froh, als Ali vorschlug, mich zu einem Markt mitzunehmen, wo er seine Kaffee-Ernte verkaufen wollte. Dies bedeutete nicht nur Abwechslung in meinem Tagesablauf, sondern vor allem konnte ich, wie ich hoffte, all den tatsächlichen oder häufig nur eingebildeten Kranken entgehen, die mich mehr und mehr für einen Wunderdoktor hielten. Aber auf dem Markt traf Ali viele Bekannte und Verwandte und berichtete jedem von meinen medizinischen Wundertaten. Er zeigte die Löcher in seinem Mund und präsentierte ein Pflaster an seinem Finger. Nun wollten natürlich auch Alis Freunde an dieser »Medizin« teilhaben. An die hundert Zuschauer umringten mich, so daß ich Ali bedeutete, kaum noch über Material und Hilfsmittel zu verfügen. Er verstand dies auch, bat mich aber inbrünstig, seinen Bruder zu besuchen.

Als wir in dessen Dorf ankamen, mußte ich feststellen, daß sich bis dort mein zweifelhafter Ruf bereits verbreitet hatte. Die Frau von Alis Bruder litt unter einem eingewachsenen Ring. Mit meiner Allroundzange zwickte ich den Ring aus dem stark angeschwollenen, eitrigen Finger, verband die Wunde und gab der Frau eine Penicillintablette in der Hoffnung, daß der Finger gut verheilen würde. Alis Bruder lud mich ein, in seinem Dorf, in seiner

Wohnung zu bleiben. Nach drei Tagen entfernte ich den Verband vom Finger seiner Frau und sah, daß er bereits recht gut verheilt war. Dies löste natürlich wiederum größten Respekt im ganzen Dorf aus. Ich half meinem neuen Gastgeber bei der Kaffee-Ernte, bei der Instandsetzung der Mauern der Terrassenfelder, wir erneuerten kleinere Brücken und Wassergräben – kurz, ich war bald ein gerngesehener Freund und Helfer im Dorf, weil ich den Menschen ganz praktische Dinge zeigen konnte. Dabei lernte ich die gebräuchlichsten Worte der arabischen Sprache.

Mit einer Mischung aus Bewunderung und Mitleid beobachtete ich, wie Frauen Stein- und Blechgefäße, die etwa zwanzig Liter faßten, in oft stundenlangen Märschen von der Gemeinschaftszisterne zu den Terrassenfeldern brachten, um so die wertvollen Kaffee- und Katpflanzen zu bewässern. Das ging den ganzen Tag hindurch, selbst Kinder mußten schon kleine Krüge mit Wasser tragen. Alle gingen, meist barfuß, die steilen, steinigen Treppen und Wege hinauf zu den Feldern. Die »besseren« Frauen trugen Sandalen, deren Sohle aus alten Autoreifen bestand. Das Oberteil war aus Stricken oder rauhen Lederriemen gefertigt. Während der Mittagshitze saßen die Leute im Schatten, aßen in Tücher eingewickelten Reis und nahmen ein Getränk dazu. Doch was ich zunächst für Kaffee hielt, war kein richtiges Gebräu aus Kaffeebohnen. Diese Menschen, die den Kaffee selbst so mühsam anbauen und ernten, können es sich nicht leisten, geröstete Kaffeebohnen aufzubrühen. Sie brauen sich ein kaffeeähnliches Getränk, das sie *kschirr* nennen, wozu sie sich der Schalen der Kaffeebohnen bedienen. Als Würze kommt Ingwer hinein. Gekocht wird alles in Konservendosen, allerdings trinkt man dieses Gebräu aus Porzellanschalen.

Nach solch arbeitsreichen Tagen gibt es keine geselligen Abende, wie wir sie in Deutschland vielleicht kennen.

Nach dem gemeinsamen Abendessen – meistens Reis, der mit den Händen gegessen wird – zogen sich alle sehr bald in die verschiedenen Räume der Wohnung zurück und schliefen auf Fellen, die auf dem Steinboden lagen. Fünf Tage war ich schon in diesem Dorf, und täglich gab es neue Erfahrungen und Erlebnisse. Immer wieder mußte ich jemandem einen eingewachsenen Zehennagel entfernen oder einem anderen Augentropfen in die entzündeten Augen tröpfeln. Doch beschloß ich, schon bald weiterzureisen, weil mich mein Ruf als Wunderdoktor mit allen Begleiterscheinungen doch sehr belastete. Es mangelte mir allmählich nicht nur an ausreichenden medizinischen Kenntnissen, sondern auch die Arzneimittel gingen langsam zur Neige. Und viele Kranke hätten unbedingt einen Arzt gebraucht oder sogar ins Krankenhaus gehört. Für diese Bergbauern hier im Nordjemen aber war das natürlich gar nicht vorstellbar: Es gibt keinen Arzt, ein Krankenhaus schon gar nicht, und wer sollte weite Reisen, Medizinkosten und Arbeitsausfall bezahlen?
Ich verließ also dieses Dorf nach etwa einer Woche wieder und machte mich auf den Weg zum nächsten, das um einen der entfernter liegenden Berggipfel gruppiert war. Auf dem Weg dorthin begegneten mir etliche Menschen, die mich wiedererkannten, die nun wissen wollten, wo ich hinmarschierte. Als sie mein Ziel erfuhren, warnten sie mich, dieses Dorf dort sei ein böses Dorf, immer wieder hörte ich die Worte »*hanna misch kwois*«, was soviel wie »dort ist es schlecht« bedeutet. Ich schlug leider ihre Warnungen in den Wind. Hätte ich nur nach dem Grund gefragt, hätte ich mir viel Ärger, Strapazen und lebensgefährliche Situationen in den nächsten zwei Monaten ersparen können.
Gleich am Ortseingang erwarteten mich zehn bis an die Zähne bewaffnete Männer. Ich erkannte, daß es Mitglieder der Privatarmee des betreffenden Scheichs waren.

Die Gebiete im Nordjemen waren zu jener Zeit in Scheichtümer aufgeteilt, und jedes Oberhaupt unterhielt eine private Schutztruppe. Zu meinem Bedauern hatten sich meine medizinischen Erfolge auch hier schon herumgesprochen, und prompt wurde ich mit allen möglichen Bitten bestürmt. Mir wurde das Haus des Bäckers als Aufenthaltsort zugewiesen. Er war ein ausgesprochen freundlicher Mann, der gut Englisch sprach. Es enttäuschte ihn festzustellen, daß meine Medikamente auf ein Minimum geschrumpft waren. Ich erklärte ihm aber, daß es für ihn und seine Familie schon noch reichen würde. Im stillen hoffte ich nur, daß mir selbst nichts passierte. Wie häufig mußte ich Wasser aus Zisternen trinken, das übel roch, offensichtlich verunreinigt war und ebenso schmeckte.

So romantisch das Dorf auch wirkte, bemerkte ich bei den Bewohnern doch eine gewisse Unruhe und mir gegenüber ein eher reserviertes Verhalten. Ich wunderte mich darüber, daß die Feldarbeiter Gewehre mit sich führten. Damals konnte ich mir aber noch keinen Reim darauf machen.

Ein Schmied und sein Sohn hatten es mir angetan. In einer recht primitiven, rauchigen Steinhütte schmiedeten sie Krummdolche. Eines Abends, als der Schmied sich gerade anschickte, in die nahe liegende Moschee zum Gebet zu gehen, kam ein junger Bursche und setzte sich neben mich. Die Sonne verschwand gerade hinter den Bergen, ein frischer Wind kam auf, und ich machte Anstalten, zur Wohnung meines Gastgebers zurückzukehren. Da ergriff der junge Bursche meine Hand und sagte: »*Sadik dal*«, was etwa »komm mit, Fremder« heißt. Ich nahm an, daß es sich um eine Einladung zum Kaffeetrinken handelte, und versprach, am nächsten Tag zu kommen. Er ließ mich aber nicht los und deutete mit Gesten an, daß ich dringend noch einem Kranken helfen müßte. Er nahm mein Gepäck und den Verbandskasten, den ich mit mir führte, gleich an sich. Einem Gassenjungen trug er auf, so schien mir, meinem Gastgeber mitzuteilen, daß ich erst am nächsten Tage wiederkommen würde.

Wir machten uns auf den Weg zu einer etwa zwei Kilometer entfernten Wohnburg, benutzten aber nicht den normalen Pfad. Mein Führer marschierte querfeldein über schwieriges Gelände. Ich war zwar etwas befremdet über den hastigen Aufbruch und den beschwerlichen Weg, vermutete jedoch nichts Unheilvolles. Je näher wir der Wohnburg kamen, um so öfter stieß er einen langgezogenen Schrei aus: J-oooooh. Erst kurz vor unserem Bestimmungsort wurde dieser Schrei mit einem ebenso langgezogenen Jjjjj-h beantwortet. Als wir vor der Wohnung standen, öffnete sich eine primitive Holztür, und drei Männer, Krummdolche im Gurt, traten heraus. Die Atmosphäre der hereinbrechenden Nacht in dieser verlassenen, steinigen Gegend, die drei verwegenen Gestalten vor mir, mein Begleiter, mit dem ich mich kaum verständigen konnte, all dies machte einen leicht unheimlichen Eindruck. In der Wohnburg bot sich mir ein eigenartiges Bild. Der flackernde Schein einer Petroleumlampe beleuchtete einen hohen Raum, der durch eine offene Feuerstelle in einer Ecke total verrußt war. Den Boden bedeckten alte, verdreckte Teppiche, auf denen ein fast nackter Mann mittleren Alters lag. Bei meinem Anblick befreite er sogleich seine rechte Wade von einem »Verband« aus Lumpen und Kleidungsstücken. Der Unterschenkel war zerfetzt, eiterte stark. Man sah deutlich den Knochen des Schienbeins. Die Wunde stank fürchterlich. Von den Umstehenden war kein Laut zu hören, nur der Verletzte stöhnte leise vor sich hin. Den verzweifelten Gesichtsausdruck, die flehenden Augen werde ich in meinem Leben nicht mehr vergessen. Ich mußte ihm sagen *»misch mumken«*, unmöglich. Ich versuchte den Umstehenden klarzumachen, daß der Mann in ein Krankenhaus gehörte. Der Verletzte wußte wohl, wie hoffnungslos sein Zustand war und daß er ohne baldige Hilfe sterben müßte. Er flehte mich immer wieder mit seinen Augen, die zwischen mir und meinem Verbandskasten hin und her wanderten, an, ihm zu helfen. Weder er noch die Umstehenden wollten oder konnten verstehen, daß ich als *sadik Alemani*, mit meinen großen »Heilerfolgen« bisher, nun bei ihm machtlos sein sollte. Ein Mann kam langsam und lautlos auf mich zu und fragte mit drohendem Unterton *»misch mumken?«*. Ich bestätigte mit einem Kopfnicken, daß es mir wirklich unmöglich war zu helfen. Daraufhin ließ er unter seinem weiten Umhang den Lauf einer Maschinenpistole sehen und fragte noch einmal, und diesmal gefährlicher, *»misch mumken?«*. Jetzt wußte ich, daß ich schneller sterben würde als der Todkranke vor mir, wenn ich keine Anstalten machte, ihm zu helfen.

Also riß ich meinem Hemd die Ärmel ab, verarbeitete sie zu Verbandsmaterial, durchsuchte die Reste meiner Tablettenschachteln. Ich spürte deutlich, wie der kranke Mann am Leben hing, welche Schmerzen er seelisch und körperlich litt, und ich selbst litt darunter, ihm nicht wirklich helfen zu können. Die ganze Nacht über blieb ich an seiner Seite sitzen und überließ ihm meine Hand, an die er sich trostsuchend klammerte. Zeitweise fiel er in Fieberphantasien, schrie, murmelte unverständliche Worte. Manchmal hörte ich *»Doktor Alemani, Doktor Alemani«*. Offenbar hatte er selbst im Delirium noch nicht die Hoffnung auf Heilung aufgegeben.

So verbrachten wir die Nacht. Ein Sterbender, der gnädigerweise immer wieder in ohnmachtsähnliche Anfälle fiel, was ihm die Qual der letzten Stunden verkürzte; ein Europäer, der nur aufgrund seiner Herkunft und einiger Tabletten und Pflaster einen sagenhaften Ruf genoß; die Angehörigen und Freunde wie eine schweigende Mauer

um uns herum; und immer hinter mir der Mann mit der Maschinenpistole.
Im Morgengrauen wollte ich diesen für mich bedrückenden Aufenthalt beenden. Ich hatte nur noch einen kleinen Rest Verbandsmaterial, ich sah mir nochmals die Wunde an, desinfizierte sie mit den letzten Tropfen Jod und legte einen neuen Verband an. Der Verletzte merkte nicht viel davon, er lag im Halbschlaf. Seine Freunde aber redeten auf mich ein, und ich entnahm ihrem Wortschwall, daß sie Hoffnung schöpften und dachten, nun sei der Weg zur Heilung beschritten. Als ich Anzeichen zum Aufbruch machte, wurde sofort wieder der Lauf der Maschinenpistole auf mich gerichtet. Frauen kamen herein, die mir selbstgebrauten Kaffee brachten. Ich griff zu einer Notlüge und versuchte den Leuten radebrechend und mit vielen Gesten verständlich zu machen, daß ich in der Wohnburg des anderen Dorfes noch etwas Arznei hätte, die ich nun holen wollte. Während wir noch diskutierten, erhob sich vor dem Haus ein großes Geschrei. Als der Junge, der mich am Abend zuvor geholt hatte, die Tür öffnete, flogen faustgroße Steine in die Wohnburg.

»*Doktor Alemani enter misch kwois*«, hörte ich immer wieder die aufgebrachte Menschenmenge rufen. »Deutscher Arzt, du bist ein schlechter Mensch.« Das Geschrei vor der Wohnburg wurde immer lauter und die Verwirrung darin auch. Der Mann mit dem Maschinengewehr rannte in die oberen Stockwerke, während sich die anderen auf eine tätliche Auseinandersetzung vorbereiteten. Ich nutzte dieses Durcheinander, raffte, so schnell ich konnte, meine Sachen zusammen und rannte, barfuß, wie ich war, durch die Hintertür aus der Wohnburg. Aber dort warteten bereits zehn bis fünfzehn Männer, die mich sofort mit Steinen bewarfen. Einige trafen mich empfindlich. Für eine Erklärung der Situation war jetzt keine Zeit. Ich lief, so schnell ich es unter dem Steinhagel konnte,

stolperte mehrfach, fiel auf den Boden, wurde von der aufgebrachten Menge weiter verfolgt. Plötzlich sah ich auf einem Auge gar nichts mehr, weil Blut aus einer Kopfwunde über mein Gesicht troff. Ich merkte, daß ich noch an mehreren Stellen meines Oberkörpers blutete, weil ich kein Hemd mehr trug. Ich hatte keine Zeit, über den in der Wohnburg zurückgebliebenen Schwerverletzten nachzudenken. Ich mußte weiter, immer weiter. Meine Verfolger ließen nicht von mir ab. Ich sprang, aus reiner Angst, einfach einen einige Meter hohen Abgrund hinab, überschlug mich mehrfach, raffte meine Sachen wieder zusammen und lief durch das Dickicht und – barfuß – über das spitze Geröll. Kurz vor der völligen Erschöpfung fand ich eine kleine Höhle, in die ich hineinkroch und in der ich mich sicher fühlte. Ich hörte meine Verfolger nicht mehr. Sie hatten mich in dem Dickicht wohl nicht mehr gesehen und glauben müssen, daß ich mir das Genick gebrochen hatte. Ebenfalls über diese Klippe in den Abgrund zu springen, dazu hatten sie wohl weder Mut noch ausreichende Veranlassung.
Ich zählte achtzehn blutende Wunden, die von Steinwürfen herrührten. An verschiedenen Stellen hatte ich Schmerzen, wahrscheinlich aufgrund von Blutergüssen. Die kleine Zehe des linken Fußes schien gebrochen zu sein. In meinem Rucksack fanden sich aber außer ein paar Salztabletten keinerlei Medikamente oder Verbandsmaterialien mehr. Meine Schuhe waren in der Wohnburg des Schwerverletzten zurückgeblieben. Ein kleiner Rest von Medikamenten, Notverpflegung, Ersatzkleidung, Kompaß, Karten, Anorak und Schlafsack befanden sich noch in der Wohnburg meines früheren Gastgebers, des Bäckers. Paß, Geld, Flugschein und Foto- und Filmausrüstung waren mir geblieben, da ich sie fast immer unmittelbar am Körper trage.
Sosehr ich auch über die Gründe nachdachte, aus denen

die Stimmung derart umschlagen konnte – ich kam zu keinem Ergebnis. Was hatte ich nur falsch gemacht? Warum waren innerhalb eines Tages aus Freunden Feinde geworden? Obwohl mich der Durst quälte, traute ich mich lange Zeit nicht aus der Höhle. Meine Wunden behandelte ich, indem ich die Blätter einer Pflanze, die am Rande der Höhle wuchs, auflegte. Schließlich schlich ich doch vorsichtig aus dem Dunkel heraus und sah, wie nicht weit entfernt ein Bauer sein Feld pflügte. Ich beobachtete, wie vier Frauen vom Tal her kamen, mit ihren Wasserkrügen auf der Schulter. Und ich sah auch in anderer Richtung die Wohnburg des Kranken, immer noch von vielen Menschen umlagert. Ich robbte mich auf dem Bauch zum Pfad, den die Frauen mit dem Wasser entlanggingen. Als sie näher kamen, stellte ich mich ihnen ganz lässig in den Weg und tat so, als ob ich rein zufällig auch diesen Pfad benutzte. Die Frauen erschraken zunächst, vor allem wohl, weil ich immer noch an einigen Stellen blutete und inzwischen ein paar größere, rotblau verfärbte Beulen hatte. Aber dann setzten sie ohne ein Wort ihre Krüge ab, forderten mich mit Gesten auf, mich hinzusetzen, und wuschen mir als erstes das Blut vom Körper. Immer wieder entriß ich ihnen dabei die dazu benutzte Konservendose, um das kostbare Naß, wenn es auch nur abgestandene Brühe war, zu trinken. Ihren unablässigen Fragen nach dem Woher und Wohin ging ich mehr schlecht als recht aus dem Weg. Ich bettelte den Frauen die alte Konservendose ab, ließ sie mir noch einmal mit Wasser auffüllen und schlich zu meiner Höhle zurück. Dort stand ein Mann, der hineinschaute und sich wohl über den Rucksack darin wunderte. Da er unbewaffnet war, grüßte ich ihn gezwungen freundlich mit einem »*salem aleikum*«. Er fragte ebenso wie die Frauen nach meinem Woher und Wohin und was der Rucksack in der Höhle sollte. Während ich mich noch in irgendwelchen Ausflüchten versuchte,

kam plötzlich fast lautlos ein zweiter Mann dazu. An seinem roten Turban erkannte ich ihn als den Bauern wieder, der in unmittelbarer Nähe der Höhle gepflügt hatte und dem die Frauen wohl von meiner Anwesenheit erzählt hatten. Er hatte einen Ledersack voll Wasser dabei und bot ihn mir an. Da er offensichtlich bemerkte, daß mit mir irgend etwas nicht stimmte und man in einer solchen Gegend gar nicht ohne genügenden Wasservorrat reisen kann, schenkte er mir den Ledersack. Am liebsten hätte ich ihn dafür umarmt. Diese gegerbte Haut einer Ziege bedeutete für mich Überleben, und ich behielt den Wassersack bis zum Ende meiner Reise. Ich wollte ihm dafür etwas bezahlen, was er aber strikt ablehnte. Beide Männer fragten mich, ob ich mit ihnen kommen wollte, aber ich lehnte – noch voller Schrecken über die Vorkommnisse im anderen Dorf – höflich ab. Einer schenkte mir noch ein Stück Käse, dann verschwanden sie wieder.
Ich beschloß, noch eine Nacht in der Höhle zu bleiben, konnte aber aus Angst keine Minute schlafen. Ich legte ein Depot mit Steinen an, suchte mir einen großen Holzprügel. Aber es tat sich die ganze Nacht nichts, außer daß mich meine Verletzungen schmerzten. Eine kleine Linderung erreichte ich dadurch, daß ich immer wieder frische, kühle Blätter auf die Wunden legte. Mir bangte ein wenig davor, ohne Schuhe weiterzukommen. Als Almbub war ich zwar alljährlich von Mai bis Oktober frohen Mutes barfuß gelaufen, aber jetzt, nachdem mir diese Krücken der Zivilisation abhanden gekommen waren, vermißte ich sie sehr. Ebenso wichtig wie das Schuhwerk war natürlich die Frage, wohin ich überhaupt gehen sollte. Karte und Kompaß lagen zwar in fast greifbarer Nähe in der Wohnburg des Bäckers, aber ich hatte nicht den Mut, sie zu holen. Ich entschloß mich, mit der Sonne als Orientierungshilfe in die Richtung der Tihama zu marschieren, wie die Küstengegend hier heißt.

Mein Frühstück bestand aus Käse und Wasser. Am Himmel zog ein modernes Düsenflugzeug seine Bahn. Wie gern hätte ich jetzt dort drinnen gesessen! Während ich mehr vorwärts humpelte als marschierte, dachte ich immer wieder darüber nach, warum man mich verfolgt und gesteinigt hatte, und auch über die vorangegangenen Warnungen meiner Freunde aus Alis Dorf vor meinem letzten Ziel. Aber alles Nachdenken half nichts, ich mußte weiter. Gegen Mittag, als wieder die große Hitze einsetzte, fand ich mich in der Nähe des Dorfes wieder, auf das ich nun zuhielt. Ich hoffte, dort nicht nur Wasser zu erhalten, sondern vielleicht auch einen Begleiter oder Träger oder sogar ein Tragtier, um so zum nächstgrößeren Ort zu gelangen, von dem aus ich dann mit einem der ab und an vorüberrumpelnden Lkws diese für mich gefahrvolle Gegend verlassen wollte.

Auf dem Weg zu diesem Dorf sah ich mehrfach Männer auf einem hohen Stein oder auf einer Bergkuppe sitzen, die eigenartige Schreie ausstießen. Ich maß ihnen keinerlei Bedeutung bei, weil ich die Lage falsch einschätzte. Am Eingang des Dorfes standen wieder einmal fünfzehn bis zwanzig mit Knüppeln bewaffnete Männer und nahmen mir gegenüber eine eindeutig drohende Haltung ein. Bevor ich noch mein Anliegen vorbringen konnte, riefen sie sehr energisch »*barra barra*«, was soviel wie »hau ab« heißt. Ich verstand die Welt nicht mehr. Was hatte ich diesen Leuten getan? Warum warteten sie schon in dieser drohenden Haltung auf mich? Selbst als ich ihnen meinen leeren Wassersack zeigte, erhielt ich nur »*barra barra*« als Antwort. Sie schienen mir lediglich noch den Weg zeigen zu wollen. Er erwies sich jedoch als ein Pfad, der bei der stinkenden Dorflatrine endete. Hinter mir hörte ich hämisches Gelächter.

Obwohl meine Füße schon sehr schmerzten und auch wieder bluteten, ging ich weiter über Stock und Stein. Ich schleppte mich zu einem anderen Dorf an einem Berghang. Auch auf dem Weg dorthin hörte ich wieder die eigenartigen Schreie, denen ich zwar jetzt mehr Aufmerksamkeit schenkte, die ich aber immer noch nicht verstand. Als ich halb verdurstet in diesem nächsten Ort genauso empfangen wurde wie zuvor, erkannte ich, daß diese Laute Verständigungsrufe waren. Meine Verfolger hatten mich also immer noch im Auge behalten und jedes Dorf über meine Ankunft informiert. In diesem Dorf hatte man sich eine neue Schikane ausgedacht. Auf meine Bitte nach Wasser zeigte man mir den Weg zu einer Zisterne. Sie war vollkommen ausgetrocknet. Auch hier bekam ich wieder hämisches Lachen zu hören. Zum Glück kamen diesmal einige Frauen des Weges, die Wasser in ihren Krügen hatten und meinen leeren Wassersack sofort auffüllten. Mein Aussehen hatte wahrscheinlich an ihre menschlicheren Gefühle appelliert. Es war reiner Zufall, daß die Dorfbewohner die Samaritertat ihrer Frauen nicht sahen.

Ich hatte nun wieder Wasser für einen Tag, aber nichts zu essen. Ab und zu fand ich Beeren, die ich probierte. Schmeckten sie, aß ich alle, die ich fand; waren sie bitter oder recht sauer, spuckte ich sie sofort wieder aus. Mein Spießrutenlaufen, das mehr zu einem Spießrutenhumpeln geriet, ging weiter, bis ich schließlich meine Richtung wechselte und von der Küste weg hinauf ins Gebirge strebte. Die glasklare Luft und die fast unheimliche Stille wurden nicht mehr von den Verständigungsrufen meiner »Begleiter« unterbrochen. Ich hörte bald auch wieder Vögel singen, die auf Kakteen saßen, und das Summen von Bienen und Hummeln. Hier und da erblickte ich einen Bauern, der ein Terrassenfeld mit seinem Ochsen pflügte. Ich ging zu einem hin und fragte ihn, ob er mir Wasser, Brot und Käse verkaufen könnte. Aber er wollte mir all das schenken. Ich erfuhr jetzt auch, warum meine Verfolger kein Interesse mehr an mir hatten. Ich war, ohne es zu wissen, aus ihrem Scheichtum hinausgstolpert.

Mein Ziel blieb immer noch Sabid und Mokka. Je weiter ich in das Gebirge vorstieß, desto karger und dünner besiedelt wurde die Landschaft. Dies bedeutete für mich, daß ich nicht mehr genügend Wasser bekam. Als Nahrungsmittel kamen zwar zu den Beeren und dem ab und zu geschenkten Brot und Käse auch noch Früchte der Kakteen hinzu, aber der Durst trieb mich wieder in tiefer gelegene Gegenden. Dort sah ich mehrere romantisch gelegene Dörfer. Ich schlief nachts unter freiem Himmel und fror wegen des in diesen Breiten üblichen Temperatursturzes sehr. In kleinen Senken oder Felsnischen suchte ich nach Wasser. Einmal sah ich, wie mehrere Vögel immer wieder zu einem hohen, abgebrochenen Baumstamm flogen, aus dem sie anscheinend Wasser holten; manche Vögel badeten offensichtlich auch, denn sie kamen tropfnaß wieder hervor. Trotz starker Kreislaufschwierigkeiten stieg ich hinauf und fand mindestens zwei Liter gutes Wasser. So schleppte ich mich wieder weiter und hoffte darauf, bald auf ein Dorf zu stoßen. Ich malte mir bereits aus, wie ich auf dem Markt alles Eßbare in mich hineinschlingen würde, wie ich mir wieder Schuhe kaufte, wie ich mich einmal wieder am ganzen Körper wusch und in einem richtigen Bett schlief.

Während ich mich so in Tagträume verlor, sah ich hundert Meter unter mir auf einem Pfad einen Mann mit seinem Esel. Daß dieser Mann später noch eine sehr wichtige Rolle bei meiner Flucht nach Mokka spielen sollte – wie hätten wir es ahnen sollen? *Kismet*, das Schicksal, wie die Araber sagen, hatte ihn dazu bestimmt. Ich beschleunigte, so gut es ging, meine Schritte, um ihn einzuholen. Links und rechts an seinem Esel hingen Wasserkrüge, und ich hoffte, etwas von ihrem Inhalt zu erhalten. Doch die Krüge waren leer. Er lud mich ein, ihm zu folgen. Bald gelangten wir an einen kleinen Tümpel, in dem mein Führer seine Krüge sofort füllte. Es handelte sich um eine grüne Kloake, die es mir trotz meines brennenden Durstes unmöglich machte, Trinkwasser zu schöpfen. Im Tümpel standen fünf Kühe, die nicht nur, durstig, wie es schien, vorne etwas in sich hineinsoffen, sondern auch hinten immer wieder etwas fallenließen. Ein paar Meter daneben füllte mein Begleiter arglos seinen Wasservorrat auf. Sein Esel gesellte sich zu den Kühen; das gab mir den Rest, und ich zog ohne Wasser weiter; den darin enthaltenen Krankheitskeimen fühlte ich mich nicht gewachsen.

Ich setzte meine Hoffnung auf eine Siedlung, die in der Nähe zu liegen schien. In der Folge begegnete ich tatsächlich immer wieder Menschen, die freundlich waren und mir von ihrem Wasser abgaben, wobei sie meine wund gelaufenen Füße bestaunten. Wahrscheinlich war ihr Wasser ebenfalls aus dem Tümpel, aber ich hatte wenigstens die Illusion, daß es aus einer klaren Gebirgsquelle stammen könnte.

Nach weiteren zwei Stunden Marsch hatte meine Tortur endlich ein Ende. Ich stieß auf ein Gebäude aus aufgeschichteten Steinen, vor dem zwei Kamele, ein paar Ziegen und einige große Wasserkrüge standen. Die Bewohner kamen heraus, gaben mir soviel zu trinken, wie ich nur wollte. Das Wasser schmeckte gut und schien einigermaßen sauber. Sie baten mich hinein, und ich schlief auf den Schaffellen im kühlen Raum sofort ein.

Als ich aufwachte, wurde ich wiederum freundlich bewirtet, und man zeigte mir meine neue Schlafstelle, eine überdachte Hütte außerhalb des Steinhauses, in der ein primitives Bett stand. Ich schöpfte neue Zuversicht. Nach einiger Zeit kam der Mann, dem ich zuvor mit seinem Esel begegnet war, und setzte sich zu mir. Es stellte sich heraus, daß er hier der Hausherr war. Er wusch meine wunden Beine und massierte sie mit Öl ein. Dann brachte er saubere Tücher und verband mich. Ich war nun schon elf Tage seit der Vertreibung aus der Wohnburg unterwegs. Die Folgen der Strapazen machten sich jetzt erst richtig bemerkbar. Ich fühlte mich zu geschwächt, um aufzustehen. Man versorgte mich mit Fladenbrot und sogar etwas Fleisch, wofür ich sehr dankbar war.

Als eines Tages ein Bub mit einer Herde Ziegen vorbeikam und mich neugierig anschaute, fühlte ich mich an die Zeit erinnert, in der ich mit meiner Großmutter darüber sinnierte, wie die Welt wohl hinter den hohen Bergen aussähe. Wahrscheinlich konnte sich der junge Ziegenhirt genauso wenig wie ich damals vorstellen, wie die Welt draußen wohl aussehen mochte.

Einige Tage später fragte mich der Hausherr, der übrigens auch Mohammed hieß, ob ich ihn zum Markt begleiten wollte. Zu meiner großen Überraschung hatte er mir Sandalen beschafft, die zwar beim Gehen schmerzten, aber mehr Schutz boten, als wenn ich barfuß ging. Ich erfuhr von Mohammed, daß er oft die umliegenden Märkte besuchte und die Waren mit seinen Kamelen und Eseln zu den Käufern transportierte. So kam er im ganzen Land herum. Dennoch fragte er mich nie, woher ich kam und wohin ich wollte, und vor allem nicht, wodurch ich meine Verletzungen hatte. Nach neun Tagen Rastzeit fühlte ich mich wieder besser, meine Wunden waren einigermaßen verheilt, und so begleitete ich Mohammed zu einem der Märkte.

Erstaunlicherweise zogen wir wieder in dieselbe Gegend, aus der ich gekommen war. Früh um vier Uhr ging es los, gegen zehn Uhr kamen wir an. Ich stürzte mich auf die Wassermelonen, auf Brot, Nüsse, Fischkonserven, Verbandsmittel und vor allem Armeeschuhe. Wenn sie auch bereits gebraucht waren, sie erschienen mir doch besser als die Autoreifensandalen. Dann kaufte ich drei Hühner, die wir am Abend verzehren wollten. Der Markt war ein Paradies für mich. An einem der nächsten Tage wollte ich wieder an einer Autostraße sein, um mich nach Sabid und Mokka mitnehmen zu lassen. Als ich mir diese nahe Zukunft ausmalte, wußte ich noch nicht, daß ich bis dahin nur etwa die Hälfte meines Fußmarsches nach Mokka zurückgelegt hatte. Plötzlich kamen zwei bewaffnete Männer auf mich zu, packten mich am Arm und sagten in gutem Englisch, daß ich sofort verschwinden sollte. Mohammed war ebenso erschrocken wie ich und schrie wild auf die Männer ein. Viele Leute versammelten sich um uns herum, und es gab eine heftige Diskussion. Mohammed war offenbar sehr bekannt und auch sehr beliebt. Die beiden bewaffneten Männer brachten ihre Gewehre in Anschlag auf die Menge und redeten auf sie ein. Immer wieder hörte ich die Worte »*Doktor Alemani misch kwois*«. Irgendwie schien ein Zusammenhang zu der Wohnburg des Todkranken zu bestehen. Während Mohammed ebenfalls auf die Menge einschrie, nahm er mich am Arm, um zu demonstrieren, daß wir Freunde seien. Schließlich kam ein respektgebietender Mann herbei, beruhigte die beiden Bewaffneten und die aufgebrachte Menge und sprach mich in ruhigem Ton an. Er stellte sich als Scheich dieses Gebietes vor; die beiden Männer gehörten zu seiner Privatarmee. Er fragte mich, ob ich derjenige Deutsche sei, der vor einiger Zeit oben im Gebirge einen verletzten Mann verbunden hätte. Als ich dies bestätigte, erklärte er mir, daß ich einer Gruppe von Terroristen geholfen hätte. Diese Leute hätten zuvor eines der Dörfer, in denen ich zu Gast gewesen sei, überfallen, drei Menschen getötet und wertvolle Gegenstände geraubt. Bei der Flucht sei es einem seiner Leute gelungen, einen der Terroristen anzuschießen. Seine Blutspur hätte sich aber im Gebirge verloren. Da ich nun diesen Mann verbunden und ihm geholfen hätte, müßte ich ja gewußt haben, wo er

sich versteckt hielt. Somit wäre es für die Leute im Dorf klargewesen, daß ich mit den Terroristen gemeinsame Sache machte. Deshalb hätte man meine Vertreibung angeordnet.
Ich versuchte, dem Scheich zu erklären, daß ich wohl nur aufgrund meines falschen Rufes als Wunderheiler von den Terroristen in eine Falle gelockt worden wäre. Er schien mir zu glauben, meinte aber, daß die aufgebrachten Dorfbewohner nicht ohne weiteres zu besänftigen seien. Da man der festen Überzeugung sei, daß ich irgendwo im Gebirge bereits verhungert sei, hätte man alle meine Sachen verbrannt. Wenn ich aber nun wieder unerwartet in seinem Scheichtum auftauchte, könnte er für mein Leben nicht garantieren. Er beruhigte immerhin die umstehende Menge und nahm Mohammed und mich beiseite. Dann fragte er mich nach meinen weiteren Plänen, und ich gab ihm Sabid und Mokka als Reiseziel an.
Ich hatte zwar jetzt eine Erklärung für die Ereignisse, konnte das Mißverständnis aber dennoch nicht völlig ausräumen. Der Scheich bestätigte mir, daß er Posten auf den Hügeln aufgestellt hatte, um mich zu verfolgen. Von seinen Wächtern und Spitzeln hatte er bereits zuvor gehört, wo sich die Terroristen versteckten. Er hatte sie nur noch nicht ergreifen lassen, weil er herausbekommen wollte, wer alles zu ihnen gehen würde. Auf meine Frage, was mit den Leuten in der Wohnung geschehen sei, gab er mir zunächst keine Antwort. Später deutete er mir aber an, daß die Dorfbewohner bereits Lynchjustiz geübt und ihm nur noch die abgehackten Köpfe von fünf Männern gezeigt hätten. Er äußerte sich anerkennend über so viel Mut und Zähigkeit, mit denen ich Steinhagel und Verfolgung entkommen wäre.
Der Scheich ordnete an, daß mich Mohammed bis ans Ende meiner Reise, also bis Mokka, begleiten müsse und mit seinem Leben dafür hafte, daß mir kein Leid gesche-

he. Bis ich wirklich das Gebiet verlassen hätte, dürfte er nicht von meiner Seite weichen. Er reichte mir zum Abschied die Hand und versicherte mir, daß nach einem ungeschriebenen Gesetz jeder Einheimische mit seinem Leben dafür hafte, daß einem Fremden, der auch nur eine Nacht unter seinem Dach geschlafen habe, kein Haar gekrümmt werde. Ich konnte mich von nun an wieder sicher fühlen.

Ich gab Mohammed einen Vorschuß in Höhe von fünfzig Mark auf seinen Lohn und weiteres Geld, damit er Proviant für uns kaufen könnte. Er kam nach einiger Zeit mit einem Sack Reis und einigen Beuteln Hirse und Gerste zurück. Von seinem eigenen Vorschuß hatte er sich eine fast moderne rote Jacke gekauft und eine lange Wasserpfeife, die er stolz und vorsichtig vor sich hertrug. Diese langgehegten Wünsche konnte er sich dank des für die dortigen Verhältnisse großzügigen Lohns endlich erfüllen. Als wir den Marktort schweigend verließen, dachte ich darüber nach, daß ich mit der feindlichen Natur, ob in der Arktis, in Neuguinea, in der Sahara oder im Himalaja immer gut zurechtgekommen war, aber nie mit mir feindlich gesonnenen Menschen.

In den nächsten Wochen folgten wir einem relativ guten Karawanenweg. Manchmal schlossen wir uns kleinen oder größeren Karawanen an, da man immer wieder mit Überfällen durch die in den Bergen lebenden räuberischen Stämme rechnen mußte. Jeden Abend kamen wir in ein Dorf, in dem wir die Nacht verbrachten; alle drei Tage trafen wir auf einen Markt. Dort konnten wir unseren Speiseplan immer wieder etwas auffrischen, mit Köstlichkeiten wie Melonen, Tomaten und sonstigem Gemüse. Auch gab es Waren, von denen ich bisher nur geträumt hatte: zum Beispiel Mineralwasser aus China oder Schokolade aus den USA. Ab und zu trug ich mich noch mit dem Gedanken, einen Lastwagen nach Sana zu benutzen, um von dort meinen Heimflug anzutreten. Als wir schließlich aber in Dörfer kamen, zu denen sich Lastwagen durchgekämpft hatten, ging es mir schon wieder so gut, und ich war schon wieder von meinem alten Forscherdrang so beseelt, daß ich diese Idee gar nicht mehr als Verlockung empfand. Ich entschloß mich, doch noch mehr von dem mitzuerleben, was es in einigen Jahren oder Jahrzehnten sicher nicht mehr geben würde.

Die Märkte sind, wie überall in der sogenannten »Dritten Welt«, ein buntes Durcheinander von Menschen, Tieren und Waren. Kaffee und Kat machen den größten Teil des Angebotes aus. Je nach Landschaft sind die Marktplätze sehr unterschiedlich angeordnet. Einmal liegt alles kreuz und quer auf dem Boden, dann wieder sieht man einfache Bauten aus aufeinandergeschichteten Steinen und Grasdächern, beim nächstenmal sitzt jeder nur auf dem Boden und hat vor sich einen kleinen Berg seiner Erzeugnisse angehäuft. Die Gesichter der Händler ließen oft einen Einschlag aus Äthiopien oder Schwarzafrika erkennen, Gegenden, die mit dem Jemen schon seit uralten Zeiten Handel treiben. In den Vormittagsstunden wurde um jede Ware gefeilscht bis zum äußersten, aber am Nachmittag erloschen Leben und Treiben fast ganz. Überall saßen oder lagen die Leute herum und schauten verträumt und geistesabwesend vor sich hin. Der Kat hatte seine Wirkung getan. Kam jemand, um etwas zu kaufen, wurde nur irgendein Preis genannt. Der Käufer mochte ihn akzeptieren oder auch nicht, gehandelt wurde nicht mehr.

Märkte hier im Hochland des Nordjemen dienen nicht nur dem Kauf und Verkauf von Waren, sondern sie werden auch als Treffpunkt für Verwandte und Bekannte, Heiratswillige und Schreiber geschätzt. Hier werden Testamente aufgesetzt, Besitzübertragungen mit Daumenabdruck besiegelt, Bittschriften an den Scheich verfaßt. Es gibt Märchenerzähler, Haarschneider, Blutschröpfer. Dabei ist das eigentliche Marktgeschehen häufiger ein Tauschhandel als ein Kauf für Geld. Ich erfuhr, daß der Maria-Theresia-Taler immer noch als gebräuchliches und gültiges Zahlungsmittel Verwendung fand. Die Märkte waren auch in den Kriegszeiten damals »neutrales Gebiet«, und die Wege dorthin durften zwar kontrolliert, aber nicht gesperrt werden.

Wir übernachteten entweder in Wohnburgen oder in einfachen Stein- oder Strohhütten. Mohammed ging einfach auf eine Behausung zu, sprach mit dem Besitzer einige Worte, und kurz darauf bekamen wir und unsere Kamele einen Platz für die Nacht zugewiesen. Dann mußte mein Begleiter die Erlebnisse unserer Reise erzählen. Ich glaube aber, daß er die Terroristengeschichte für sich behielt. Er zeigte dafür jedermann stolz seine rote Jacke und die Wasserpfeife. Diese wurde anerkennend herumgereicht. So saßen wir in unterschiedlichsten Räumen mit unterschiedlichsten Menschen, aber dennoch war es fast immer das gleiche Bild. Frauen kamen hereingehuscht, brachten Kschirr und verschwanden sofort wieder. Die Männer kauten ihren Kat, und bald lagen alle schlafend in irgendeiner Ecke.

Nach und nach verließen wir das romantische Bergland mit seinen wunderschönen Wohnburgen und kamen ins feuchtheiße Klima der wüstenähnlichen Tihama. Nicht nur die Landschaft veränderte sich, auch die Menschen hatten andere Gesichtszüge und trugen andere Kleidung. Ihre spitzen Strohhüte mit weiter Krempe schützten sie vor der erbarmungslos sengenden Sonne. Wasser wurde zum Teil aus rund vierzig Meter Tiefe heraufgezogen. Dazu war es notwendig, daß drei oder vier Frauen und Kinder einen gegerbten Kamelmagen wassergefüllt an einem Seil nach oben beförderten – ein Akt, der sich unter großem Geschrei vollzog. An einem dieser Brunnen wurde ich unglücklicherweise von einem jungen Kamel gebissen. Mohammed war wohl noch tiefer betroffen als ich selbst, fühlte er sich doch für mein Wohl verantwortlich. Ich wurde notdürftig verbunden, und dann ging es auch schon weiter. Von meinen unterwegs erworbenen Gummischuhen trennte ich mich wieder, weil die Wunden an meinen Füßen immer noch blutig und eitrig waren und ich im weichen Wüstensand jetzt barfuß wesentlich besser zurechtkam. Man reitet dort nur im Notfall auf den Kamelen, die vor allem als Lastträger dienen.

Müde kamen wir schließlich in Beid A Faqih an. Schon von weitem hörten wir das Gehupe und Motorengeheul überladener Lastwagen. Meine ursprüngliche Idee, von hier aus nach Mokka zu fahren, ließ ich fallen, obwohl meine Füße wundgelaufen waren. Ich sagte mir, daß ich mit Mohammed an der Seite bestimmt mehr vom ursprünglichen Jemen erleben könnte, als wenn ich irgendwo mitfahren würde. Gegen meinen Wunsch verkaufte Mohammed sein Kamel, das mich gebissen hatte. Er machte kein sehr fröhliches Gesicht dabei, der Entschluß war ihm offenbar sehr schwer gefallen. Ich legte ihm deshalb nahe, sein Kamel zu behalten und von hier aus die Heimreise anzutreten, aber er ließ sich wegen seines Versprechens dem Scheich gegenüber nicht darauf ein.

In glühender Hitze zogen wir weiter nach Mokka und Sabid, der heiligen historischen Stadt, in der die Algebra im neunten Jahrhundert ihren Anfang nahm. Aus dieser Stadt soll auch einer der Heiligen Drei Könige einst nach Bethlehem gezogen sein. Wir marschierten nur noch nachts, da die Hitze tagsüber zu unerträglich wurde. Immer wieder wurden wir mit den Fährnissen des Wüstenlebens konfrontiert. Einmal überraschte uns ein Sandsturm auf offenem Gelände. Ein anderes Mal war der schon stundenlang erhoffte Brunnen unbrauchbar, weil ein jun-

Folgende Seiten: Die sterbende Kaffeestadt Mokka

ges Kamel aus Unachtsamkeit und Durst in die Tiefe gestürzt war, wo sein Kadaver bereits stank. Mitglieder einer Karawane ließen schließlich einen jungen Burschen an vielen Stricken um den Körper ins finstere Loch hinab, wo das tote Tier lag. Der Bursche band es an einigen Stricken fest, und bald waren beide wieder oben.
Ich hatte in Sabid eigentlich ein größeres »touristisches Programm« vor, aber Mohammed wurde schwer krank. Wir wußten beide nicht, woran er eigentlich litt. Er lag zusammengekrümmt in einer relativ ordentlichen Hütte, die wir am Rande der Stadt bewohnen konnten. Ein Major Akbar war unser Gastgeber. Er holte schließlich einen Arzt, der meinem treuen Begleiter irgendwelche Spritzen gab und ihm Medikamente daließ. Der Arzt behandelte auch meine wunden Füße. Mohammed war sehr unruhig, er glaubte, daß er sterben müßte. Täglich betete er zu Allah. Wahrscheinlich fragte er ihn, warum ausgerechnet ich an seine Steinhütte kommen und damit all seine folgenden Strapazen und Gefahren auslösen mußte. Natürlich blieb ich die ganze Zeit über bei ihm und sprach ihm Trost und neuen Mut zu. Ich ließ ihm Tomaten besorgen, die er sich besonders wünschte, und anderes Gemüse und Obst. Ich vermutete, daß er entweder einen Malaria-Anfall hatte oder durch die Strapazen der langen Reise geschwächt worden war. Es war uns beiden klar, daß Mohammed den Marsch nicht fortsetzen, sondern vielmehr langsam den Rückweg antreten sollte. Er wurde aber so zornig, wie ich ihn noch nie gesehen hatte, und bestand darauf, schon am nächsten Morgen mit mir die Reise nach Mokka fortzusetzen, als ich ihm den Vorschlag zurückzukehren auch nur andeutete. Ich weiß bis heute nicht, ob es richtig war, daß er weiter mit mir zog. Wir kamen an verschiedenen Fischerdörfern am Strand vorbei, die miteinander durch eine geteerte Straße verbunden waren. Dort erhielten wir so viel Fisch, wie wir wollten, dazu Brot

und auch Getränke aller Art. Recht abgekämpft erreichten wir endlich die alte Kaffeestadt Mokka.

Von weitem schon erkannten wir das Minarett der großen Moschee, das uns als Orientierungspunkt diente. Sowohl beim Lastkamel, das uns noch geblieben war und jetzt alles Gepäck allein tragen mußte, wie bei mir gab es unübersehbare Anzeichen von Schwäche. Mohammed schien seine Krankheit inzwischen gut überwunden zu haben.

Der erste Eindruck von Mokka war nicht sehr berauschend. Überall standen vollbepackte Lastwagen herum, Gerümpel lag an den Straßen. Tierkadaver stanken am Strand vor sich hin. Der Ort war, zumindest damals, ein internationales Schmugglernest. Wir fragten uns zu einem Funduk durch, einer Herberge. Der Verwalter des Funduks wollte uns heruntergekomme Gestalten zunächst gar nicht aufnehmen. Erst als er sah, daß ich barfuß mit wunden Füßen daherkam, zeigte er uns einen separaten Raum mit zwei Betten. In recht gutem Englisch versprach er mir, uns alles zu bringen, was wir brauchten. Ich legte mich auf das Bett und fiel in einen ohnmachtsähnlichen Schlaf, der sechzehn Stunden dauerte. Am nächsten Tag meinte der Funduk-Verwalter, daß er mehrmals erfolglos versucht hatte, mich zu wecken. Ich spürte weder Durst noch Hunger, merkte aber bald, daß ich fieberte und zu schwach war, um aufzustehen. Vielleicht hatte eine der üblen Wasserbrühen schließlich ihre Wirkung gezeigt. Die Ursache war mir damals ziemlich egal, ich wußte nur, daß es nach Mohammed nun mich erwischt hatte. Der Verwalter erkannte meine Lage, fühlte meine heiße Stirn und brachte mir Unmengen von Tee. Am Nachmittag erschien er mit einem seiner Freunde, der anscheinend Arzt war. Dieser gab mir Medikamente, übrigens deutschen Ursprungs, reinigte meine Füße mit Jod und verband sie mit sterilem Verbandsmaterial. Moham-

med überwachte alles genau, um zu verhindern, daß mir in letzter Minute noch etwas zustieß. Alles, was ich in den nächsten zwei Tagen zu mir nahm, mußte ich wieder erbrechen.
Dann endlich spürte ich eine Besserung. Ich begann wieder normal zu essen und zu trinken und machte zwei Tage später zusammen mit Mohammed die ersten Spaziergänge durch Mokka. Ich kaufte mir Socken und moderne Sandalen, stürzte mich mit Appetit auf Orangen, Zitronen und Pampelmusen, die überall angeboten wurden. Ab und zu begegneten wir Leuten, die uns schon von anderen Märkten her kannten. Ich kaufte zwei Dosen Bier, eine für Mohammed und eine für mich. Doch er lehnte ab, denn Allah hatte ihm verboten, Bier zu trinken. Als wir schließlich wieder im Funduk anlangten, schloß Mohammed alle Fenster und Türen, damit Allah ihn nicht dabei sehen konnte, wie er sich ausnahmsweise eine Dose Bier genehmigte. Da wir beide nicht an Alkohol gewöhnt waren, folgte die Wirkung auf dem Fuße: Die Welt fing an, sich angnehm zu drehen.
Während Mohammed am nächsten Tag zur Moschee pilgerte, wahrscheinlich mit dem Ziel, Vergebung zu erlangen, besah ich mir die noch vorhandenen Bauten aus der Zeit des Ruhmes der weltbekannten Kaffeestadt Mokka. Ich erfuhr, daß hier in oder bei Mokka niemals Kaffee angebaut worden war, sondern daß lediglich die Karawanen aus höher gelegenen Anbaugebieten hierherzogen und die Kaffeebohnen vom Hafen aus auf Schiffen in verschiedene Länder der Welt transportiert wurden.
Mokka war in früherer Zeit neben Sabid eine der bedeutendsten Städte im Jemen. Angeblich verdankt der Ort seine Existenz einem großen Scheich, Ali Schaduli Ibn Omar, der sich wahrscheinlich um 1430 dort niedergelassen hatte. Er soll sehr weise und fromm gewesen sein und als Arzt Wunderheilungen vollbracht haben. Auch ver-

kündete er die Lehre von dem großen Einen Gott Allah. So erfuhren immer mehr Menschen von diesem Mann, wurden zu seinen Anhängern. Auch unter den Seeleuten sprach sich herum, daß es dort unten an der Küste des Jemen einen weisen Mann gäbe, der Kranke heilte und betreute. Aber man erzählte sich auch von ihm, daß er seine Gäste mit einem außergewöhnlichen, dunklen Getränk bewirtete. Nach und nach hörten immer mehr Menschen vom Geheimnis dieses Getränkes, nämlich der gerösteten, gemahlenen und aufgekochten Kaffeebohne.

Nach kurzer Zeit mußte der Hafen vergrößert werden, weil immer mehr Schiffe die bis dahin unbekannte Bohne in verschiedene Länder mitnahmen. Daraus entwickelte sich bald ein reger Tauschhandel mit Gütern aus aller Welt. Der Holländer Van den Broeck war 1616 in Mokka und berichtete, daß er dort auf dem Markt Waren aus Ungarn, Venedig und Nürnberg gesehen habe. In Europa wurde der Kaffee bekanntlich zum Tagesgespräch, als 1683 die Türken nach der Belagerung der Stadt Wien auf der Flucht mehrere Säcke Kaffee hinterließen. Vielleicht stammt daher der Name »türkischer Mokka«. Im Laufe der Zeit entstanden dann auch Kaffeehäuser in Wien, Paris, Venedig und Leipzig.

Doch ich erlebte das ehemals so berühmte Mokka eher als eine Geisterstadt, eine sterbende Stadt. Das einst so blühende Handelszentrum präsentierte sich mir jetzt als ein heruntergekommenes Fischerdorf am Rande der Wüste. Wären nicht die Reste von ehemaligen Palästen und Handelshäusern mit ihren teils immer noch sehr schönen stuckähnlichen Fassaden zu sehen gewesen, hätte ich nicht an die reiche Vergangenheit glauben können. Die »Neubauten« sind zum Teil aus Kistenholz oder aus aufgeschnittenen Öl- und Teerfässern. Dazwischen liegen afrikanische Strohhütten, die von niedrigen Lehmmauern umgeben sind. Dornengestrüpp auf den Kronen der Mauern soll vor Einbrechern schützen. Von den wundervoll geschnitzten Fensterstöcken aus Zedernholz sah man mehr auf dem Markt von Mokka, wo sie als Feuerholz verkauft wurden, als in den Ruinen ehemaliger Patrizierhäuser. Die Hauptstraße der Stadt Mokka begann irgendwo in Geröll und Gerümpel auf der einen Seite und endete im Wüstensand auf der anderen Seite. Arabische Seeleute mit buntem Turban dösten zwischen Unrat unter alten Bastmatten in der Mittagshitze. Streunende Hunde, von Geschwüren übersät, stöberten in den Gassen herum. Bettler umringten mich, wo ich nur hinkam. Ziegen wühlten in den Abfällen nach etwas Freßbarem. Ich fotografierte und filmte, soweit es meine Filmvorräte erlaubten, die sterbende Stadt, die immer mehr vom Wüstensand zugedeckt wird.

Ich richtete mich schon auf eine gemütliche Rückfahrt mit dem Lkw von Mokka nach Sana ein und überlegte mir, ob ich nicht vielleicht statt dessen mit einem Schiff nach Äthiopien weiterreisen sollte. Aber ich sollte nicht ohne weitere Schrecken den Jemen verlassen können. Der Funduk-Verwalter richtete mir aus, daß ich mich bei der Polizei melden müßte, weil ich nun schon seit zwölf Tagen in Mokka sei. Das erinnerte mich daran, daß meine Aufenthaltsgenehmigung nur für vier Wochen galt, ich nun aber schon mehr als zwei Monate im Jemen war. Oben im Gebirge hatte ich nicht an Paragraphen und Vorschriften gedacht, sondern nur ans Überleben. Ich überlegte, ob ich mit dem nächsten Lastwagen aus Mokka ausreisen sollte, aber wohin? In Sana würde man spätestens am Flughafen bemerken, daß ich meine Aufenthaltsgenehmigung überzogen hatte. Und aufgrund meiner Verwicklung mit Terroristen, die sicherlich schon bis Sana durchgedrungen war, würde es nicht bei einer gebührenpflichtigen Verwarnung bleiben.

Ich sah nur einen einzigen Ausweg. Noch in derselben

Nacht knüpfte ich Kontakte zu den Männern der Schmugglerboote. Die meisten fuhren nur an der Küste des Jemen entlang, doch einer unter ihnen wollte »in der nächsten Zeit« nach Djibouti. Der Kapitän, sprich also Oberschmuggler, ließ sich schließlich nach einem Vorschuß von 20 Dollar darauf ein, mich mitzunehmen. Da mich der Verwalter des Funduks dauernd drängte, zur Polizei zu gehen, brauchte ich vom Kapitän die Erlaubnis, schon einige Tage vor der Abfahrt aufs weit draußen im Wasser liegende Schiff zu gehen. Er beschrieb mir genau den Treffpunkt, eine alte Fischerhütte neben Resten eines ehemaligen Leuchtturmes. Zusammen mit Mohammed ging ich am Tage dorthin, damit ich den Ort in der Nacht leichter finden könnte. Auch der Funduk-Verwalter war in meinen Plan, mit einer Dau, einem alten arabischen Holzschiff, nach Djibouti zu flüchten, eingeweiht. Beide rieten mir von meinem Plan ab, das Risiko, daß es der Schmugglerkapitän vielleicht auf mich und meine Habe abgesehen hätte, sei zu groß. Mohammed versprach mir aber doch, in der nächsten Nacht im Schutze der Dunkelheit mit mir zum Treffpunkt zu gehen. Er versorgte sein Kamel, und ich bat ihn, anschließend in mein Zimmer zu kommen, um sich den versprochenen Lohn abzuholen.
Ich packte die kümmerlichen Reste meines Gepäcks zusammen und steckte den doppelten Lohn, den ich Mohammed versprochen hatte, in einen Umschlag. Dazu steckte ich auch noch meine Uhr: Was er durch mich an Strapazen erleiden mußte, war allerdings sowieso nicht aufzuwiegen. Danach legte ich mich aufs Bett und wartete auf meinen treuen Begleiter. Es klopfte, und ich glaubte, daß es Mohammed sei. Statt dessen stand der Polizist an der Tür, zu dem ich schon seit Tagen kommen sollte. Er war allerdings »privat« da, er trug Zivilkleidung. Wir unterhielten uns einige Zeit über belanglose Dinge, und ich lud ihn, wie es landesüblich war, zum Tee ein. Nach

einiger Zeit wurde er indes sehr energisch und sagte mir, daß ich spätestens am nächsten Morgen um neun Uhr in seinem Büro sein müsse, sonst würde er mich abholen lassen. Er wollte jetzt schon meinen Paß haben, was ich aber mit der Erklärung verweigerte, daß mich ja noch bis zum nächsten Morgen um neun Uhr ein anderer Polizist kontrollieren könnte und ich dann den Paß brauchte. Mit dieser und ähnlichen Ausreden und Notlügen konnte ich den Polizisten schließlich vertrösten. Bevor er sich verabschiedete, ermahnte er mich noch eindringlich, die Stadt auf keinen Fall zu verlassen, ohne mich vorher bei ihm gemeldet zu haben.

Jetzt war die Gefahr für mich also doppelt groß: Ich ging nicht nur das Risiko ein, eventuell in die Falle eines Schmugglerkapitäns zu geraten, sondern auch der Weg zum Treffpunkt war sehr gefährlich geworden, weil mich der Polizist auf keinen Fall erwischen durfte. Mohammed, der im Nebenraum unserer Unterhaltung gelauscht hatte, kam freudestrahlend herein und erzählte mir, daß er inzwischen schon ein zweites Kamel gekauft und auch eine sehr gewinnbringende Fracht für eines der Dörfer im Gebirge erhalten hätte. Wir saßen zum letztenmal beisammen. Der Funduk-Verwalter und etliche Freunde kamen hinzu. Wir sprachen über unsere Reise, und ich bedauerte es ein ums andere Mal, daß Mohammed meinetwegen so viel Mühsal gehabt hatte. Ich mußte allen von meinem Land erzählen, und sie konnten es nicht fassen, daß ich weder Kamele besaß noch Kaffee anbaute. Schließlich schlichen wir heimlich durch die dunklen Gassen und verließen Mokka.

Am vereinbarten Ort hörten wir Stimmen. Wir erkannten zwei Männer in einem Ruderboot, die offensichtlich schon auf mich warteten. Ohne viel Gerede nahmen sie meinen

Kaffeeanbauer im Hochland von Nord-Jemen

Rucksack und bedeuteten mir, schnell einzusteigen. Mohammed und ich umarmten uns, und ich dankte ihm noch einmal für seine aufopfernde Hilfe. Dann drängten mich die Männer, die ich in der Dunkelheit nur schemenhaft erkennen konnte, ins Boot. Langsam sah ich Mohammed mit seinem Kamel in der Finsternis verschwinden. Plötzlich aber durchbrachen laute Stimmen die Ruhe der Nacht. Die Bootsleute drückten mich sofort auf den Boden des Bootes und sagten leise »Polizei«. Ich reckte meinen Kopf ein wenig und sah, wie mit Taschenlampen herumgeleuchtet wurde. Zwei Männer hatten offensichtlich Mohammed festgenommen, ein weiterer durchsuchte die Fracht auf dem Kamel. Sie schrien lautstark auf meinen treuen Begleiter ein. Ich wußte, daß er jetzt unbedingt meine Hilfe brauchte. Obwohl ich schon in Sicherheit war, denn die Männer hatten mich nicht gesehen, forderte ich meine beiden Bootsleute mit Nachdruck auf, sofort wieder ans Ufer zu rudern, was sie allerdings nicht verstehen konnten. Sie machten keinerlei Anstalten, umzukehren. Ich stellte mich im Boot auf und fragte laut die Männer am Ufer, ob ich mit ihnen sprechen könnte. Wir wurden sofort mit Lampen angeleuchtet, und bestimmt waren die Polizisten erschrocken, hier mitten in der Nacht einen Europäer im Ruderboot zu sehen. Ich wartete nicht länger, sondern sprang aus dem Boot und watete durchs hüfthohe Wasser. An Land erfuhr ich von den drei Polizisten, daß sie hier Schmugglerbanden überwachen müßten und im Gepäck von Mohammed Whisky gefunden hatten. Ich erklärte dem Polizisten, daß Mohammed ein harmloser Kaffeeanbauer sei und sich lediglich durch den Transport von Frachten einen zusätzlichen Lebensunterhalt geschaffen hatte. Er hatte gewiß nichts von dem Inhalt dieser Fracht gewußt. Es bedurfte einer langen Diskussion, der Übergabe von fünfzig Dollar von mir und jeweils einer Flasche Whisky von Mohammed an die Polizisten, bevor sie uns wieder laufenließen. War es ein Zufall, daß die Polizisten sozusagen auf uns gewartet hatten, oder hatte uns irgend jemand verraten? Im nachhinein glaube ich, daß der Polizist, der mich im Funduk besuchte, und der Funduk-Verwalter unter einer Decke steckten.

Die beiden Bootsleute schaukelten mich durch die Stille der Nacht bis zu dem weit draußen wartenden Holzschiff. Wie sie die Dau fanden, war mir ein Rätsel. Aber nach zirka zwei Stunden lag sie vor uns. Man hievte mich und meinen Rucksack an Bord, und die beiden Männer mit dem Ruderboot verschwanden wieder lautlos in der Nacht. Ich war direkt froh, an einem »sicheren« Ort zu sein, und wollte nur noch weg aus dem Jemen. Unsere Abreise sollte noch auf sich warten lassen. Nachts kamen mehrmals von allen Seiten kleine Ruderboote, die Ladung für das Boot hatten. Ich erfuhr natürlich nicht, um was für eine Ladung es sich handelte. Später hörte ich jedoch, daß zwischen den doppelten Böden der Schmugglerboote neben Whisky vor allem Gewehre und Munition transportiert werden.

Die dreitägige Fahrt ging ohne jegliche Navigationshilfen vor sich. Ich wurde auf dem alten Seelenverkäufer regelrecht seekrank und wollte nur noch sterben. Die Besatzung ignorierte mich nahezu vollständig. Die Männer paßten nur darauf auf, daß ich mich nicht für ihre Ladung interessierte. Das Trinkwasser kam aus einem alten rostigen Teerfaß und war mit Salzwasser vermischt. Unser Essen bestand hauptsächlich aus Reis, der zusammen mit Fischen gegessen wurde, die die Männer unterwegs fingen. Als Brennmaterial dienten alte Autoreifen, und so schmeckten auch alle Gerichte. Mein Schlafplatz war ein unbrauchbares Rettungsboot, das nahe an der Reling lag. Das hatte für mich den Vorteil, daß ich nicht erst weit laufen mußte, wenn mich die Begleiterscheinungen mei-

ner Seekrankheit wieder einmal überkamen. Mehrfach fragte ich mich, ob das Schiff wirklich nach Djibouti fuhr, aber ich hatte ja keinerlei Möglichkeit, dies zu überprüfen.
In der dritten Nacht wurde ich plötzlich geweckt, der Kapitän sagte ganz leise »Djibouti« und deutete in die Ferne. Ich konnte im Schein des fahlen Mondes nicht viel sehen. Doch neben unserer Dau hatte bereits ein Ruderboot angelegt, in das ich einsteigen sollte. Einer aus der Besatzung warf meinen Rucksack und meinen Schlafsack ins Ruderboot, und man drängte mich, jetzt so schnell wie möglich zu verschwinden. Die Männer im Boot bedeuteten mir mit Gesten, kein Wort zu sprechen. Nach zehn Minuten Rudern verlangten sie sehr energisch von mir zwanzig Dollar und eine Flasche Whisky. Ich wußte, daß ich keine andere Wahl hatte, und gab ihnen das Geld. Da ich keinen Whisky mit mir führte, verlangten sie noch einmal zehn Dollar. Sie ruderten ungefähr zwei Stunden durch die Nacht, und ich wurde immer unsicherer, was wohl in den nächsten Minuten passieren würde. Da sah ich plötzlich Lichter und die Umrisse von Hütten. Einer der Männer sagte leise »Djibouti«, was für mich wie eine Erlösung klang.
Als das Meer nur noch knietief war, forderten sie mich barsch auf, das Boot zu verlassen. Ohne mich zu verabschieden, stieg ich aus und ging langsam auf die Hütten zu. Damit endete meine Flucht nach Mokka, und es begann ein neues Abenteuer, das ich an anderer Stelle schildern werde.

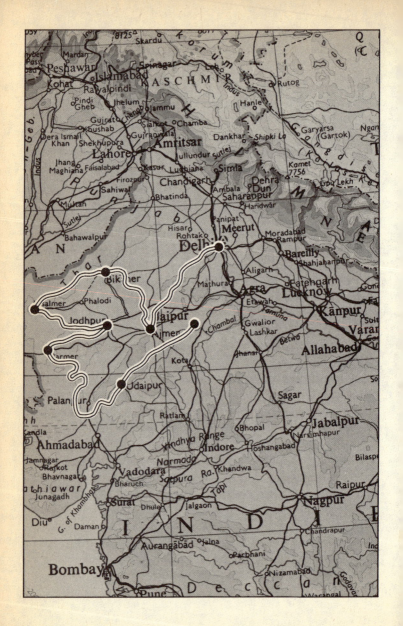

8.
Als »bayerischer Botschafter« mit dem Kamel durch die Wüste Thar

Um die Jahreswende 1983/84. Ein abenteuerlustiger Bayer will nach Indien. Was zieht er an, wenn er am Vorabend seines Aufbruchs feststellt, daß Universaljeans und praktisches Hemd verschwunden sind und der Tropenhut, beim Abschmieren des Wagens benutzt, nur noch ein ölverdreckter Knäuel ist? Ganz einfach: Er klaubt seine bayerische Tracht zusammen, mit der er hierzulande immer einen guten Eindruck macht: Wadlstrümpfe, kurze schwarze Lederhose, die Hosenträger mit dem bayerischen Wappen auf dem Bruststeg, das weiße Leinenhemd und den Trachtenhut mit der Spielhahnfeder.

In den Augen der Inder muß ich höchst merkwürdig ausgesehen haben, als ich in diesem Aufzug in Delhi inmitten der einheimischen Männer mit ihren bunten Turbanen und teilweise abenteuerlichen Kopfbedeckungen und der Frauen in ihren leuchtenden Seidensaris umherwanderte. Schon der Zöllner auf dem Flughafen Palam hatte gemeint »very good«, als er hörte, daß ich aus »Bavaria« kam. Zu diesem Zeitpunkt bereute ich zum erstenmal meine auffällige Aufmachung, denn jeder, der mich so sah, wollte mehr von diesem sonderbaren Land Bayern wissen. Schließlich saß ich in einem Bus, der von Delhi nach Bikaner fuhr. Dort wollte ich zu meiner eigentlichen Reise starten. Ich hatte vor, den alten Karawanenweg entlangzuziehen, der einst Indien, die Türkei und China verband. Ich hatte mir den Teil der Strecke vorge-

Folgende Seiten: Kirner mit seinem Kamel in der Wüste Thar

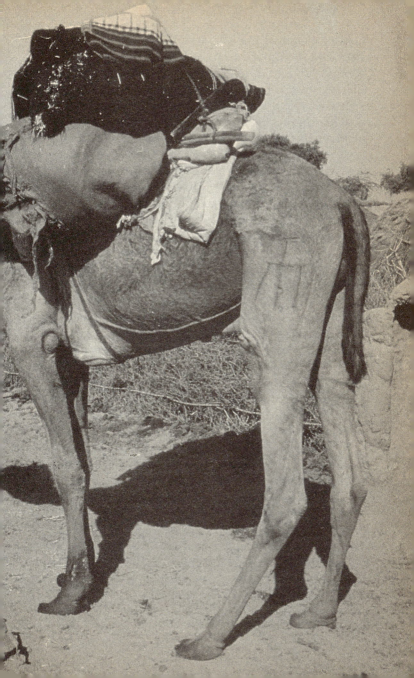

nommen, der im Dreieck der Flüsse Indus, Ganges und Narmada liegt und durch die Wüste Thar führt. Das Gegacker der mitfahrenden Hühner und der Geruch der Ziegen störten mich während der Busfahrt nur wenig. Eine Gänsehaut verschaffte mir vielmehr der Fahrer, der in den Kurven bergab die Bremsen, die offensichtlich nicht mehr funktionierten, gar nicht erst betätigte, sondern sich lautstark um den Schutz Allahs bemühte. Kurz vor Ratangarh verließ ich das Vehikel, um von einer Oase aus im Stile früherer Karawanen, also auf dem Rücken eines Kamels, weiterzureisen.

Ich fand mich vor ein paar armseligen Lehmhütten wieder, um die herum etwa 25 Kamele standen. Durch einen Mann, der früher in der britischen Armee gedient hatte, kam eine Verständigung in Gang. Ich mußte bald einsehen, daß ich mein europäisches Zeitgefühl abzulegen hatte: Von den Leuten in der Oase ging eine unerschütterliche Ruhe aus, die auch durch mein Drängen nicht beirrt werden konnte. Ein Kamel zu kaufen war ungefähr so schwierig, wie eines ihrer Kinder mitnehmen zu wollen. Diese Tiere sind kostbarer Besitz und eine der wenigen Hilfen im Überlebenskampf. Bevor ich überhaupt einen ernsthaften Kaufversuch unternehmen konnte, wurde ich in eine langwierige und teilweise kuriose Unterhaltung verwickelt.

Man wollte von mir wissen, wie ich das Kamel wohl behandeln würde, ob ich überhaupt mit einem Kamel umgehen könnte, wer ich eigentlich sei. Das Gespräch, mit viel Tee in Fluß gehalten, verlief ungefähr so:

»Wo kommst du her?«

»Aus Deutschland.«

»Ist da noch der Adenauer Häuptling?« Ich wunderte mich, daß man in diesem abgelegenen Winkel von Deutschland überhaupt gehört hatte, und noch dazu von Adenauer.

»Nein, sein Enkel ist es, er heißt Kohl.«

»Wie viele Kamele hast du denn zu Hause?«
Und als sie die betrübliche Antwort hörten: »Wie kannst du denn dann von einem Ort zu einem anderen reisen?«
»Ich fahre mit einem ganz besonderen Bus, der unter der Erde auf Schienen läuft, wie eine Eisenbahn.« (Mein Auto war zu dieser Zeit altersschwach und unbrauchbar. Also fuhr ich, wenn ich nicht radelte, mit der U-Bahn zur Arbeit.) Ungläubiges Staunen, Murmeln. Sollte der »bayerische Botschafter« ein Märchenerzähler sein?
»Wie geht denn das?«
Ich versuchte also zu erklären, daß es kilometerlange U-Bahn-Strecken unter der Erde gebe. »Das ist so, wie wenn man in eurer Oase unter die Erde steigt, sich dann in einen Bus setzt, der unter dem Wüstensand fährt und in der nächsten Oase wieder ans Tageslicht kommt.«
Noch mehr Kopfschütteln, noch mehr ungläubiges Staunen. Das müssen schon eigenartige Verhältnisse sein, das müssen schon Verrückte sein, die von Oase zu Oase unter der Erde fahren. Also wollten sie lieber das Thema wechseln und begannen, mich über das Wetter auszufragen.
»Ist es bei euch in Deutschland auch so heiß wie hier?«
Da zu Hause gerade Winter war, antwortete ich wieder wahrheitsgemäß: »Nein, es ist so kalt, daß der Gott noch nicht einmal mehr Regen schickt, sondern festes Wasser vom Himmel fallen läßt, das ganz weiß ist.« Das Mißtrauen gegen mich wuchs, bald wurde ich offen ausgelacht. Da ich allmählich aber auch Spaß an der Situation gewann und mir aufging, daß ich hier sowieso zu keinem Kamel käme, fügte ich hinzu: »Und es ist so kalt, daß man über die Seen sogar laufen kann, ohne im Wasser unterzugehen.«
Damit hatte ich mir jeden Rest von Sympathie verspielt. Sie konnten nicht verstehen, daß ich in meiner Oase kein einziges Kamel besaß; also mußte ich ein unordentlicher Mensch sein, wahrscheinlich einer, den man aus der Oase vertrieben hatte, weil er nicht in die Gemeinschaft paßte.

Ich konnte von Glück sagen, daß sie mir über Nacht einen Platz im Schafstall anboten.

Am nächsten Morgen wollte ich mich nicht so einfach davonmachen – zu Fuß, wie ich annahm –, sondern ich gab dem Stallbesitzer ein paar Rupien. Als er dabei mein Geldbündel sah, das ich für den Kauf eines Kamels bereits vorbereitet hatte, begannen seine Augen zu leuchten. Er rief drei junge Männer herbei und palaverte lange mit ihnen. Mehrfach hörte ich die Worte *oth*, das heißt Kamel, und *Rupien*. Die drei forderten mich auf, ihnen zu einer anderen Oase zu folgen. Dort stellte ich fest, daß mir ein altes Kamel zum Kauf angeboten wurde. Obwohl es mir recht abgezehrt erschien, machte ich den Handel. Mein neues Wüstenschiff nannte ich Max. Max jammerte zum Steinerweichen, als ich ihn belud. Schließlich stieg ich zu meinem Gepäck hinauf und zog stolz wie ein Rajpute aus der Oase in die Wüste hinaus. Max war aber gewitzt. Er buckelte plötzlich und sprang mit allen vieren mit einer Kraft in die Höhe, die ich ihm nie zugetraut hätte. Prompt landete ich im Sand. Max hatte mir unmißverständlich klargemacht, daß er nicht daran dachte, mich weiterhin auf seinem Rücken zu dulden. Vermutlich hatte er meine Unerfahrenheit im Umgang mit Kamelen sofort bemerkt und spielte seine Überlegenheit aus.

»Der Klügere gibt nach«, dachte ich gleichmütig. Ich nahm das Kamel ans Halfterband, und friedlich trotteten wir beide dahin. Die Spuren früherer Karawanen bogen allmählich nach Süden ab. Bei normaler Marschgeschwindigkeit erreicht man jeden Abend eine andere bewohnte Oase. Meine etwas auffällige bayerische Aufmachung ging in dem Durcheinander von oft mehreren hundert Kamelen, Schafen und Ziegen an den Wasserstellen unter. So blieb mir genügend Muße, die Tage mit der Betrachtung der mir fremden Welt zu verbringen, ohne selbst ständig Rede und Antwort stehen zu müssen.

Auf diesen alten Wüstenwegen ziehen die Menschen mit ihren Herden das ganze Jahr hindurch entlang. Sie teilen sich ihre Routen so ein, daß sie im November zur Vollmondzeit in Pushkar beim Vollmondfest *Kartika Pumina* sind. Dort gibt es einen der größten Kamelmärkte Indiens, und wer in dem nahe gelegenen See badet, dessen Existenz angeblich dem Gott Brahma zu verdanken ist, wäscht sich von all seinen Sünden rein.

Den erfahrenen Männern in der nächsten Oase erschien Max als zu schwach, um mein mehrere hundert Kilometer entferntes Ziel zu erreichen. Sie waren bereit, mein Kamel gegen ein jüngeres, recht starkes einzutauschen, natürlich gegen einen Aufpreis. So kam ich zu Aladin. Vor meinem Aufbruch wurde Aladin zeremoniell getauft. Der Verkäufer kam mit einer Schale Kamelmilch, hieß das Kamel sich niederlassen und schüttete ihm unter Gebeten die Hälfte davon über den Kopf. Dann zog ich mit Aladin dahin.

Das nächtliche Bild, wenn Mensch und Tier in einer Oase lagerten, war jedesmal wie ein Traum. Die Männer hockten um ein wärmendes Feuer in der Nähe des Brunnens. Im Hintergrund standen und lagen Kamele im Mondschein. Man erzählte sich von den glorreichen Zeiten der Rajputen, von damals, als es für sie noch nicht die Konkurrenz der Lkws gab und sie viel damit zu tun hatten, mit ihren Kamelen Hirse, Weizen und Gerste in die verschiedenen Oasen zu transportieren. Die Rajputen unterscheiden sich in Gestalt und Kleidung sehr von den Indern. Es sind markante, große und kräftige Menschen, die von innerasiatischen Steppenreitern aus dem heutigen Pakistan, Afghanistan und Iran abstammen. Ihr meist hochgezwirbelter Schnurrbart, der volle Backenbart und ihre kunstvoll gewundenen Turbane in leuchtenden Farben geben ihnen ein majestätisches Aussehen. Sie zeigen oft ein freundliches Lächeln und ein Strahlen in ihren ausdrucksvollen braunen Augen. Ihre Bewegungen sind geschmeidig, voll angeborener Grazie und ohne jegliche Hektik. Sie nannten sich einst »Aryas« (Arier), was in etwa mit »Edle« zu übersetzen ist. Tragtiere, vor allem Kamele und Mulis, waren seit Menschengedenken die Basis ihrer Existenz. Neben Getreide transportierten sie hauptsächlich Zucker, Salz, Gewürze, Safran, Seide, Wolle, Parfums, Edelsteine, Silber und Opium. Alles zusammen bescherte ihnen einen gewissen Wohlstand in dieser Wüstenheimat. Großartige Bauten und Festungswerke zeugen noch heute davon.

Eine Strukturbeschreibung Rajasthans würde angeben, daß dem Land immer noch Transportmittel sowie Lager- und Kühlmöglichkeiten für Lebensmittel fehlen. Die künstliche Bewässerung der Felder hat kaum begonnen, gedüngt wird praktisch nicht. Die riesige Viehwirtschaft ist unrentabel, weil aus religiösen Gründen fast kein Rajpute Fleisch ißt. Maschinen, auch für den Straßenbau, gibt es kaum. Selbst der Spaten wird oft durch die menschliche Hand ersetzt.

Ich fühlte mich allerdings nicht nur durch die Einfachheit des Lebens berührt. Noch mehr faszinierte mich eine gewisse Geistigkeit, die ich bei jedem Rajputen als Folge ständiger Gebete und Meditationen erlebte. Ich bemühte mich darum, es ihnen gleichzutun, es gelang mir aber nicht so recht. Um so intensiver hörte ich zu, wenn von der alten Kulturgeschichte dieses Landes erzählt wurde. Immer wieder fand sich der eine oder andere, der mir in holprigem Englisch das Wichtigste übersetzte.

Eine Weile zog ich mit einer großen Karawane, dann trennten sich unsere Wege. Neben den Gestirnen des Himmels und meinem Kompaß orientierte ich mich an den vielen Karawanenspuren, an Tamarisken oder an historischen Bauwerken, die mir zuvor beschrieben worden waren. Mein Ziel hieß Jaisalmer. Bald hatte ich mich den Bedingungen der Wüste angepaßt; aus europäischer Zivilisationssicht betrachtet, war es jedoch eher ein andauerndes Überlebenstraining. Ich vergaß die Zeit derart, daß ich statt der vorgesehenen zehn Tage knapp einen Monat bis zu meinem Ziel brauchte. Immer wieder nahmen mich Begegnungen und Erlebnisse auf meinem Weg gefangen. In der kleinen Siedlung Marek zeigte mir der Bürgermeister Indarsingh Geheimnisse des Töpferhandwerks. Er war für die britischen Truppen früher als Kameleinkäufer tätig gewesen und nun wieder ganz in seinen heimischen Lebenskreis zurückgekehrt. Sein einziges Werkzeug war eine runde Steinscheibe mit einer Kerbe am Rand. Sie war der Druckpunkt für einen Stock, mit dem er die Scheibe zum Rotieren brachte. Aus einem Tonklumpen formte er geschwind einen Krug, indem er eine Hand in den Ton hineindrückte und mit der anderen Hand außen dagegenpreßte. Eine Gehilfin dekorierte den fertigen Krug schließlich mittels eines Federkiels auf schwungvoll-präzise Weise mit Pflanzen- und Erdfarben. In einem Holzofen wurde der Krug danach gebrannt; das Holz dafür brachten Karawanen mit.

Ab und zu beförderte ich auch Post von einer Oase in die andere, aber allgemein ist Lesen und Schreiben natürlich nicht so weit verbreitet wie bei uns. Dafür steht das Erzählen von Geschichten hoch im Kurs. In Erinnerung an das Unverständnis meiner Schilderungen über Deutschland paßte ich mich jetzt, wenn ich zum Erzählen aufgefordert wurde, mehr der Vorstellungswelt der Einheimischen an. Ich berichtete dann über – fiktive – Kamelherden und tiefe Brunnen voll süßen Wassers in der »Oase« Deutschland. Ich konnte natürlich auch nicht begreiflich machen, warum ich immer wieder schon nach wenigen Tagen weiterzog. Was hätten Erklärungen über die Begrenzung des Tarifurlaubs und ein paar freie Tage oder Überstundenabgeltung für sie bedeutet? Manchmal begleiteten mich

einige Dutzend Oasenbewohner ein Stück des Weges, dann war ich wieder alleine.
Neben dem Friedhof, unweit des Forts Jaisalmer, baute ich eines Abends mein Zelt auf. Nicht der geringste Laut unterbrach die Stille, in der sich die glutrot untergehende Sonne von den Ruinen verabschiedete. Zeit und Raum verschwammen in ein Nichts. War hier ein Stück Ewigkeit? Gab es wirklich kein Leben mehr in dieser Einöde, oder waren die Sandschichten nur ein Schleier, mit dem die Götter das verdeckten, was einstmals zum Schutz gegen Eindringlinge erbaut worden war und in der Zukunft vielleicht in anderer Form wiedererstehen sollte? Am Morgen entdeckte ich, daß es im Fort und im weiteren Umkreis Leben wie vor Hunderten von Jahren gab. Menschen und Kamelkarawanen tauchten auf, in den Gassen trotteten die heiligen Kühe, es herrschte ein Treiben wie im Mittelalter.
Die Geschichte von Jaisalmer begann 1156 mit Rao Jaisal, dem Gründerkönig. Das Fort erhebt sich auf einem 76 Meter hohen Hügel über den Behausungen, die zum Ort gehören. Eine zwei bis drei Meter breite und bis zu sechs Meter hohe Mauer mit wunderschön gestalteten Ecktürmen umgibt die Anlage. Sie wirkt wie ein Überbleibsel aus Tausendundeiner Nacht. Es ist nichts von Menschenhand seither verändert worden, jedoch haben die mehr als acht Jahrhunderte vieles abgeschliffen und baufällig gemacht. Ich besuchte einen Schmied, der Feldbearbeitungsgeräte hämmerte. Um die notwendige Feuersglut zu erreichen, drehte die Ehefrau im stickigen Rauch das Vorderrad eines Fahrrades, über das sich eine Art Riemen spannte, der zum Blasebalg führte. Der Raum war so von Rauch erfüllt, daß sie mehr prustete als normal atmete. Auf der Suche nach einem Unterschlupf in der mittäglichen Hitze

Rajpute – Bewohner der Wüste Thar

kam ich zu den Wohnhäusern früherer berühmter Kaufleute. Nach ihren Erbauern heißen sie heute noch *Haveli*. Die Familie Patva Haveli waren nicht nur reiche Finanziers, sondern auch angesehene Opiumhändler. Im Jahre 1800 standen sie bereits mit rund 300 Städten in Indien, Afghanistan und China in Handelsverbindungen. Jaisalmer florierte damals als wichtiger Umschlagplatz für zahlreiche Karawanen.

Die Havelis sind wahre Wunder der Steinmetzkunst. Unschwer kann man die Stilrichtungen von Künstlern aus verschiedenen Ländern erkennen. Die Bauten sind mit einem heute unvorstellbaren Aufwand ausgeführt: Erker und Terrassen werden von steinernen Elefantenrüsseln als hinduistische Schmuckelemente umschlungen, Torbögen, Veranden, Säulen, Gitter und durchbrochene Fensterflächen sind eine Augenweide. Das prachtvollste Haveli gehörte einem Schmuggler. Man glaubt eher an Holzschnitzerei denn an Bildhauerei, so fein sind die Details des Hauses gearbeitet. Große, gut erhaltene Wandmalereien schmücken die Innenwände; Lampenständer für Öl, Nischen, Wasserbehälter, Brunnen und handgeschnitzte Türen, Einlegearbeiten aus Gold und Silber verbreiten auch heute noch den Hauch eines unermeßlichen Luxus.

Inzwischen hat das einst durch Zollerhebung reich gewordene Jaisalmer seine ursprüngliche Bedeutung eingebüßt. Mit der Verlagerung des indischen Europahandels auf den Seeweg wanderten die reichen Kaufleute ab. Endgültig geriet die Stadt ins Abseits durch die Grenzziehung zwischen Indien und Pakistan im Jahre 1947. Einen Vorteil dieser damals brutalen Trennung mag man darin sehen, daß sich Jaisalmer durch die Abgeschiedenheit den Charakter einer historischen Festungsstadt bewahrt hat.

Eigentlich wäre hier meine Reise zu Ende gewesen. Ich hatte als »bayerischer Botschafter« die Wüste Thar durchquert. Ich wollte mich hier von Aladin trennen, ihn verkaufen und mit einem Lkw wieder nach Delhi zurückfahren. Also machte ich mich auf den Weg zu den Kamelhändlern. Ich kam durch das Geistertor *Bhootra Prol*, von dem die Sage geht, daß noch heute in Vollmondnächten die getöteten Soldaten marschieren und gute Menschen ihre Schritte und Wehklagen vernehmen. In der Nähe des Tores feilschte eine Reihe Männer bereits um verschiedene Kamele. Sie waren vor kurzem aus Jaipur gekommen und hatten Teppiche transportiert. Einer der Kameltreiber erzählte mir vom ehemaligen Fürstentum Shekhavati, durch das bereits in grauer Vorzeit eine alte Karawanenstraße führte: Die tüchtigen Händler von Shekhavati sammelten im Laufe der Jahrhunderte ungeheure Reichtümer an. Um zu zeigen, wie vermögend sie waren, ließen sie ihre Häuser üppig mit Fresken bemalen. Durch diesen Wettstreit, wer größeren Reichtum zur Schau stellen konnte, ist Shekhavati ein einzigartiges kulturgeschichtliches Kleinod geworden.

Weil ich noch etwa zwei Wochen zur Verfügung hatte, verschob ich kurzerhand meine Abreise, belud Aladin wieder und zog in östlicher Richtung einem neuen Ziel entgegen.

Wo die Karawanenroute die Bahnlinie von Jaisalmer nach Jodpur berührte, prangten bereits die unschönen Zeichen unserer Zivilisation. Vor allem in der Nähe von Brunnen verschandelten Plastikbehälter die herbe Schönheit der Wüste. Je größer die Siedlungen allmählich wurden, um so unpersönlicher verhielten sich auch die Menschen. Nur wenige trugen noch ihre ursprüngliche Kleidung, viele liefen bereits in Jeans herum, fuhren auf dem Moped und verlangten für alles, auch für Wasser, Geld. Am elften Tag und nachdem ich zuletzt fast 22 Stunden ohne Pause auf den Beinen gewesen war, erreichte ich das Städtchen Mandawa im einstigen Fürstentum Shekhavati. Ich war körperlich und nervlich am Ende. In einem verdreckten »Hotel«, einem Kuhstall nicht unähnlich, schlief ich auf einem übelriechenden Schlafgestell völlig erschöpft ein. Aber bereits nach einer halben Stunde wurde meiner Ruhe zum erstenmal ein Ende gesetzt. Irgendein Beamter wollte meinen Paß sehen. Nach der dritten Belästigung polterte ich an die »Rezeption«, schimpfte laut über die unverschämte Art, in der man mit mir umging, und entriß dem Beamten meinen Paß. Da zog der Besitzer der Unterkunft, einer Fata Morgana gleich, eine Dose Cola und eine Tüte mit einem herrlichen Sandwich hervor. Er wußte, daß er mich so besänftigen konnte. Auf seine Bitten hin blieb ich dann noch und erlebte am Tag darauf eine seltene Zeremonie.

Zwei junge Leute heirateten nach uraltem Fürstenbrauch in einem der verzierten alten Handelshäuser. Nach den ermüdenden Märschen ohne richtiges Essen und der damit verbundenen nervlichen Anspannung ließ ich mich gern von der fremdartigen Atmosphäre des Hochzeitsfestes und den aufpolierten Resten früheren Reichtums verzaubern. Die Technik, in der die Wandfresken hergestellt waren, ähnelt stark der im 14. Jahrhundert in Italien entwickelten. Die Bilder sind recht großflächig und machen einen etwas groben Eindruck. Das liegt daran, daß die Künstler bei dieser Freskotechnik, in der auf nassen Gips gemalt wird, wegen des trockenen Klimas sehr schnell arbeiten mußten. Unübersehbar daher die Unterschiede zu den Trocken-Fresken aus dem 19. Jahrhundert, als synthetische Farben auch in diesem Gebiet Indiens schon bekannt waren. Es handelte sich zumeist um mystisch-religiöse Motive; häufig war Gott Krishna als Erlösergott der breiten Volksmassen dargestellt: Liebe und Hingabe an ihn gewähren nach hinduistischem Glauben die Befreiung aus irdischer Mühsal.

Trommelgedröhn und Geigenmusik erschollen, eine ver-

schleierte Frau sang eine melancholische Weise dazu. Die Musiker waren Fahrensleute, die das ganze Jahr über durch die Orte zogen und den schriftunkundigen Bewohnern Balladen darboten. Ihr Lied verherrlichte den Mann als Helden, der sich eine schöne Frau erkoren hatte, die als ein Muster an Tugend und Hingabe galt. Auch Eltern und Vorfahren wurden besungen. Dann ritt ein junger, verschleierter Mann auf einem Pferd in die schon wartende Menge. Seine Freunde begrüßten ihn lautstark und behängten ihn am ganzen Körper mit Geldscheinen. Der Mann, es war der Bräutigam, ging zu den Eltern der Braut, um das sogenannte Stirnmal und den Segen zu empfangen. Nun öffneten sich die Tore des alten Haveli-Palastes, und der künftige Ehemann wurde in den einstigen Zeremonienraum geführt. Nach Brauch und Sitte nahm er Abschied von seinen bisherigen Freunden und setzte sich dann auf einen blumengeschmückten, mit Schnitzereien verzierten Stuhl. Ein Astrologe, der den günstigsten Tag und die beste Stunde für die Eheschließung errechnet hatte, erteilte dem Bräutigam mit leisen Worten Ratschläge für den neuen Lebensabschnitt.
Nach einem Musiktusch erschien die Braut. In der andächtigen Stille trat das Mädchen hinzu, begleitet von Eltern und Freundinnen, farbenprächtig gekleidet und geschmückt. Ein Guru betete sodann für das Glück des Brautpaares. Die Brautleute tauschten zur Begrüßung Blumengirlanden aus. Nach Gebeten holte der Guru einige Speisen hervor, die er segnete und dem werdenden Ehemann als Symbole von Kraft und Weisheit zu essen gab. Am Schmuck der Braut wie auch am ganzen anderen zur Schau gestellten Pomp war abzulesen, wie sehr die Hochzeit immer noch als Gradmesser für das gesellschaftliche Ansehen der Familien galt. Vor allem die Dekoration der Braut repräsentierte hier den Rang der Sippe. Das Mädchen trug eine Kette aus Feingold, jeder einzelne

Finger ihrer Hände war von goldenen Lotosblüten umflochten. Auf den Handrücken glänzten ebenfalls goldene Gewirke, mit kleinen Kettchen als Verbindung zum Fingerschmuck. Der Eindruck des feingeschnittenen Gesichts des jungen Mädchens, das einen Sari aus feinster Seide trug, wurde durch herrliches Geschmeide über den Augenbrauen vervollkommnet. Nach weiteren Gebeten des Gurus und des Astrologen wurde ein heiliges Feuer aus besonderem Mangoholz entzündet. Die Rajputen hängen in der Mehrzahl der Hindu-Religion an, in der Feuer seit Urzeiten als von den Göttern gesegnet gilt. Die Flammen symbolisieren die kosmische Ordnung von Sonnensystem und Gottheiten, die verzehrende Glut führt die Seele zurück zur reinen Geistigkeit. Die Hindus glauben, daß das alte Weltall, der Makrokosmos, eines Tages zu Asche zerfällt und aus dem Ozean wieder ersteht. Und so soll auch der Mikrokosmos, das heißt der Mensch, durch Feuer und Wasser zu neuem Leben gewandelt werden. Aus diesem Grund wird übrigens auch die Asche von Verstorbenen in die heiligen Gewässer, zum Beispiel den Ganges, gestreut. Die vornehmen Rajputen leiten ihre Sonderstellung von dem Glauben ab, daß die Gründer ihrer Dynastien direkt dem heiligen Feuer entsprangen und nicht von sterblichen Frauen geboren wurden.
Die Zeremonie näherte sich ihrem Höhepunkt. Das Brautpaar umschritt siebenmal das heilige Feuer. Unter Gebeten goß der Guru geweihtes Wasser in die Glut und knüpfte gleichzeitig zwei Fäden von Braut zu Bräutigam. Damit war das Bündnis für ein gemeinsames Leben vorerst besiegelt. Als Antwort bat sie ihn um die sieben Versprechen vor dem endgültigen Bund. Der Bräutigam warf daraufhin einige Reiskörner in das heilige Feuer und sprach weitere Gebete. Als er diese beendet hatte, bat er seine Frau, ihm die sieben Versprechen abzunehmen. Ich hatte sie mir später genau erklären lassen. Ich glaube, daß

auch heute bei uns manche Ehe im Westen, in unserer Hochzivilisation, besser hielte, wenn man sich vor der Eheschließung mit diesen Versprechen auseinandergesetzt hätte. Die Versprechen lauten:
»Wirst du keine andere Frau neben mir haben und dich nur um mich kümmern? Wirst du mir die Fehler, die ich mache, noch vor Sonnenuntergang verzeihen?«
»Wirst du meine Eltern genauso respektieren wie deine eigenen?«
»Wirst du all dein Geld und deinen Besitz mit mir teilen und mir niemals vorhalten, daß ich vielleicht weniger Besitz in die Ehe eingebracht habe?«
»Sollte es einmal Schwierigkeiten oder Meinungsverschiedenheiten geben, so werden wir nie in der Öffentlichkeit darüber sprechen, sondern nur unter uns, ohne Zuhörer.«
»Alle Geschenke, die du mir machst, sollen ehrlich gemeint sein und von Herzen kommen, denn nur dann werde ich daran echte Freude haben.«
»Sollte es in der Familie Freude geben, so werden wir sie teilen, wir werden uns aber nicht gegenseitig Böses anlasten. Versuche, alles Böse von uns fernzuhalten. Deine Freunde werden auch meine Freunde sein, deine Feinde werden auch meine Feinde sein.«
»Nimmst du von nun an die Gesetze und Gebote meiner Kaste an?« (Die Kaste der Frau ist von der Eheschließung an auch die Kaste des Mannes!)
Nachdem der Bräutigam entsprechende Zusicherungen gegeben hatte, war nun die Braut an der Reihe, auf die gleichen Versprechungen einzugehen. Danach erfolgte die eigentliche Eheschließung. Der Guru holte mit seinem Siegelring rote Farbe aus einem Behältnis und streute sie auf den Scheitel der Braut. Damit konnten alle sehen, daß diese Frau von nun an verheiratet war und ihr Mann noch lebte. Dieses Zeichen sollte sie jetzt immer

tragen. Zum Schluß sangen alle Anwesenden ein Dankeslied für die Götter.
Es folgte eine ausgiebige Gratulationscour. Die Braut erwachte wie aus einer Trance und wurde sich langsam bewußt, daß sie nun eine verheiratete Frau und »Eigentum« des Mannes war. Beim Abschied von den Eltern brach sie in Tränen aus und verließ den Raum. In einem Nebensaal traf man sich zu einem festlichen Schmaus. Da ich kein offizieller Gast war, entfernte ich mich. Draußen, neben meinem Kamel, hockten viele Arme, die darauf warteten, vom üppigen Hochzeitsmahl etwas zu erhaschen. Die Feiernden blieben bis zum nächsten Morgen zusammen. Ich hatte wieder einmal miterleben dürfen, wie sich Weltanschauungen und Gefühle in anderen Sitten und Bräuchen ausdrücken, als wir sie bei uns in Deutschland kennen.
Allmählich mußte ich die mir noch verbleibenden Tage zählen. Ich zog Aladin am Halfter weiter voran und erreichte die Orte Nawalgarh, Dundlod, Mukungar, Mandawa, Pillani und Sikar. Überall bot sich ein ähnliches Bild: herrliche alte Havelis, dem Verfall preisgegeben – und daneben die Nachfahren dieser alten stolzen Rajputen, die in armseligen Hütten mehr vegetierten als wohnten und um ihr tägliches Brot kämpfen mußten. In dem außerordentlich unübersichtlichen Vielvölkerstaat Indien mit seinen Hunderten von Religionen kommt von den Bemühungen der Regierung um eine moderne Infrastruktur in diesem Gebiet offensichtlich nicht viel an. Auf der anderen Seite ist das Dilemma kaum lösbar: Einerseits tut Hilfe bitter not, andererseits werden durch moderne Mittel und Techniken die gesellschaftlichen und kulturellen Strukturen und Traditionen so stark verändert, daß sich die Menschen oft innerlich entwurzelt fühlen müssen.
Ich wanderte weiter und kam nach Bikaner. Der fast zweimonatige Marsch durch rund 600 Kilometer Wüste

hatte mich stark ausgelaugt. Auch Aladin wirkte übermüdet. Es kam mir während meines Marktbummels nicht ungelegen, daß mich viele Leute neugierig umstanden und nach Woher und Wohin fragten. Ich erzählte ihnen, daß ich mein Kamel Aladin verkaufen wollte, um dann wieder nach Deutschland zurückzukehren. Ich lernte einen sympathischen älteren Mann kennen, der mir einen guten Preis bot und vor allem auch die Gewähr, daß er sich um Aladin in verantwortungsvoller Weise kümmern würde.

Als ich nach wenigen Tagen wieder im heimatlichen Alltag stand, wurde mir – wie so häufig unmittelbar nach Expeditionen – intensiv bewußt, wie sehr unser Dasein von »äußeren« Faktoren bestimmt wird. Die mittelalterlichen Lebensbedingungen in der Wüste Thar und meine Arbeit und mein Leben im »fortschrittlichen« Deutschland verursachten eine starke Spannung in mir. Vor allem beneidete ich die Menschen dort drüben um ihre Fähigkeit zur Meditation, zur Versenkung. Die Menschen dort scheinen ihren Alltag aus einer inneren Distanz zu erleben, trotz all der Beanspruchungen und Kümmernisse. Sie können warten, auf das Leben und auf den Tod. Was man in diesem Leben erfährt, ist das Ergebnis des eigenen Verhaltens in früheren Leben, und so bemüht man sich, durch rechtes Leben jetzt einen »höheren«, besseren Zustand im nächsten Leben zu erlangen. Ob man nun an die Reinkarnation und das Gesetz des Karma glaubt oder nicht: In Indien, in der Wüste Thar, hat man noch Zeit.

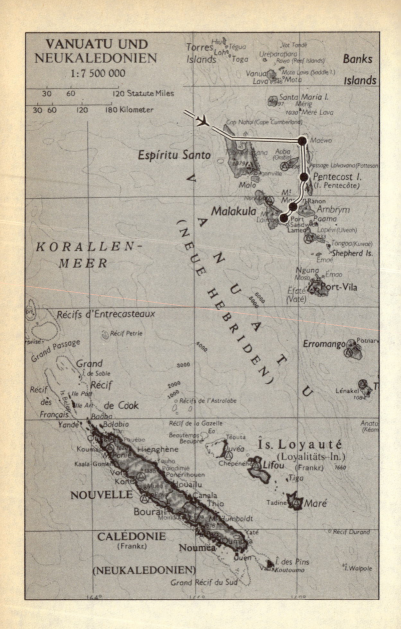

9.
Bei den Turmspringern auf Pentecost

Wie eine Glasplatte in tausend Splitter zerbirst, wenn ein Stein auf sie herniedersaust, so dicht und zahlreich liegen die Inseln östlich des asiatischen und des australischen Kontinents im Südpazifischen Ozean. Mein Ziel trug aber nicht so verheißungsvoll klingende Namen wie Hawaii, Samoa oder Tahiti. Ich wollte vielmehr zur Gruppe der Neuen Hebriden, die zum britisch-französischen Kondominium Melanesien gehören. Dort leben noch Menschen in nahezu steinzeitlicher Weise.
Verwegene Seefahrer stießen im 16. und 17. Jahrhundert während ihrer Entdeckungs- und Eroberungszüge auf diese Eilande, die heute keinerlei politische Bedeutung haben. Sie liegen etwa dort, wo sich Datumsgrenze und Südlicher Wendekreis kreuzen. Es war wieder einmal eine meiner Einmann-Expeditionen, die ich 1984 unternahm. Die Insel Pentecost, also »Pfingsten«, heißt deshalb so, weil Captain Cook sie 1774 am Pfingsttag entdeckte.
Diesmal will ich die Schilderung meiner Reise gleich »mitten drin« beginnen lassen. Ich war mit einem Versorgungsboot von Efaté nach Maéwo gefahren und dann weiter nach Pentecost. Da das Versorgungsboot einige Wochen später wegen technischer Schwierigkeiten nicht mehr fuhr, entschloß ich mich, mit mehreren einheimischen Begleitern in einem Einmann-Auslegerkanu von der Insel Pentecost zur Insel Maéwo zurückzurudern.

Folgende Seiten: Kirner mit Medizinmann und Stammeshäuptling auf einer Insel im Südpazifik, wo er unfreiwillig mit seinem Auslegerboot landete.

Fünf Tage hatten wir bereits auf das Ende der tropischen Regengüsse gewartet. Endlich hellte sich der Himmel auf, der Wind beruhigte sich, das Meer glänzte spiegelglatt. Wir sagten dem Dorfvölkchen auf Pentecost Lebewohl und stiegen in die Kanus. Ich blieb jedoch beim Rudern bald hinter den Eingeborenen zurück. Das kümmerte mich zunächst wenig, denn die Insel Maéwo schien schon recht nah. Doch plötzlich kam ein Sturm auf, tiefschwarze Wolken fegten heran. Wir wurden abgetrieben. Als wir vielleicht nur noch einen Kilometer von Maéwo entfernt waren, nahm der Wellengang bedrohliche Formen an. Die Männer sahen, daß ich in größten Schwierigkeiten steckte, und nahmen mich ins Schlepptau. Sie befestigten Stricke an meinem Kanu, um mir zu helfen; das war jedoch ein Fehler. Bei der ersten heranrollenden Sturmwelle rissen die morschen Seile. Zu allem Unglück brach auch noch der Ausleger meines Bootes ab. Umsteigen war jetzt nicht mehr möglich, jeder war auf sich ganz allein angewiesen. Ein Kentern in dieser Lage hätte den sicheren Tod bedeutet.

Wir konnten am Ufer Menschen sehen, die unseren Kampf mit den Wogen besorgt verfolgten. Ein paar Männer bestiegen ihre Kanus, um mir zu Hilfe zu eilen. Die ersten aus unserer Gruppe hatten mit Hilfe anderer, ihnen entgegenkommender Inselbewohner das rettende Ufer bereits erreicht. Ich kämpfte mit aller Kraft, ich ruderte, bis es mir den Atem verschlug und ich Muskelkrämpfe bekam. Doch weil mir die Erfahrung im Umgang mit solchen Naturgewalten fehlte, entfernte ich mich eher von der Küste der Insel. Dabei waren es zuletzt nur noch etwa 500 Meter bis zum rettenden Ufer. Aber Wind und Wellen trieben ihr Spiel mit mir – an richtiges Rudern war nicht mehr zu denken. Es wurde immer schwieriger, überhaupt noch die Balance im Einbaum zu halten.

Hilflos trieb ich in den aufgepeitschten Wassermassen.

Immer wieder stachen die Rückenflossen von Haien aus der brodelnden Gischt.
Noch heute sträuben sich mir die Haare, wenn ich mich daran erinnere, wie ich den ganzen Tag und auch die folgende Nacht über wie ein Spielball von den Wellen hin und her gewirbelt wurde. Inzwischen trieb ich wieder in unmittelbarer Nähe des Ufers von Pentecost, sah den Schein der Feuer in den Hütten, aber es gelang mir nicht, ans Ufer zu kommen. Mein lautes Rufen wurde vom Sturm übertönt. Im Morgengrauen bemerkte ich, wie allmählich das Ufer einer ganz anderen Insel in Sicht kam. Ich trieb darauf zu. Gerade als ich mich schon nach einer flachen Landungsstelle umsehen wollte, um zu versuchen, dorthin zu steuern, warf mich eine meterhohe Welle gegen einen Felsen: Das Kanu zerbrach, und ich flog gegen die Steine. Ein stechender Schmerz durchzuckte meinen rechten Arm, mein Kopf blutete, am ganzen Körper brannte das salzige Wasser in vielen kleinen Schürfwunden. Hilflos sah ich einige Gepäckstücke davontreiben. Unter größten Schmerzen schleppte ich mich ans Festland und erhaschte wenigstens noch meinen Rucksack mit Zelt und Proviant. Nachdem ich mich trotz der starken Schmerzen auf allen vieren in Sicherheit gebracht hatte, peinigte mich ein neuer Gedanke: Wie sollte ich nur von diesem mit Urwald überwucherten, gottverlassenen Inselchen mitten in der Wasserwüste des Südpazifischen Ozeans wieder zurück in die Zivilisation kommen? Mein Einbaum war ja am Felsen zerschellt. Ich hoffte nur, daß hier Menschen wohnten, die mir helfen konnten zu überleben. Durch den Regenschleier sah ich das Ufer der Insel Pentecost mit ihrem markanten Höhenrücken.
Um meinen bescheidenen Notproviant zu schonen, angelte ich. Nach vielen vergeblichen Versuchen fing ich einen kleinen Fisch, den ich über einem Feuer röstete. Mein Feuerzeug war mir glücklicherweise geblieben. Dann

stieg ich unter großen Anstrengungen und Schmerzen auf einen umgefallenen Baum, um von dort meine Robinson-Insel besser zu übersehen. Der Wind trieb mir den typischen Geruch von Holzfeuer in die Nase, und in nicht allzu großer Entfernung entdeckte ich tatsächlich aufsteigenden Rauch. Ich prägte mir die Richtung genau ein, versteckte mein Gepäck gut und schleppte mich mit neuer Hoffnung dorthin, wo ich Menschen vermutete. Nach gut einer Stunde traf ich auf eine winzige Lichtung von ungefähr fünfzig Quadratmeter Größe. Auf dem Boden saßen mehrere Männer um ein Feuer herum, sie verspeisten gebratenen Fisch; neben ihnen lagen weitere Fische in Netzen und eßbare Yamswurzeln, Windenpflanzen mit stärkehaltigen Knollen. Einem der Männer, der gerade einen gebratenen fliegenden Hund zerteilte, baumelten zwei Eberhauer als Schmuck um den Hals.
Ich nahm all meinen Mut zusammen und rief »*biak, biak*«, das heißt »Freund«. Wegen des Rauschens vom nahen Meer her, des Knisterns der Flammen und ihres lauten Redens und Schmausens hörten sie mich aber nicht. So näherte ich mich bis auf etwa zehn Meter. Obwohl jeder der Männer größer und kräftiger war als ich, schrien sie auf, als sie mich sahen, und stoben erschreckt davon. Mit meinen langen Haaren, dem krausen Bart und dem zerkratzten Gesicht glich ich in ihren Augen vielleicht eher einem bösen Geist als einem Freund. Die zurückgelassenen Fische, die Wurzeln und das Feuer retteten mich vorerst. Mit den Pfeilen und Bogen konnte ich allerdings wegen meines immer noch höllisch schmerzenden Armes nichts anfangen. Ich vermutete, daß er ausgekugelt war, und versuchte einige Male vergebens, ihn wieder einzurenken. Erschöpft trottete ich zu einer nahe stehenden leeren Hütte. Deprimiert hockte ich mich ins Halbdunkel. Wie sollte ich jemals von hier wegkommen? An Schwimmen war nicht zu denken: Das Meer war voller

Haie. Ich schleppte mich zu meinem ersten Biwakplatz zurück, um mein Gepäck zu holen, was mit der kaputten Schulter eine Tortur war. Dann mußte ich entdecken, daß Tiere meinen Notproviant vertilgt hatten. Also spannte ich zunächst einmal eine Zeltplane auf, damit sich darin Regenwasser sammeln konnte, das ich dringend als Trinkwasser brauchte. Mit dem Regenwasser konnte ich auch meine Wunden auswaschen. Zur Abwechslung von Fischen und Yamswurzeln briet ich mir auch einige der reichlich wachsenden wilden Bananen. Mehrmals kletterte ich an den darauffolgenden Tagen auf Bäume, um nach weiteren Rauchzeichen Ausschau zu halten. Obwohl mir die unbekannten »Wilden« nicht ganz geheuer waren, wollte ich doch mit ihnen in Verbindung kommen – ich hatte keine andere Wahl.

Inzwischen saß ich schon den vierten Tag auf meiner einsamen Insel fest. Gerade, als ich wieder einmal meine bereits entzündeten Wunden mit Regenwasser »desinfizierte«, brach eine Schar Männer mit Geschrei und angelegten Bogen durch die Bäume und umstellte mich. Ich stand wie versteinert und brachte nur ein stotterndes »*biak, biak*« hervor. Es waren wohl dieselben Männer, die zuvor vor mir geflüchtet waren. Als sie mich nun mit schmerzgequältem Gesicht, angstvollem Blick und von Blessuren übersät sahen, begriffen sie offenbar schnell, daß ich keine Gefahr für sie darstellte und auch kein böser Geist war. Sie redeten durcheinander, kamen näher und betasteten meine entzündeten Wunden und meine geschwollene Schulter. Einer von ihnen bestrich einige Abschürfungen mit seinem Speichel. Dann bedeuteten sie mir, daß ich mit ihnen kommen sollte. Einer ergriff meinen Rucksack und trug ihn neben mir her. Aus Rücksicht auf meinen geschwächten Zustand marschierten wir nur langsam. Gegen Abend erreichten wir eine Hütte, um die rätselhafte Holzfiguren standen. Ein Medizinmann trat heraus und forderte mich auf, in die Hütte zu gehen. Die Männer zogen zu ihrem wohl nicht mehr weit entfernten Dorf weiter, ab und zu hörte ich in der Nacht Trommelschläge.

Die nächsten Stunden gehörten zu den schlimmsten meines Lebens. Der Medizinmann brannte mir mit einem glühenden Ast die eiternden Wunden aus und bestrich sie mit einer klebrigen Masse. Ich glaube, daß es sich um Kuhdung handelte. Dann nahm er meinen ausgekugelten Arm, drehte ihn und zog fest daran. Es gab einen Knacks, der Medizinmann nickte zufrieden. Als er sah, wie ich kalkweiß wurde und zusammenklappte, reichte er mir eine Zigarette. Wahrscheinlich enthielt sie narkotisierende Blätter, denn ich verfiel bald in einen gnädigen Tiefschlaf.

Ein eigenartiges Trommeln und Singen weckte mich am nächsten Morgen. Vor der Hütte saßen fünf nackte Männer, die auf kleine Hölzer schlugen und singend zwischen den im Boden steckenden Holzfiguren umhertanzten. Der Medizinmann kniete vor einer besonders eindrucksvollen Statue, berührte sie mehrfach und schien mit ihr zu reden oder zu ihr zu beten. Offenbar handelte es sich um die Verkörperung eines Schutzgeistes. Ein jüngerer Mann trat auf mich zu und stellte sich in gebrochenem Englisch als Douglas vor.

»Der Häuptling schickt mich«, begann er, »denn er will wissen, warum du auf unsere Insel gekommen bist. Wir alle hassen hier die Weißen.« Meine abenteuerliche Einbaumfahrt, die mich von Pentecost nach Maéwo führen sollte, beeindruckte ihn wenig. »Man hat dich nur in Frieden gelassen«, fuhr er fort, »und in die Hütte des Medizinmannes mitgenommen, weil du stark verletzt warst. Normalerweise vertreiben wir hier alle Weißen.«

Ich bekam später heraus, daß Douglas selbst einen triftigen persönlichen Grund hatte, die »Weißen« abzulehnen. Zwei Jahre zuvor hatte man ihn auf ein koreanisches

Fischerboot gelockt, und dort wurde er gezwungen, ohne jede Bezahlung zu arbeiten. Während dieser Zeit hatte er von den Bootsleuten etwas Englisch gelernt.
Ein Taschenmesser machte mir Douglas gewogen. Auf seinen Rat hin beschenkte ich auch den Medizinmann und den Häuptling. Der Medizinmann befragte das Orakel, was mit mir geschehen sollte. Nachdem das Orakel positiv ausfiel, wurde auch die Dorfgemeinschaft zu ihrem Spruch über mich aufgefordert. Fanla, so hieß diese winzige Siedlung, entschied, mich in den Stamm aufzunehmen.
Die entsprechende Zeremonie begann allerdings nicht sehr ermutigend. Die Dorfbewohner gruppierten sich um die vier bis fünf Meter hohen Holzstatuen auf dem Platz. In der Mitte saßen, mit Hibiskusblüten im schwarzen Haar geschmückt, der Häuptling Tofor und der Medizinmann. Douglas und ich mußten vortreten. Ich wollte dem Häuptling die Hand zur Begrüßung geben, er beachtete mich jedoch überhaupt nicht und hob statt dessen zu einer gewaltigen Schimpfkanonade an. Douglas mußte übersetzen.
»Wir haben dem Stamm der weißen Männer verboten, jemals wieder auf unsere Insel zu kommen, denn wir haben nichts von dem vergessen, was ihr uns angetan habt.« Ich versuchte einzuwenden, daß ich hier ungewollt hergetrieben war und mich für die Hilfe und Pflege durch den Medizinmann bedanken wollte. Ich bot auch an, die Insel schnellstmöglich zu verlassen. Der Häuptling mochte sich aber nicht beruhigen. Ich versicherte ihm und seinem Stamm meine Freundschaft und wies darauf hin, daß kein mir bekannter Weißer ihnen je ein Leid zugefügt hätte. Schließlich erfuhr ich den wahren Grund seiner Feindseligkeit.
»Vor nicht allzu langer Zeit«, erzählte er (ich erfuhr später, daß es 1927 gewesen sein mußte), »legten viele weiße

Männer mit einem Schiff bei unserer Insel an und versicherten, sie seien unsere Freunde. Doch wenig später erklärten sie sich zu den Herren der Insel und forderten ›Steuern‹ von uns. Wir hatten aber kein ›Geld‹, also kamen die Weißen in einer Vollmondnacht und nahmen unsere Schweine und Hühner mit. Und dann zwangen sie einige von uns, in ihren Gärten zu arbeiten. Nach und nach holten sie alle Schweine weg, wir wurden immer ärmer, die weißen Männer wurden immer reicher. Wir gingen zu den Weißen, um uns zu beschweren. Einer von ihnen hatte ein Gewehr und erschoß einen unserer Brüder. Da entlud sich unser ganzer, lange aufgestauter Haß. Wir schossen mit Pfeil und Bogen zurück und töteten ihn und elf seiner Helfer. Daraufhin verschwanden die anderen Weißen. Eines Tages aber kehrten sie mit einem großen Schiff wieder. Sie stürmten an Land, schändeten und töteten viele unserer Frauen, verschleppten viele unserer Männer. Sie töteten einige der Männer auf ihrem Schiff auf einem vom bösen Geist beherrschten Stuhl.« (Ich fand später heraus, daß die Europäer offensichtlich eine Art »elektrischen Stuhl« auf ihrem Schiff hatten und zur »Abschreckung« einige der Bewohner der Insel auf grausamste Weise ermordeten.)

Der Häuptling berichtete weiter: »Ich selbst mußte damals, als mein Vater, der Häuptling, auf den Stuhl gesetzt wurde, den Hebel des bösen Geistes bedienen. Mein Vater starrte mich mit aufgerissenen Augen an und verfluchte mich. Später erzählte ich allen meinen Stammesbrüdern, wieviel Böses die Weißen mit sich brachten. Wir verließen unsere Siedlungen an der Küste und suchten neue Wohnplätze im dichten Urwald im Inneren der Insel. Seit damals hat kein Weißer mehr unser Dorf betreten dürfen. Eines Tages kamen wieder Fremde auf unsere Insel. Sie wollten unsere Geisterfiguren mitnehmen und ins Meer werfen und statt dessen ihre eigenen Geisterfiguren auf-

stellen. Sie versuchten auch, das Haus anzuzünden, in dem die Schädel unserer Häuptlinge aufbewahrt werden. Wir konnten sie aber wieder vertreiben.«
Ich war entsetzt über diese Schilderungen und hatte vollstes Verständnis für die schroffe Art des Häuptlings mir gegenüber. Die Erfahrungen seines Stammes wogen um so schwerer, als diese Menschen in den Weißen einst Freunde und Erlöser sahen. Ihrer Mythologie zufolge sollten eines Tages »Freunde« in weißen Booten vom Himmel zu ihnen kommen und die Inselbewohner zurück zu ihren Göttern führen.
Auf dieser Insel war also das passiert, was unsere Historiker uns über die meisten Kolonisations- und Missionierungsexpeditionen berichten. Durch fortschrittliche Werkzeuge und Gerätschaften, durch die weiße Hautfarbe und vieles mehr getäuscht, sahen die Eingeborenen in den Weißen vielerorts zunächst Göttergestalten. Als aber die Täuschung auf so bittere Weise zutage trat, wandten sie sich um so mehr ihrem Gott Irovera zu, der den Häuptling als Verbindungsmann einsetzte und der von ihrer Insel aus irgendwann einmal die ganze Welt regieren sollte. Irovera wohnt nach dieser Vorstellung hinter den Wolken.
Der Häuptling erzählte noch eine weitere Geschichte. Bei einer kriegerischen Auseinandersetzung mit einem Nachbarstamm wurde er schwer verwundet und war durch Pfeilgift eineinhalb Tage lang bewußtlos. In diesem Zustand hatte er Visionen. Er sah viele Inseln mit nackten Menschen, die friedlich mit den Tieren lebten. Er sah auch, wie das Leben auf der Insel entstanden war. Irovera hatte einen Adler auf die Insel geschickt, als diese nur ein blanker Felsen war. Als der Vogel auf diesem Felsen landete, schüttelte er Staub, Erde und einige Samenkörner aus seinem Gefieder. Davon wurde die Insel nach und nach bedeckt, es wuchsen Sträucher und hohe Bäume.

Die ersten Lebewesen waren vier Hunde. Den beiden stärksten Hunden wuchsen plötzlich Arme und Beine, sie waren die ersten Menschen auf der Insel. Beide Arten, Hunde und Menschen, blieben beisammen und ergänzten sich vortrefflich. Statt Adam und Eva hießen die ersten beiden Menschen auf dieser Insel Laualla und Lauwilli.
Dem Häuptling wurden in seiner Vision auch die Namen von drei Männern auf seiner Insel genannt, die er aufsuchen sollte. Als er genas, machte er sich auf die Suche nach ihnen und fand sie tatsächlich in umliegenden Dörfern, von deren Existenz er vorher noch nie etwas gehört hatte.
All diese Begebenheiten hielten einige wenige »Schreibkundige«, in Bilder geritzt, auf Rinden fest. Die in der Vision übermittelten Regeln für ein friedliches und natürliches Zusammenleben wurden nach und nach auch auf anderen Inseln verbreitet. So kamen im Laufe der Zeit auch immer wieder Abgeordnete von Nachbarstämmen zu den religiösen Versammlungen, die Tofor und sein Medizinmann abhielten. Tofor war von seinem Sendungsauftrag überzeugt. Er wartete nur auf ein Zeichen seines Gottes, der ein Heer vom Himmel schicken wollte, mit dessen Hilfe er – Tofor – alle Machthaber dieser Erde würde absetzen können. Er und sein Gott würden dann gerecht miteinander regieren. Von dieser Vorstellung leitete der Häuptling zugleich das Recht ab, Gesetze und Vorschriften jeder »irdischen« Regierung abzulehnen.
Mich mutete es längst nicht mehr absurd an zu erleben, wie dieser fast noch steinzeitlich lebende Mensch mitten im Urwald einer winzigen, abgelegenen Insel Ansprüche dieser Art entwickelte. Ich habe derartige Vorstellungen – wenn auch immer wieder entsprechend den besonderen Umständen abgewandelt – bei fast allen Naturvölkern auf meinen Expeditionen erlebt. Und ob in solchen Ideen mehr Überheblichkeit steckt als in unseren, oft nur mate-

riellen und technischen Höchstleistungen verhafteten Weltanschauungen, sei dahingestellt.
»Nun weißt du, warum wir deine weißen Brüder ablehnen«, schloß Häuptling Tofor. Dann befahl er energisch, daß der Medizinmann Douglas und mich in eine Hütte brachte, wo ich meine Kleider ablegen und in einen Lendenschurz schlüpfen mußte. Tofor forderte mich auf, ihm den Gegenwert eines Schweines zu schenken, damit er meine Aufnahme in seinen Stamm auf dem bevorstehenden Dorffest gebührend feiern könnte. Dann überreichte er mir feierlich eine große Yamswurzel, so, wie einer seiner Vorfahren es 1774 getan hatte, als Captain Cook als erster Europäer die Insel betrat. Einige Männer tanzten um die Holzfiguren, die übrigens den Felskolossen auf den Osterinseln sehr ähnlich sehen. Man wies mir eine leerstehende Hütte zu, gab mir Brennholz, eine Menge Yamswurzeln und Taro, eine Knollenfrucht. Die Männer des Dorfes zeigten mir den Tabubereich der Geister und schärften mir ein, ihn nicht zu betreten. Später begleitete ich die Männer und sah, wie mühselig sie Yams und Taro anbauen. Ich durfte die rätselhaften Sandbilder anschauen, die sie auf ihren Zügen durch den Dschungel zeichnen. Sie kennen keine Schriftzeichen, aber drücken durch Bildsymbole die Stationen ihres Lebens aus: Hochzeiten, Jagden, Feste, Todesfälle werden in einfachen Bildern festgehalten.
Ich litt unter neuen Krankheiten; wie sich später herausstellte, hatte ich mich mit Malaria infiziert. So gut der Medizinmann meine Wunden und meine Schulter geheilt hatte, sowenig konnte er nun etwas ausrichten. Jeden Tag kamen Neugierige und erkundigten sich nach meinem Befinden. Dabei fragten sie mich immer wieder nach meinen Erlebnissen auf Pentecost, einer Insel, die zwar in Sichtweite lag, die sie aber nie besucht hatten. Vielleicht hatten sie im Sinn, Wichtiges von mir zu erfahren, bevor

ich womöglich meiner Krankheit erlag. So schilderte ich ihnen, soweit es Douglas zu übersetzen wußte, was ich bei den Turmspringern am heiligen Ort Bunlap auf Pentecost erlebt hatte.

»Es war nach Mitternacht, als ich bei Vollmond in den Einbaum kletterte, mit dem ich von Maéwo nach Pentecost rudern wollte. Um diese Nachtzeit ist das Meer am ruhigsten. Voller Optimismus zog ich das Paddel durchs Wasser. Ein etwa kilometerlanger Delphinschwarm kreuzte meinen Weg. Ich brauchte ungefähr fünf Stunden länger als die Einheimischen, aber für mich war es wichtig, in Pentecost anzukommen. Etwa fünfzehn fast nackte, dunkelhäutige Männer nahmen mich in Empfang – zunächst mißtrauisch, dann, nachdem ich ein paar Worte in ihrem Dialekt gesprochen hatte, etwas freundlicher. Sie brachten mir einen halben gebratenen Fisch, banden mein Gepäck an eine Tragestange und fragten mich mit Gesten, ob ich mit ihnen nach Bunlap, zu den Turmspringern, kommen wollte. Ich folgte den Männern, die mit ihrer Körpergröße, ihren enormen Muskeln und ihrem wilden Aussehen einen schon das Fürchten lehren konnten. Sie werden in der Landessprache *namba* genannt, nach ihrem Penisschutz, der einzigen ›Bekleidung‹.

Nach sieben Stunden anstrengenden Marsches ans andere Ende der Insel sah ich plötzlich Rauch zwischen hohen Bäumen aufsteigen. Bunlap, der heilige Ort, war erreicht. Bunlap liegt am Hang eines recht steilen Berges, der im Südosten von Pentecost das Meer überragt. Ich bestaunte Zeugnisse einer uralten, noch immer lebendigen Kultur. Keine von mehreren Missionsstationen auf Pentecost hatte in all den Jahrzehnten die Bewohner von Bunlap geistig und religiös zu verändern vermocht. Zum Zeitpunkt meines Besuches zählten hundertzweiunddreißig Menschen, die letzte lebensfähige Gruppe, zur Gemeinschaft von ›Nichtchristen‹ auf der Insel. Auch sie begegneten Frem-

den recht feindselig, weil sie in jedem einen Missionar vermuteten. Ich vermochte die Einheimischen aber davon zu überzeugen, daß mich nur ihre Sprungkünste, nicht aber ihr Seelenheil interessierten. Ihrer waghalsigen Mutproben wegen nennt man sie ›Turmspringer‹.«
Der Häuptling Tofor, der Medizinmann und andere lauschten gebannt meinem Bericht, den Douglas ihnen nach und nach übersetzte. Ab und zu unterbrachen sie mich mit Zwischenfragen zu dem einen oder anderen Aspekt der Erzählung. Sie waren höchst fasziniert, davon zu hören, daß ich, ein »Weißer«, Menschen auf einer Nachbarinsel getroffen hatte, mit denen sie noch nie irgendeinen Kontakt hatten. Sie wollten immer noch mehr Einzelheiten wissen, und da die Menschen in diesen Gebieten der Erde noch sehr viel mehr Zeit haben – trotz des täglichen Überlebenskampfes –, zog sich, was ich hier auf wenigen Seiten schildere, in der Erzählung über mehrere Tage hin.
Es gibt eine, natürlich nur mündlich überlieferte, Geschichte darüber, wie es zu den Mutproben des Turmspringens auf Pentecost kam; die gab ich nun an eine Nachbarinsel weiter.
»Vor vielen, vielen, vielen Jahren gab es auf Pentecost einen Mann, der seine Frau Tamalie häufig schlug. Eines Tages rannte sie fort von ihm und kletterte auf einen hohen Baum. Der Mann stieg ihr nach, weil er es sich in den Kopf gesetzt hatte, sie wieder zu züchtigen. Da griff Tamalie zu einer List. Sie band sich zwei Lianen um ihre Füße. Gerade als ihr Mann sie packen und schlagen wollte, sprang sie mit dem Kopf voran in die Tiefe. Ihr Mann wunderte sich, daß sie heil am Boden ankam. Sie forderte ihn auf, es ihm gleichzutun, wenn er den Mut dazu fände. Er sprang ihr nach und zerschmetterte, weil er keine Schlingen benutzt hatte.
Später fühlten sich auch andere Männer von der Schmach

getroffen, die eine Frau einen ihrer Geschlechtsgenossen erleiden ließ. Um es nun allen Frauen heimzuzahlen, kam es zu dem Privileg, den Frauen Unerschrockenheit vorzuführen, indem sie selbst von hohen Bäumen oder eigens konstruierten Türmen kopfüber in die Tiefe sprangen. Dabei bedienten sie sich natürlich der ›List‹ von Tamalie. Aus den Mutproben ist eine regelrechte Zeremonie geworden, die immer zu einer bestimmten Zeit abgehalten wird. Dann, wenn die Yamswurzeln am Ende der Regenzeit geerntet werden, ist die Erde wie ein Schwamm mit Wasser vollgesogen. Reißt einmal eine Liane oder ist die Distanz zwischen Absprunghöhe und Boden nicht richtig bemessen, so federt die Erde den möglichen Aufschlag eines Springers etwas ab. Zudem sind die Lianen am Ende der Regenperiode am kräftigsten und gleichzeitig am biegsamsten. Die Männer in Bunlap weihen ihre Sprünge den Göttern, damit diese ihnen eine gute Yamsernte bescheren mögen.«

Meine Zuhörer diskutierten heftig miteinander, als sie hörten, daß die betreffenden Burschen auf Pentecost vor ihren Sprüngen mit keiner Frau schlafen, um sich dadurch »rein« zu halten.

»Dem Springen selbst geht eine lange Vorbereitungszeit voraus«, fuhr ich fort. »Als die Männer von Bunlap nach anfänglicher Zurückhaltung meine Begleiter, die ebenso wie ich ihre Sprünge bestaunen wollten, und mich in Ruhe ließen, traute ich mich näher an sie heran. Ich bemerkte, wie von führenden Männern in der kleinen Gemeinschaft bestimmt wurde, welche Burschen die Erlaubnis bekamen zu springen und in welcher Höhe die Plattformen zum Absprung befestigt werden durften. Die in Frage kommenden jungen Männer hatten das Jahr über auf ihren Streifzügen durch den Urwald Ausschau nach ho-

Turmspringer auf Vanuatu, einer Insel im Südpazifik

hen, für einen Sprung günstigen Bäumen gehalten. Glaubten sie, einen geeigneten Baum gefunden zu haben, der vorzugsweise an einem Steilhang wächst, so rodeten sie das Buschwerk in seinem Umkreis und schufen Platz für die Landung. Dann wurde der Baum den älteren Männern des Dorfes zur Begutachtung vorgestellt. In der Zeit vor und während meines Aufenthaltes wurde allerdings kein günstig gewachsener Baum gefunden. Deshalb bauten sie aus Urwaldgewächsen einen Turm. Bei einer Besprechung des Vorhabens unter einem heiligen Banyanbaum saß neben mir ein schmächtiger Junge von etwa zwölf Jahren. Er wirkte noch ganz wie ein Kind, durfte aber in diesem Jahr seinen ersten Sprung wagen. In etwa zwölf Meter Höhe sollte er seine Plattform bauen. Der Junge freute sich sehr, denn springen zu dürfen gilt als große Auszeichnung. Damit gewinnt man an Ansehen, und die Jungen werden allmählich als Erwachsene respektiert. Ich fragte ihn, ob er Angst habe. Lachend schüttelte er den Kopf und zog mich hinter die Hütte seiner Eltern. Dort hatte er seine Lianen gestapelt, die er sich beim Springen um die Füße binden wollte.

Eine wichtige Rolle bei den Sprungvorbereitungen spielt der Medizinmann. Er prüft, ob der vorgesehene Platz von guten Geistern bewohnt ist. Falls nicht, beschwört er die jungen Leute, sich einen anderen Ort zu suchen. Wenn sich an einem Platz viele *nakaimas*, das sind böse Geister, herumtreiben, heißt es, daß ein Unglück unvermeidlich sei.

Ich konnte in den darauffolgenden Tagen miterleben, wie ein Sprungturm gebaut wurde. Die Springer und auch ältere, erfahrene Männer tragen zunächst einmal große Stämme zusammen. Diese bilden das Kernstück des Turmes. Mit Hilfe von Lianen werden dann kleinere Stangen nach und nach um den Turmkörper gebunden, damit er mehr Stabilität gewinnt. Verschiedene Ebenen des Turmes erhalten nicht selten die Namen menschlicher Körperteile. So heißt zum Beispiel die Mitte des Turmes Oberschenkel, es gibt einen Magen, die Brust, und der höchste Punkt heißt Scheitel. Im Unterschied zum gemeinsam errichteten Turmkörper baut jeder Springer seine Plattform allein. Auf diese Weise werden Meinungsverschiedenheiten vermieden, falls ein Sprung einmal schiefgehen sollte; so kann es gar nicht erst zu Schuldzuweisungen kommen – jeder Bursche trägt die Verantwortung für sich selbst. Freunde geben lediglich Ratschläge und helfen, die am Boden zusammengebundenen Lianen und die Plattform in die Höhe zu ziehen. Oben wird sie so am Turm befestigt, daß sie ungefähr einen Meter übersteht. Aber auch dabei hat jeder Springer ein eigenes Rezept. Er muß die Plattform im Turmbereich fest verankern. Vorn allerdings, wo der Springer steht, wird sie nur mit drei dünnen Ästen abgestützt. Es ist eine ›Sollbruchstelle‹ eingebaut, die den Springer später beim Sturz in die Tiefe fürs erste abbremsen soll. Entscheidend für den Erfolg des Sprunges ist es, die Liane so exakt wie möglich zu bemessen. Wenn der Springer mit dem Kopf voran in Richtung Erde saust, dann muß er auf den Zentimeter genau so weit fallen, daß sein Kopf den Boden gerade leicht berührt. Jedes Zuviel oder Zuwenig kann seinen Tod bedeuten. Hier zeigt sich neben dem Mut des Burschen auch seine Geschicklichkeit. Weil es dabei viel auszuspähen gibt, hütet jeder junge Mann seine Lianen wie seinen Augapfel. Bei der Berechnung der Länge der Lianen muß übrigens auch berücksichtigt werden, wie weit sich der Turm neigt, wenn der fallende Körper von den Lianen gebremst wird.

Jeder glaubt, es am besten zu können, und will imponieren – nicht nur den älteren Männern des Stammes, sondern besonders den jungen Mädchen. Traditionsgemäß werden nach dem Springen die Ehen geschlossen. Wer die meisten Pluspunkte beim Turmspringen gesammelt hat, der hat auch die Wahl unter den Schönsten des Dorfes. Deshalb gibt es in der Regel genügend Kontrahenten, die auch schon einmal versuchen, die Lianen der Nebenbuhler zu verstecken. Denn wenn ein Bursche seinen meist groß angekündigten Sprung nicht ausführen kann, wird er zum Gespött des ganzen Dorfes, und es spielt dabei gar keine Rolle, ob er einem unfairen Trick zum Opfer gefallen ist.

Mit dem Bau des Turmes sind einige Tage vergangen. Die Männer waren in dieser Zeit ganz unter sich. Sogar das Essen bereiteten sie sich selbst zu, denn keine Frau darf den Turmplatz betreten. Wenn das Bauwerk schließlich steht, dauert es noch einmal zwei Tage bis zum Springen. Am Anfang steht ein langes Dankzeremoniell, bei dem die Bewohner einen Tag und eine Nacht lang in der Kulthütte zu den Geistern singen und beten und für eine gute Ernte danken. Die Riten richten sich nach der Qualität der Ernte. Damit die bösen Geister nicht etwa einen fluchbeladenen Gegenstand im Boden vergraben, wird der Platz um den Sprungturm scharf bewacht. Endlich hat der Medizinmann die Erlaubnis zum Festbeginn gegeben und den genauen Zeitpunkt bestimmt.

Am Morgen gehen die Springer als erstes zu einer rituellen Waschung ins Meer. Dann reiben sie sich mit Kokosöl ein und schmücken sich mit Blättern und Federn, wie es der eigenen Phantasie beliebt. Sie brechen mit Urgeschrei, der Häuptling voran, durch das Dickicht des Dschungels und stürmen auf den Platz, auf dem der Sprungturm steht.

Dem Sprungdebütanten kullerten vor lauter Aufregung und Ergriffenheit die Tränen herunter. Plötzlich begann die ganze Menschenmenge, die Männer nur mit ihrem Penisschutz und die Frauen mit Baströckchen bekleidet, zu singen und wild stampfend den Turm zu umrunden.

Die Spannung nahm zu. Mit ihren großen Füßen wirbelten sie immer wieder in einfachen Bewegungen vorwärts, rückwärts, seitwärts und zerwühlten dabei den weichen Boden. Der montone Singsang und das Pfeifen der Frauen verursachten einen Höllenlärm. Offenbar diente er dazu, die Springer aufzupeitschen und ihren Mut anzustacheln. Die Tänzerinnen und Tänzer steigerten sich nochmals in ihren Gesängen und Bewegungen. Nun trat der Häuptling unter die aufgeheizte Menge und holte den jüngsten Springer heraus. Dieser war als erster an der Reihe. Der Bursche ging zum Turm, kletterte zu seiner Plattform hinauf und ließ sich dort von seinen engsten Freunden seine Lianen um die Fußgelenke binden.

Während das Pfeifen und Rufen rund um den Turm immer mehr anschwoll, machte der Junge ein paar Schritte auf das Ende der Plattform zu. Man sah deutlich, wie er zitterte. Dann legte er den Kopf zurück, verschränkte die Arme zum Zeichen der Furchtlosigkeit auf der Brust, bog seinen Körper nach hinten, pendelte langsam nach vorn und sprang in die Tiefe. Den Zuschauern stockte der Atem: Die Stützäste vorn an der Plattform brachen nicht an der Sollbruchstelle, und so wurde sein Fall nicht gebremst; statt dessen riß das ganze Absprunggestell aus der Verankerung und sauste dem Jungen hinterher. Er schlug daher mit voller Wucht auf den steilen Abhang und rollte dann wie leblos hinunter. Die Menge gab keinen Laut von sich, dann ein Aufschrei, der Häuptling rannte mit ein paar Männern zu dem Verunglückten. Sie trugen den Bewußtlosen fort. Ich sah später nichts mehr von ihm und erfuhr auch nichts über sein Schicksal. Auf alle meine Fragen erhielt ich nie irgendeine Antwort. Eine halbe Stunde etwa blieb es still in der Runde. Unfälle gibt es bei diesen abenteuerlichen Mutproben immer wieder, einige Springer kommen sogar zu Tode. Ich dachte mir, daß vielleicht auch diesen Burschen ein solches Schicksal ereilt habe.

Nach einiger Zeit löste sich die Spannung etwas. Ein junger Mann trat langsam aus der Tanzgruppe hervor und erklomm bedächtig den Turm. Er hangelte sich zu seiner Plattform hinaus und ließ sich von Freunden die Lianen um die Füße binden. Die Tänzer ermunterten ihn mit lautem Singen und Stampfen. Das tragische Geschehen zuvor hatte ihm aber offensichtlich so viel Angst eingejagt, daß er plötzlich die Lianen von den Füßen streifte und vor allen Zuschauern seinen Federschmuck zerfetzte. Dann kletterte er den Turm wieder hinab. Unten wurde er mit ablehnendem Schweigen empfangen. Der junge Mann versprach dann dem Dorfältesten, daß er im nächsten Jahr springen würde. Seine Heiratsabsichten mußte er allerdings bis dahin zurückstellen. Mit hängendem Kopf verließ er den Festplatz.

Ein dritter junger Mann nutzte die Situation. Behende kletterte er den Turm hinauf und stellte sich auf die Plattform seines Vorgängers. Er war gar nicht als Springer vorgesehen und mußte erst nach unten rufen, damit andere Burschen kamen und ihm die Lianen des zurückgetretenen Springers um die Füße banden. Das Schreien und Singen der Schaulustigen hob daraufhin wieder an. Der zum Sprung bereite Bursche ließ sich auch von manchen Dorfbewohnern nicht irritieren, die ihn zurückhalten wollten, da er nicht auf den Sprung vorbereitet war. Er klatschte in die Hände, bat die Zuschauer, ihm zuzuhören, und sprach von seinen Sorgen. Dies ist Teil des uralten Brauchs. Auf diese Weise erhält der Sprung noch mehr Bedeutung.

Er erzählte von seinem Vater, der schwerkrank in der Hütte liege. Er sei abgemagert und könne kaum noch sprechen. In der Nacht wurden der Familie alle Schweine und Yamswurzeln gestohlen, so daß sie heute nichts zu essen hatten. Und dann bat der junge Mann den Dieb, falls er sich unter den Zuschauern befände, das Gestohlene

zurückzugeben. Nun klatschte er noch einmal in die Hände, ballte die Fäuste, preßte die Arme an den Körper. Er ließ sich zurückhängen, gab sich dann einen Schwung nach vorn und sprang mit dem Kopf voran in einem Bogen nach unten. Kurz bevor der Kopf die aufgewühlte Erde berührte, spannten sich die Lianen, und die Stützen der Plattform brachen hörbar ab. Das elastische Urwaldgewächs fing den Körper ab, so daß der vorausberechnete Aufschlag auf den Boden als dritte und wirksamste Bremse nicht allzu schmerzhaft ausfiel. Der nach unten hängende Körper pendelte dann noch ein paarmal hin und her. Männer eilten herbei, durchschnitten die Lianen, streiften sie dem Springer von den Füßen und halfen ihm auf. Riesiger Beifall brandete auf. Der Waghalsige, der das Glück hatte, in etwa gleich groß zu sein wie der ›ängstliche‹ Bursche vor ihm, klopfte sich nur die Erdbrocken von Kopf und Rumpf und verschwand, ohne sich umzusehen, im Urwald.
Jetzt waren die weiteren Springer an der Reihe. Einer nach dem anderen wagte die Mutprobe. Jeder der folgenden Sprünge verlief planmäßig. Die Sprünge von den höchsten Plattformen kamen am Schluß. Dadurch steigerten sich die Spannung und ebenso der Lärm der Zuschauer. Die letzten sprangen aus einer Höhe von gut dreißig Metern. Es war erstaunlich, daß sich außer dem ersten Springer keiner mehr verletzte, daß es weder einen Knochenbruch noch eine Gehirnerschütterung zu beklagen gab. Lediglich beim schwersten Springer zerriß eine der beiden Lianen. Der junge Mann wurde aber nicht, wie eigentlich zu befürchten gewesen wäre, in zwei Teile gerissen. Er zerrte sich lediglich einige Muskeln und schürfte sich die Haut am Fußgelenk ab. Nach einer kurzen Massage durch den Medizinmann reihte er sich wieder unter die Tanzenden ein. Er lachte jedoch mehr aus Verlegenheit als aus wirklicher Freude über den glimpfli-

chen Ablauf, denn eine gerissene Liane ist ein schlechtes Omen für eine beabsichtigte Hochzeit, die deshalb besser nicht stattfinden sollte.

Der letzte Sprung aus höchster Höhe war dem mutigsten und gelenkigsten unter den jungen Männern vorbehalten. Er kletterte auf die oberste Plattform und hielt zunächst eine kleine Ansprache. Darin beschwor er die freundlichen Geister des Urwaldes und bat um eine gute Ernte, um Schutz für die Tiere und um Gesundheit für alle Dorfbewohner. Dann öffnete er einen kleinen Beutel und verstreute darin befindliche Vogelfedern. Sie sind bei den heiratslustigen Mädchen sehr begehrt, und wenn sie in den nächsten Tagen eine Feder finden, so bringen sie sie dem Springer, den sie gern zum Mann haben wollen. Und schließlich ist, wer von so hoch oben springt, Favorit und Liebling aller Frauen des Dorfes und wird auch von den Männern bewundert. Nachdem auch sein Sprung gelungen war, wurde der Held des Tages auf den Schultern seiner Freunde mehrmals um den Turm getragen; der Jubel nahm kein Ende.

Der geglückte Sprung von der höchsten Plattform gilt vor allem auch als ein gutes Omen für eine reichliche Yamsernte. Diese Wurzel wird im Oktober gepflanzt und ist im Mai reif. Vom Ertrag dieser Ernte hängt das Schicksal dieser Menschen in großem Umfang ab. So leben sie jahraus, jahrein von der Hand in den Mund; eine schlechte Ernte ist eine Katastrophe und die Furcht vor bösen Geistern groß.

Das Schauspiel endete kurz vor Sonnenuntergang. Eine Woche später wurden die Lianen durchgeschnitten, die den Turm zusammenhielten, und er stürzte ein. Das Holz wurde später zum Kochen und Heizen verfeuert. Der Alltag nahm wieder seinen Lauf. Die Bewohner von Pentecost aber hatten noch wochenlang Gesprächsstoff. Verschiedene wollten, wenn sie an einem Platz vorbeigingen,

auf dem ein Sprungturm gestanden hatte, die Wehklagen des Mannes gehört haben, der seine Frau mißhandelt hatte und, um es ihr gleichzutun, in mythischen Zeiten vom Baum in den Tod gestürzt war.
Eine Woche nach dem Ereignis veranstalteten die Leute von Bunlap noch ein kleines Fest. Dazu wurde ein Schwein geschlachtet, und es gab Kokosmilch zu trinken, die zugesetzte Kräuter in ein alkoholisches Getränk verwandelt hatten.«
Durch all diese Schilderungen war ich in der Achtung der Leute auf der Insel, an der ich Schiffbruch erlitt, gestiegen. Häuptling Tofor bedauerte meinen Wunsch, nach meiner Genesung wieder abzureisen. Er sagte öffentlich zu mir: »Du bist ein guter Mensch. Du darfst so lange bei uns bleiben, wie du willst. Wir geben dir ein Mädchen zur Frau und ein Stück Land, auf dem du Yams und Taro anbauen kannst.«
Wenn ich ein »Aussteiger« wäre, hätte ich mich darauf vielleicht eingelassen und würde heute in friedlicher Abgeschiedenheit im Lendenschurz herumlaufen, mit einer Urwaldschönheit an meiner Seite, und mir als Bauer oder Jäger meinen Lebensunterhalt erkämpfen. Ob ich dann eines Tages vielleicht auch von einem dieser Türme gesprungen wäre? Der Häuptling gestand, daß er und seine Leute bei meinem ersten Anblick an ein gefährliches Wesen aus dem Urwald geglaubt hatten und mich töten wollten. Ihr Sinn aber hatte sich gottlob gewandelt, und es sollte zu meiner bevorstehenden Abreise noch ein kleines Fest bereitet werden.
Einer der Männer aus dem Dorf kam mit einem Schwein zum Festmahl, und der Medizinmann bestimmte die Schlachtzeit. Dem Tier wurden mit Lianen zuerst die Hinterläufe, dann die Vorderläufe und zum Schluß der Rüssel so fest zugebunden, daß es erstickte. Blut durfte nicht fließen. (Diese eher grausamen Aspekte der »natür-

lichen« Lebensweise von Völkern, zu denen ich immer wieder reise, stellen im übrigen einen der Gründe dar, warum ich mich nie danach gesehnt habe, selbst für immer irgendwo »draußen« zu leben.)
Inzwischen holten die Männer große Steine herbei und warfen sie mit aller Kraft auf einen sehr imposanten Fels in der Mitte des Dorfplatzes. Dabei zerbarsten die Steine zu scharfkantigen Splittern, die nun als Messer dienten. Die übrigen Steine wurden in eine Grube geworfen, zugedeckt und stark erhitzt. Die Männer holten sie nach einiger Zeit mit gespaltenen Stangen heraus und trugen sie in eine Hütte. Dort war eine andere Grube vorbereitet, in die man zuerst die heißen Steine warf und dann darauf das inzwischen zerteilte und in Bündeln zusammengeschnürte Schweinefleisch. Das Ganze wurde mit Würzkräutern, Yamswurzeln und Gras bedeckt, und man ließ es gar schmoren.
Auf dem Dorfplatz folgte ein Tanz der Frauen zur Geisterbeschwörung; schließlich wollten alle anfangen zu essen – doch der Medizinmann fehlte. Ohne seine Erlaubnis konnte aber nicht begonnen werden. Er blieb stundenlang verschwunden. Schließlich erschien er, an der Hand einen völlig abgemagerten, verdreckten und langhaarigen jungen Burschen. Die Leute begrüßten ihn mit Umarmungen und freuten sich über seine Anwesenheit. Ein alter Mann ging schwankend auf den Jungen zu, drückte ihn lange an sich und weinte laut vor Rührung und Freude. Schließlich setzten sich alle auf den Boden und aßen gierig das inzwischen kalt gewordene Fleisch.
Douglas lüftete das Geheimnis für mich. Der Bursche war von den Stammesangehörigen und von den Geistern zum Nachfolger des jetzigen Medizinmannes ausersehen worden. Diese außerordentlich wichtige Funktion ist für den Erwählten mit einer Bewährungsprobe verbunden. Drei Ernten lang – in der Zeitrechnung des Stammes also

eineinhalb Jahre – mußte der ausgewählte Nachfolger ganz allein im Urwald leben.

Er baut sich eine Hütte auf einem Terrain von ungefähr 30 mal 30 Metern, das er während dieser Zeit nicht verlassen darf. Allerdings besuchen ihn in dieser Zeit die Alten des Dorfes und vor allem der alte Medizinmann. Sie bringen ihm etwas zu essen, unterrichten ihn in den Lehren, Sitten und Gebräuchen ihres Stammes, in der Kunst des Heilens und in der Kräuterkunde. Erst wenn er in allem Bescheid weiß und seine Kenntnisse nachgewiesen hat, darf er ins Dorf zurück. Übrigens ist es ihm während dieser Zeit ebenfalls verboten, sich zu waschen.

Der junge Mann ging zum Fluß, wusch sich, seine Haare wurden mit einem scharfen Stein geschnitten, und er erhielt jetzt einen großen *Namba*. Durch die lange Abwesenheit von der menschlichen Gesellschaft war er sehr wortkarg geworden. Ich erfuhr nicht viel von ihm, sah aber zum Beispiel, wie er in seiner Hütte verschiedene Wurzeln und Äste aufschichtete und zu ihnen sprach. Wahrscheinlich weihte er sie zu Zauberwurzeln. Meine Neugier führte schließlich dazu, daß mein Aufenthalt mit einem Mißklang beendet wurde. Ich sah, wie sich der junge Medizinmann stumm mit Wurzeln und Ästen beschäftigte. Um wenigstens ein Bild von ihm zu haben, bat ich ihn mit Gesten um seine Erlaubnis zu einem Foto. Möglicherweise hatte er mich nicht richtig verstanden, ich glaubte jedenfalls, er hätte nichts dagegen. Ich drückte auf den Auslöser, der mit dem Blitzlicht gekoppelt war. Kurz nachdem der Blitz aufleuchtete, schoß der junge Mann mit dem Kopf voran durchs Bambusfenster und wälzte sich schreiend auf dem Boden. Er nahm wohl an, daß das kurze grelle Licht ein böser Geist sei, der nun von ihm Besitz ergriffen habe, und daß damit all seine Vorbereitungen und Weihen umsonst waren.

Seine Stammesgenossen eilten herbei und reagierten sofort feindselig, ja haßerfüllt, und jagten mich fort. Als ich in meine Hütte kam, lagen meine Habseligkeiten wild verstreut herum. Ich wußte, daß es höchste Zeit war zu verschwinden. Ich machte mich rasch auf den Weg ans Meeresufer, bevor mich irgend jemand vielleicht »zur Rechenschaft ziehen« würde. Da ich keine andere Wahl hatte, »lieh« ich mir eines der Auslegerboote, um damit zur nächstgelegenen kleinen Insel zu paddeln. Das gelang mir auch ohne jeden weiteren Zwischenfall. Schließlich kam ich zu einer Insel, von der mich das Versorgungsboot nach Port Vila mitnahm, der Hauptstadt der Insel Efaté. Mit meinem Rückflug endete eine weitere erlebnisreiche Expedition, die allerdings überhaupt nicht nach meinen vorherigen Plänen verlaufen war.

Ich werde häufig gefragt, warum ich mich immer wieder in riskante Situationen begebe. Vielleicht hat es etwas damit zu tun, daß ich »Sammler« bin. Andere Menschen mögen Briefmarken, Bierdeckel oder auch Kunstgegenstände sammeln. Ich »sammle« Abenteuer, Erfahrungen, Einsichten. Mein stärkster Antrieb ist der Wunsch, so intensiv wie möglich zu leben.

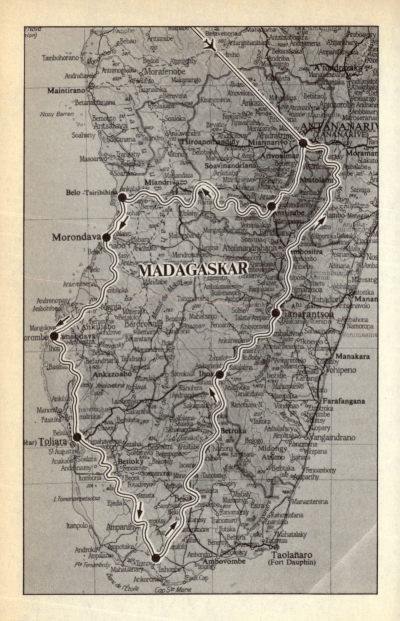

10.
Madagaskar – eine Insel am Ende der Welt?

Eine Landmasse von 587 000 Quadratkilometern umfaßt zum Beispiel die Bundesrepublik Deutschland, Italien und die Schweiz: eine Region mit wechselvoller Geschichte und mit Menschen, die kulturell, wirtschaftlich, politisch, technisch und sozial den Lauf der Welt wesentlich mitprägen. Bei 587 000 Quadratkilometern kann es sich aber auch um eine Insel wie Madagaskar handeln, ein riesiges Gebilde 400 Kilometer östlich von Afrika im Indischen Ozean, »wo der Pfeffer wächst«, das heißt ein Gebiet, über das man so gut wie nichts weiß und wohin man höchstens seinen Feind verflucht. Ich hoffte, bei meiner Einmannexpedition 1986 Ureinwohner dieser Insel zu finden, von denen man nicht einmal weiß, ob sie überhaupt existieren.

Obwohl Madagaskar zum afrikanischen Kontinent gerechnet wird, unterscheidet sich die Bevölkerung rassisch und kulturell stark von der des Festlandes. Die Mehrheit der Madegassen, die über 98 Prozent der Gesamtbevölkerung ausmachen, stammen von malaiisch-polynesischen Völkern ab, die um die Zeitenwende eingewandert sind und südostasiatische Kulturelemente, wie zum Beispiel den Naß-Reisanbau in Terrassenkultur, mitgebracht haben. Passatwinde und der Südäquatorialstrom haben wahrscheinlich vor 2000 Jahren Händler aus Borneo, die nach Arabien wollten, an die unbewohnte Insel getrieben.

Folgende Seiten: Kirner mit Höhlenbewohnern in Madagaskar, bei denen er einige Tage verbrachte

An der Nordwest- und Ostküste wurde dann seit dem 9. Jahrhundert die malaiische Bevölkerung von arabischen Einflüssen überlagert; der dem afrikanischen Kontinent am nächsten liegende westliche Teil der Insel wurde Siedlungsgebiet mancher afrikanischer Negervölker. Infolge der vielfältigen Fremdeinflüsse bildeten sich etwa zwanzig größere Volksgruppen, denen jedoch allen die Sprache, das zur austronesischen Sprachgruppe gehörige »Malagasy«, gemeinsam ist. Die nichtmadegassische Bevölkerung besteht überwiegend aus Franzosen, ferner gibt es asiatische Minderheiten, Inder und Chinesen. Relikte der Urbevölkerung sollen, wie ich nach vielen Fragen und Korrespondenzen herausbringen konnte, bis heute unerkannt im Zentralgebirge Madagaskars leben. Das Gebirge teilt die 1580 Kilometer lange und 580 Kilometer breite Insel längs wie ein Kamm. Weil es außerordentlich schwierig ist, von den Regenwäldern in den tiefergelegenen Zonen über die Savannen bis in die Hochlandsteppen vorzudringen, ist die Insel teilweise bis heute *terra incognita,* das heißt, ihre Landkarte hat stellenweise wirklich noch weiße Flecken.

Auch ich kannte von Madagaskar zunächst nicht mehr als das jedermann geläufige Seemannslied. In dem Nicht-Wissen lagen für mich aber der Wunsch und der Reiz, dem Neuen auf die Spur zu kommen; in diesem Entdecken liegt für mich der Sinn des eigenen Lebens.

Ein Freund, der einige Male auf Madagaskar gewesen war, wußte von dieser viertgrößten Insel der Erde an für mich Interessantem nur zu berichten, daß er das Land vom Überfliegen her faszinierend fand. Die Küstenregionen samt den vielen Kilometer langen Sandstränden seien leer, es gebe billige Hotels, anschmiegsame Mädchen und preisgünstige Edelsteine. Doch was sollte ich in dieser morbiden Zivilisation anfangen? Mich interessierten die Urstämme. Weil sich aber auch die Experten darüber

streiten, ob von den Originären noch vereinzelte Gruppen existieren, witterte ich die Chance, vielleicht selbst den endgültigen Beweis liefern zu können. In Bolivien hatte ich schon einmal das Glück gehabt, eine nur noch der Sage nach existierende Inka-Stadt zu finden. Vielleicht war mir das Glück hier noch einmal hold.
Der Brief eines seit 1938 auf Madagaskar lebenden Missionars stachelte meinen Forscherdrang weiter an. Er schrieb, seine Schützlinge erzählten immer wieder von hoch oben im Gebirge und im dichten Urwald ohne festen Wohnsitz umherstreifenden Menschen, die, am ganzen Körper behaart und sehr fremdenscheu, in flüchtig zusammengebundenen Hütten aus Gerten und Blättern hausen sollten. Bekleidet seien sie mit Baumrinde, ernähren sollten sie sich von Wurzeln, Honig, Wildfrüchten, Igeln und anderem Viehzeug. Dem Gottesmann gelang es nie, auch nur einen der Wilden anzusprechen; jedesmal, wenn er an einen der beschriebenen Plätze kam, waren die Wohnhöhlen leer. Nicht die geringste Spur gab ihm Auskunft über die Gewohnheiten dieser Menschen. Selbst eine richtige Expedition, in der Völkerkundler, Polizei und Militär ihn begleiteten, erbrachte keine näheren Aufschlüsse. Von einem französischen Polizeibeamten war noch die Rede, der zwei kleinwüchsige, nur etwa einen Meter vierzig messende Eingeborene als Hausboys beschäftigte. Eines Tages seien sie aber plötzlich wieder verschwunden.
Als ich im Flugzeug saß, das mich über Paris nach Antananarivo, kurz »Tana« genannt, dem Dorf der Dörfer, das heißt der Hauptstadt von Madagaskar, flog, kam ich mir wie ein Elektriker vor, der ohne Hilfsmittel unter einem Gewirr von Drähten und Kabeln die zwei passenden verbinden soll.
Im Völkergemisch der Hauptstadt finden sich auch heute noch erstaunlich wenig Afrikaner. Die Bewohner des

schwarzen Kontinents zog es nie in größeren Gruppen nach Madagaskar, denn früher erwartete sie dort die Sklaverei. Im übrigen war im eigenen Land Platz genug. Afrikanische Schwarze traf ich erst später im Süden, bei den Vezo-Fischern, einem großen und starken Völkchen, mit den unverwechselbaren Zügen der Bantuneger. Da ich lange genug in Afrika gelebt habe, konnte ich bei deren Unterhaltung einiges verstehen. Auch sie redeten von den »Vazimbas«, das heißt von denen, »die immer schon da waren.«
Freilich waren meine Aussichten auf Erfolg durch meine begrenzten Finanzmittel und die knappe Zeit nicht sehr rosig. Ich hoffte aber, daß ich zu Fuß in Gebiete vordringen könnte, in die die genannten offiziellen Expeditionen mit ihren lärmenden Fahrzeugen nicht gelangen konnten, so daß ich ihnen gegenüber doch einen Vorteil hätte. Der bisher erfolglose Missionar gab mir noch den Rat, in der Gegend von Belo-sur-Tsiribihira zu suchen, das wäre die letzte Möglichkeit, dem Geheimnis auf die Spur zu kommen. Allerdings sei dieses Gebiet sehr malariaverseucht, wie die acht Forscher bewiesen, die bis jetzt zu Fuß in diesen Landstrich vorgedrungen waren und von denen die meisten malariakrank zurückkamen. Ich fühlte mich sicher, denn ich hatte ja meine Malaria-Prophylaxe – was sollte mir also geschehen? Meine Erfahrung lehrte mich allerdings wieder einmal etwas anderes.
Mit dem sogenannten Buschtaxi, einem für unsere Begriffe völlig verkehrsuntauglichen und hoffnungslos überlasteten Gefährt, »floh« ich dann aus Tana vor dem lärmenden Verkehr und den aufdringlichen Bettlern in das knapp 200 Kilometer entfernte Antsirabe (»wo es das Salz gibt«). Im dortigen »Hotel«, wo ich mich nach der mehrstündigen, quälenden »Fahrt« auf einer Straße, auf der sich Schlagloch an Schlagloch reihte, erholen wollte, gab es zwar eine hochmütige Besitzerin, die angeblich von

einer Königsfamilie abstammte, dafür aber nichts mehr zu essen, statt dessen jedoch schiefe, durchgelegene Betten. Hungrig legte ich mich im Schlafsack auf den harten Boden. Am anderen Morgen, als ich gerade starten wollte, berichteten die plötzlich redselig gewordene Madame, und mit ihr ihr Ehemann, ein aus dem Zweiten Weltkrieg zurückgebliebener Franzose, von Edelsteinen und Kristallen, die der 2225 Meter hohe Mont Ibity berge. Zum Beweis zeigten sie mir ihre wunderschöne Sammlung. Jetzt wollte ich die Suche nach den Eingeborenen mit der nach Edelsteinen verbinden.

Auf meine Frage, ob sie einen zuverlässigen Führer und Träger für mich wüßten, der mich auf meiner langen und mühsamen Tour begleiten könnte, waren sich beide sofort einig und meinten, José wäre da genau der Richtige, sie wollten sofort nach ihm schicken. Während ich wartete, bis er kam, erzählte mir der Franzose vom Großvater seiner Frau, der als einer der wenigen die Insel durchquert hatte. Er habe an der Westküste Ureinwohner getroffen und sei im Süden auf die Mahafaly gestoßen, eine außerordentlich interessante Volksgruppe. Leider hatte dieser Mann nichts von seinen Reisen aufgezeichnet. Also suchte ich die Dorfältesten auf, die sich vielleicht an den Großvater der Hoteliersfrau erinnerten. Ich fand tatsächlich jemanden, der aus den Erzählungen noch von einem Ort Belo-sur-Tsiribihira an der Westküste wußte, von wo der Alte damals Pfeil und Bogen der Eingeborenen mitbrachte. Dieser Hinweis deckte sich also mit dem Rat des Missionars.

Inzwischen war José eingetroffen, ein sympathisch aussehender Mann, der einigermaßen Französisch sprach und die Gegend sehr gut kannte. Allerdings meinte er gleich, daß wir im Verlauf des Marsches neue Führer suchen müßten, die die späteren Etappen genauer kannten. Von meinem Ziel Belo-sur-Tsiribihira war er begeistert, denn

ein Mitglied seiner Familie suchte vor längerer Zeit bereits in dieser Gegend nach den Vazimbas, kehrte aber nie wieder zurück. Vielleicht würde er ihn finden.
Zunächst starteten wir zu Josés Stamm, den Zafimaniry oder auch Tanala, das sind die »Waldmenschen«. Vom 80 Kilometer entfernt liegenden Ambositra mit seinem Kloster, in dem mein als hervorragender Schnitzer bekannter Begleiter seine Kunstwerke zum Verkauf anbieten durfte, ging es dann bergauf. Das Gelände, eine Steilstufe, die die dichtbewaldete Ostabdachung des zentralen südlichen Hochlandes von Madagaskar unterbricht, machte uns zu schaffen. Um wieviel mehr müssen die etwa 20 000 auf 700 Quadratkilometern lebenden Zafimaniry schuften, die an den Hängen ihre Lebensmittel anbauen? Elf Monate im Jahr ist es triefend naß und kalt. 1985 erfroren im Juli/August bei fünf Grad minus die Bananenstauden.
Antoetra hieß das erste Dorf des Stammes. Das Empfehlungsschreiben einer Missionsstation öffnete mir die Tür zum Chef der Siedlung. Eine verfallene Kirche war der geeignete Platz zum Übernachten. Trotz Nebel und Nieselregen begeisterte ich mich an den malerisch gelegenen Dörfchen der Zafimaniry, besonders wenn sie auf die Spitze eines Berges gebaut waren. Immer wieder erblickten wir sie erst, wenn der Dunst- und Regenschleier zerriß und die Sonne spärlich über den gras- und bambusgedeckten Hütten glänzte. Wie Inseln schienen sie dann in der dampfenden Feuchtigkeit zu schwimmen.
Die Kunstfertigkeit der Bewohner zeigt sich in den dekorativ geschnitzten Einrahmungen der jeweils vier Fensteröffnungen. Eine weitere Öffnung hat das Dach, um den aus der Mitte des einzigen Raumes aufsteigenden Rauch der Feuerstelle abziehen zu lassen. Die Hütten sind so konstruiert, daß sie in kürzester Zeit zerlegt und auf zwei Lasttieren abtransportiert werden können. Die in der Holzbearbeitung überaus geschickten Zafimaniry

sind deswegen auf der ganzen Insel begehrte Handwerker. Alle öffentlichen Gebäude, einschließlich derjenigen in der Hauptstadt, belegen durch die Fassaden den hohen Rang ihrer Schnitzkunst. Zu einem großen Teil ernährt sie der Wald; zum Beispiel hängen sie ihre Bienenkörbe in die Baumwipfel zur Honiggewinnung. Es wundert daher nicht, daß sie den Wald auch religiös verehren.
Natürliche Gefährdungen, die die Hilfe der Geister erfordern, gibt es für dieses Völkchen genug. Das Leben in der feuchtkühlen Höhe setzt den ohne zeitgemäße Medizinversorgung lebenden Menschen enorm zu; die Säuglingssterblichkeit etwa liegt bei 70 Prozent. So ist eine hohe Geburtenrate von existentieller Bedeutung.
In der Familienhierarchie drückt sich das dergestalt aus, daß ein Zafimaniry-Mann erst dann auf den Versammlungen oder in den Großfamilien ein Mitspracherecht hat, wenn er mit seiner Frau ein Kind gezeugt hat. Mein noch unverheirateter Begleiter wurde bei den Mahlzeiten in den Hütten daher stets als letzter bedient. Entsprechend genießt die Mutterschaft ein hohes Ansehen. Die Frauen erhalten für sich und ihr Baby den einzigen Separatraum in der Hütte. Er ist zwar nur so groß, daß sie mit ihrem Kind gerade aufrecht darin sitzen kann. Erst sechs Monate nach der Geburt darf sich der Mann ihr wieder nähern, und während dieser Zeit darf sie auch nicht arbeiten.
In den Dörfern empfingen uns jedesmal kläffende Hunde und furchtsame Kinder. Sie liefen erst einmal vor mir davon, denn in den vergangenen vier bis fünf Jahrzehnten war kein Weißer mehr im Land gewesen. Alle älteren Familienmitglieder arbeiteten auf den Feldern. Mich hielten die Leute für einen unerwünschten Missionar, den sie weniger als Glaubensboten ablehnten, sondern deshalb, weil er ihnen die Zeit für die mühsame Feldarbeit und damit für die Nahrungsmittelversorgung raubte. Daß ich aus Abenteuerlust durch die Insel zog und um Urbewoh-

ner zu suchen, glaubten sie anfänglich nicht. Doch allmählich sprach es sich herum, und bald drängten sich in jedem Dorf die Neugierigen um mich. Den Kindern mußte ich immer wieder meine kleinen Zauberkunststückchen vorführen und den Älteren von Europa erzählen. Die Menschen hier leben ja völlig isoliert, sie kennen weder Radio noch Zeitung und sind fast ausschließlich mit ihrer harten Pflanzarbeit beschäftigt. Manche ihrer Gewohnheiten, zum Beispiel das Essen mit Stäbchen, zeigen, daß ihre Vorfahren aus dem indonesischen Raum eingewandert sind.

Weil die Leute sich so köstlich über meine kleinen Taschenspielertricks amüsierten, trauten sie mir offensichtlich auch anderes zu; jedenfalls bat mich im Dorf Ambuimansak ein Mann zu seinem Sohn. In der Hütte lag der Zwölfjährige, der mich mit großen, bittenden Augen ansah. Als er das Tuch, unter dem er lag, hob, kam ein Bein zum Vorschein, das als solches kaum mehr zu erkennen war. Das Knie war vom Ober- bis zum Unterschenkel zu einem riesigen Ballon angeschwollen; der Junge mußte entsetzliche Schmerzen haben. Der völlig abgemagerte Kranke setzte nun alle Hoffnung auf mich, den in seinen Augen überlegenen Weißen. Durch José ließ ich ihm sagen, daß er unbedingt in ein Krankenhaus müßte, ich könnte nicht helfen. Da weinte der Junge, und unter den herumstehenden Familienmitgliedern breitete sich bittere Enttäuschung aus. Ein Krankenhaus gab es weit und breit nicht, und die nächste Missionsstation lag etwa sechs Tagereisen entfernt. Um meinen guten Willen zu unterstreichen, bot ich an, unsere Marschroute zu ändern und den Kranken bis zu der Station zu tragen. Darauf antwortete seine Tante (die Mutter war bei seiner Geburt gestorben) mit Wehgeschrei. Sie meinte, wenn er erst einmal bei den Weißen sei, käme er nie wieder zurück. Mit Josés Hilfe versuchte ich alles, um die Familie vom Gegenteil zu überzeugen, aber auch mein Vorschlag, daß zwei kräftige Männer den Burschen zu der nur zwei Tagesmärsche entfernten Küste tragen sollten, wo ich für ein Schiff sorgen wollte, um ihn in die Hauptstadt in ein richtiges Krankenhaus zu bringen, wurde abgelehnt. Mehr zum Trost gab ich dem Kranken von meinen schmerzstillenden Mitteln, doch davon bekam er Durchfall. Nun war ich in der Achtung total gesunken.

Am nächsten Tag kam der Medizinmann, denn er hatte gehört, daß ein Weißer bei dem Kranken sei. Er aber wollte die bösen Geister, die in den Jungen gefahren waren, mit seinem Muschelhorn und seiner Kunst vertreiben. Mich sah er nur von oben herab an, denn es war schon bis zu ihm gedrungen, daß ich dem Kranken nicht helfen konnte. Gnädigerweise durfte ich neben der Familie mit José der Zeremonie beiwohnen. Der Medizinmann kniete sich nun vor dem Jungen hin, nahm eine große Muschel und erzeugte damit gräßliche Töne, zwischendurch sang er dazu mit schauriger Stimme, und es schien, als ob sie nicht mehr zu ihm gehören würde, so hatte er sich verstellt. José flüsterte mir zu, daß ein außerirdisches Wesen in ihn gefahren sei und aus ihm spräche. Mit starren Augen blickte der Medizinmann nun auf den Burschen und orakelte, daß er bald wieder gesund werde, aber nur unter der Bedingung, daß er auf keinen Fall das Dorf verließe und für die guten Geister ein Zeburind opferte, damit sie ihm wohlgesonnen seien. Daraufhin ließ sich dieser »Geistheiler« zu Boden fallen, wo er regungslos liegenblieb. In der Hütte wurde es unheimlich still. Nach einer Weile stand er wieder auf, blickte irritiert um sich und tat so, als ob er nicht wüßte, was in der letzten halben Stunde geschehen war. Er erklärte der Familie

Folgende Seiten: Madagaskar – Frau mit Kind mit typischer Kopfbedeckung. Auch sieht man hier deutlich die asiatischen Gesichtszüge.

nur, daß ein guter Geist aus ihm gesprochen habe, und wenn sie alles befolgten, werde der Junge bald wieder gesund. Voller Ehrfurcht blickten alle auf ihn; es war ihnen ein unerschütterlicher Glaube ins Gesicht geschrieben.
Ich aber ärgerte mich über diesen abgefeimten Kerl, der, auch noch die Gunst der Stunde nutzend, mich barsch anfuhr, ich würde die Genesung des Jungen verzögern und sollte deshalb gefälligst das Zeburind bezahlen, um die guten Geister gnädig zu stimmen. Mit dieser Methode hatte er wohl schon des öfteren Erfolg gehabt, denn später sah ich, welch große Herde Zebus er besaß. José ließ sich von dem dreist Auftretenden beeindrucken, denn als ich wieder aufbrechen wollte, deutete er mir an, daß er mein Gepäck bereits an den Rand des Dorfes getragen habe, er werde mich aber nicht weiter begleiten, denn ich sei doch nicht der gute Mensch, für den er mich anfangs gehalten habe. Sicherlich reagierte er nur unter dem Druck der Dorfbewohner so, aber zu ändern war jetzt nichts mehr. So gab ich ihm seinen Lohn und ein großzügiges Trinkgeld, denn an seinem Gesichtsausdruck war zu erkennen, daß ihm die Trennung schwerfiel. Dann schulterte ich mein etwa 35 Kilo schweres Gepäck und marschierte auf dem kürzesten Weg ins nächste Dorf; meine größte Sorge war nun, wieder einen guten Begleiter zu bekommen; eine kundige Führung war in dieser wenig bewohnten Wildnis sehr wichtig. Als ich abends mein Zelt aufschlug, entdeckte ich darin eine wunderschön geschnitzte Figur; José hatte noch einen Zettel dazugelegt, auf den er »für meinen Freund Georg« geschrieben hatte. Jetzt bedauerte ich die verpatzte Begegnung mit dem Kranken noch mehr, vor allem, weil eine völlig unbegründete Furcht vor dem in Wahrheit betrügerischen Schlitzohr von Medizinmann den Ausschlag für die Trennung gegeben hatte.
Im nächsten Dorf nahmen mich die Bewohner freundlich

auf. Da es gerade Mittagszeit war, war ich für die Einladung zum Essen sehr dankbar. Schon zwei Tage hatte ich nichts Richtiges mehr im Magen gehabt. Es gab zwar nur heiße Kartoffeln, die auf ca. dreißig Zentimeter lange Stäbe aufgespießt gegessen wurden, aber mir schmeckten sie gut. Durch Vermittlung des Oberhauptes der Familie fand ich wieder einen Begleiter. Pierre ernährte sich vom Kräutersammeln und wohnte mit seiner Frau in einer Höhle. Er begrüßte mich wie einen alten Freund und führte mich in das Halbdunkel seiner Behausung. Auf einem roh gezimmerten Bett lag eine total abgemagerte Frau mit einem riesigen, zum Zerplatzen geschwollenen Bauch, in dem eine alte Kanüle steckte, aus der Sekret in eine darunter stehende, verdreckte Konservenbüchse tropfte. Die Frau mußte entsetzlich leiden. Pierre erzählte mir, daß der Medizinmann vor ein paar Tagen bei seiner Frau gewesen war und gemeint hatte, daß sie nur zuviel Wasser getrunken hätte, das auf natürliche Weise nicht mehr ausgeschieden würde. So stieß er ihr die Kanüle in den Bauch und meinte, daß sie in ein paar Tagen wieder auf dem Feld arbeiten könnte.
Die Stelle, an der die Bauchdecke durchstoßen war, zeigte bereits deutliche Spuren einer Entzündung. Es stellte sich heraus, daß die Frau von demselben Scharlatan so übel behandelt worden war, der auch mit dem Jungen so unverantwortlich und selbstsüchtig umgesprungen war. Pierre konnte einigermaßen Französisch, das er in einer Missionsschule gelernt hatte, und so konnte ich mich leidlich mit ihm unterhalten. Vorsichtig – aufgrund meiner schlechten Erfahrungen – sprach ich ihn darauf an, ob er die Frau nicht in ein Krankenhaus transportieren lassen wollte, aber auch er war der Überzeugung, daß der Medizinmann helfen könnte und alles wieder gut würde. Was konnte ich gegen die starke Macht des Glaubens ausrichten?

Ich erzählte Pierre nun von meinem Wunsch, die Vazimbas zu finden. In dem folgenden Gespräch stellte sich heraus, daß er einiges über sie wußte, aber auch über die Sitten und Gebräuche der Zafimaniry. Er machte einen guten Eindruck auf mich, und als ich ihm den doppelten Lohn von zirka sechs Mark pro Tag plus Verpflegung und Unterkunft versprach, war er begeistert und beteuerte, daß er alles tun werde, um die Vazimbas zu finden. Er war geistig rege und an allem interessiert. Beinahe wäre er Medizinmann geworden, denn auch sein Vater war einer. Aber er mußte als kleines Kind erst eine Prüfung bestehen: Man setzte ihn als einjährigen Buben auf einen schmalen Weg, über den dann die Rinder des ganzen Dorfes getrieben wurden. Blieb er unverletzt, dann wollten die Geister, daß er Medizinmann wurde, bei einer Verletzung aber waren sie dagegen. Als die letzten Rinder vorbei waren, saß Pierre anscheinend unverletzt, aber laut weinend im Staub. »Nur« ein Rind war ihm auf die rechte Hand getreten, die natürlich gebrochen war. Dies war Zeichen genug, daß ihn die Geister nicht als Medizinmann akzeptierten.

»*Veluma vazah*« – auf Wiedersehen, Weißer –, riefen mir beim Abschied am nächsten Tag die beiden Frauen nach, die außer der Kranken noch in der Höhle von Pierre wohnten. Ob es seine Frauen oder nur Verwandte waren, konnte ich nicht herausbekommen. Jedenfalls fiel Pierre der Abschied sichtlich schwer. Er rief den Frauen noch ein paar Worte zu, dann verschluckte uns der Urwald. Bevor wir uns der Westküste zuwandten, besuchten wir das Totenfeld der Zafimaniry. Aus der Erde ragten phallusähnliche Steine, zum Gedenken an die verstorbenen Männer.

Die Frauen ehrt man mit einem aufrecht stehenden Stein, den eine Steinplatte deckt. Auf ihr ruht eine Steinkugel, die den Wasserkrug und damit die Fruchtbarkeit symboli-

siert. Gräber in unserem Sinne haben nur die Begüterten. Sie lassen sich auf ihrem eigenen Grund und Boden beerdigen. Wer es sich leisten kann, bettet den Verstorbenen in einen Sarg. Dieser wird in eine natürliche Felsenhöhle gelegt, die Priester vorher ausgesucht haben. In den Höhlen, die oft mehrere Wegstunden vom Dorf entfernt sind, halten die Toten ihren Ewigkeitsschlaf. Der Urwald überwuchert bald die Zugänge zu den Nischen im Berg. So kennen nur die nächsten Angehörigen die Ruhestätten.
Auf unserer Suche nach den Vazimbas benutzten wir die seit alten Zeiten bestehenden Pfade und hofften, so am ehesten auf die Ureinwohner zu treffen. Wir kamen durch Ambalavao, eine vor vielen hundert Jahren von den arabischen Anaimuro gegründete Siedlung. Ihre Schriftzeichen sind dort bis heute erhalten geblieben, auch die Fertigkeit, aus Baumrinde Papier herzustellen. Einige der sehr kunstvoll mit echten Blumen geschmückten Papiere, auf denen die Einwanderer aus dem Norden ihre Kenntnisse in Astronomie und Mathematik niedergeschrieben haben, hütet das Museum von Tana als kostbare Schätze. Nach einigen Stunden sahen wir einen etwa 500 Meter hohen Felsen emporragen. Auf ihm ließ sich in früherer Zeit, als es noch Königreiche mit Sklavenhaltung gab, der verjagte Prinz Rahasamanarivo nieder und gründete das Reich Arindrano. Unter dem Namen Eringdranes wird es urkundlich noch heute erwähnt. In der Folge wurde es in mehrere kleine Länder aufgeteilt, die so dicht bevölkert waren, daß sie im Falle einer kriegerischen Auseinandersetzung mehr als 30 000 Mann stellen konnten. Die Gebiete, die alle südlich im Ursprungsbereich des Flusses Mangharac lagen, trieben regen Handel mit arabischen und europäischen Kaufleuten. Im 17. Jahrhundert kamen bereits Franzosen zum Rinderkauf hierher und berichteten von dem Königreich. Die Einheimischen vertrieben sie jedoch als Eindringlinge. Das Königreich zerfiel erst

im 19. Jahrhundert nach mehrmonatiger Belagerung der Felsenburg durch mehrere tausend Soldaten eines anderen Reiches. Der Widerstand soll heldenhaft gewesen sein. Den Überlieferungen zufolge wurden die Belagerten ausgehungert. Andere Erzählungen meinen, die Verteidiger hätten sich aus Furcht vor dem Feuer, das die Angreifer entfachten und das bis dahin als Kriegsmittel unbekannt war, in die Tiefe gestürzt. In einem Felsspalt zwischen gigantischen Granitabbrüchen kann man bis heute die Gebeine der toten Soldaten sehen, allerdings ohne Köpfe, sie werden an einem geheimen Ort aufbewahrt.

Der Stock, den mir mein Begleiter schnitzte, kam mir sehr gelegen, denn die Pfade führten steil hinauf, und jeder von uns trug ungefähr zwanzig Kilogramm auf dem Rücken. Die Feuchtigkeit machte den Boden glitschig, und es wurde besonders gefährlich, wenn wir uns über glattgeschliffene Blöcke entlang von Schluchten mehr tastend als gehend vorwärts bewegten. In einem tosenden Fluß verlor ich das Gleichgewicht, und mein Begleiter wurde ebenfalls umgerissen. Erst nach mehreren hundert Metern konnten wir uns ans Ufer retten. Sieben Stunden dauerte es dann, bis wir das nächste Dorf erreichten. Die Bewohner konnten das Lachen nicht verkneifen, als wir wie zwei getaufte Mäuse daherkamen. Aber sie führten uns gleich in eine Hütte, in der wir über einem Feuer unsere Sachen trocknen konnten. Für die Kinder war ich natürlich wieder die Sensation; nach der überwundenen Scheu kam immer wieder eines zu mir und fühlte, ob meine helle Farbe auch echt sei. In der Nacht konnte ich auf dem bloßen Bambusboden wegen der zahllosen Ratten keinen Schlaf finden. Ich hörte, wie die Viecher an meinem Gepäck herumnagten, und schlug mit dem Stock erbost um mich. Dann versuchte ich, mich mit dem Moskitonetz zu schützen, aber dadurch wurde alles noch schlimmer, denn zwei Ratten hatten sich darin verfangen, die jetzt wild um ihr Leben kämpften. Entnervt floh ich und suchte Unterkunft in einer anderen Hütte. Erst nach einigen erfolglosen Versuchen öffnete eine alte Frau die Tür mit einem brennenden Holzscheit in der Hand. Sie vermutete wohl ein Familienmitglied, doch als sie mich sah, fiel ihr vor Schreck das Holzscheit aus der Hand, und schreiend verschloß sie die Tür. Nun hatten mich auch die Hunde entdeckt. Kläffend überfiel mich die Meute, ich mußte mich wehren, und mein Stock sauste nur so durch die Luft. Erst mein Begleiter und einige herbeigeeilte Männer aus dem Dorf beendeten das Spektakel. In einer etwas gemütlicheren Hütte fiel ich dann endlich in Schlaf, obwohl das nasse Holz im Feuer fürchterlich qualmte. Hustend und mit roten Augen wachte ich nach kurzer Zeit wieder auf. Die eingeborenen Hüttenbewohner schüttelten verwundert den Kopf über mich, sie fühlten sich in der Räucherkammer pudelwohl.

Beim Abschied warnten uns die Dorfbewohner noch eindringlich, ja nicht nachts zu gehen, denn Räuber würden ihr Unwesen treiben und jeden töten, den sie erwischten, oder ihm die Sehnen an den Fersen durchschneiden. Gauner behelligten uns zwar nicht, aber dafür wurde der Weg immer schlimmer. Die Vegetation hörte allmählich auf, und dann ging es steilste Geröllhalden hinauf; die Sonne brannte vom Himmel, und kein Lüftchen regte sich. So, wie es vor Tagen zu naß war, wurde es jetzt zu trocken. Trinkwasser wurde immer knapper, und unsere Vorräte reichten oft nicht bis zur nächsten Wasserstelle. Die Zunge klebte wie Sandpapier am Gaumen. Wir mußten aber vorwärts, denn der Weg zurück hätte uns auch nicht vor dem Verdursten gerettet. In solchen Augenblicken verwünschte ich mich dafür, dieses Risiko und solche Strapazen eingegangen zu sein. Pierre aber ertrug dies alles, ohne zu murren, wofür ich ihm dankbar war. Er suchte jede Felsrinne nach ein paar Wassertropfen ab, und in ausgetrockneten Flußbetten gruben wir den Sand bis zu einem Meter tief auf, aber immer umsonst. Die Landschaft tanzte vor unseren Augen, als wir endlich in die nächste Ansiedlung hineinwankten. Gierig tranken wir das grünliche, übelriechende Wasser aus der allgemeinen Zisterne. Dabei kam mir gar nicht in den Sinn, über die Gifte und Faulstoffe in dieser Brühe nachzudenken, Hauptsache, es war naß. Nachdem wir uns etwas ausgeruht hatten, füllten wir unsere Wasserflaschen und zogen wieder weiter.

Wir waren immer froh, wenn die Eingeborenen uns etwas Reis, ein paar Eier, hier und da ein wenig Fleisch oder Honig aus ihren knappen Vorräten verkauften. Am dankbarsten aber waren wir, wenn sie uns zu ihrem Nationalgericht Romasava – Fleisch in einer scharf gewürzten, dünnen Kräuterbrühe – einluden, einer willkommenen Abwechslung auf unserem kargen Speiseplan.

Immer wieder fragten wir die Leute, ob sie etwas über die Urbewohner in den Wäldern wüßten, bekamen aber jedesmal ein Kopfschütteln zur Antwort. Ja, früher habe es sie gegeben, da hausten sie wie Tiere, hatten keine Häuser und Felder und stahlen nachts in den Dörfern. Einer meinte, er wisse schon, wo diese Wilden lebten, aber aus Angst vor Unglück wolle er nichts verraten. Sichtbar verschlossen sich die Gesichter, sobald der Name Vazimba fiel. Vor allem mir Weißem prophezeiten sie Unglück, wenn ich versuchen wollte, sie in ihrer Ruhe zu stören.

Pierre verwirrte mich. Ohne erkennbaren Grund verlangte er plötzlich einen Begleiter. An Überlastung glaubte ich nicht, denn er hatte sich nie beschwert. Angesichts der Hitze marschierten wir nur sechs Stunden am Tag, wir brachen ganz früh auf und rasteten dann bis zum späten Nachmittag. Pierre wollte vielmehr einen Begleiter, der seine Sprache konnte. Im nächsten Dorf fand sich einer, er hieß auch wieder José, wie mein erster Träger, und bei ihm wurde Pierre an den folgenden Tagen all das los, was sich an Erlebnissen und Ängsten in ihm von der bisherigen Tour aufgestaut hatte. Meist palaverten sie gleichzeitig, und fragte ich einmal, worum es ginge, dann antworteten sie, sie sprächen vom Wetter, vom Weg, von der Ernte usw. Also hatte Pierre lediglich jemanden gesucht, um mit seiner Furcht nicht allein zu sein. Die beiden setzten ihr Geschnatter auch nachts fort. Protestierte ich, dann gaben sie höchstens für zwei Minuten Ruhe. Wann sie schliefen und sich entspannten, fand ich nicht heraus. Tagsüber ging es weiter. An Steilstücken und mit dem Gepäck auf dem Rücken keuchten sie zwar, quasselten aber trotzdem weiter und kamen dabei mindestens so schnell voran wie ich.

Im nächsten Dorf erhielten wir Kosmetikunterricht. Vor einem Feuer hockten zwei Frauen mit dicken weißen Gesichtsmasken. Mit einer Mischung aus zerriebenen Pflanzensamen und pulverisierten Mandeln schützten sie sich wirksam vor der Hitze der Sonne und der Glut des Feuers. Ein Vollbad in einer herrlichen, frischen Quelle, auf das wir uns nach den schon wochenlangen heißen Märschen so sehr gefreut hatten, verwehrte uns der Wächter mit erhobenem Knüppel. Ein ganzes Dorf lebte von dem Wasser, das deswegen nicht zum Waschen mißbraucht werden durfte. Wir verschwanden und übernachteten in einem leeren Kuhstall.

Belo-sur-Tsiribihira war jetzt nicht mehr weit entfernt, und so hielt ich es für das beste, einen weiteren Führer anzuheuern, denn ich glaubte, ein Einheimischer könnte uns am besten zu den Vazimbas führen. Weit gefehlt! Die Leute verhielten sich sehr unfreundlich, ja aggressiv uns gegenüber, als wir mit unserer Absicht herausrückten. Pierre konnte sich kaum erwehren. Sie bedrohten ihn und riefen, die Geister der Vazimbas würden sich an jedem rächen, der ihnen zu nahe träte. Am allerwenigsten würden sie einen *Vazah*, einen Missionar, für den sie mich hielten, dorthin führen, denn die Rache der Toten würde fürchterlich sein. Keiner wollte mir glauben, daß ich meine Heimat verlassen und eine so lange Reise unternommen hatte, nur um hier die Sitten und Gebräuche der Vazimbas zu erforschen.

Scheinbar so kurz vor dem Ziel, ließ ich mich aber nicht beeindrucken. Auch meine Begleiter hielten weiter fest zu mir, was mich sehr verwunderte. Tags darauf zogen wir an einem Fluß entlang. Öfter sahen wir Steinmännchen. Für Pierre waren es heilige Steine und zugleich der Beweis, auf dem richtigen Weg zu sein. Mein Herz klopfte unruhig, ich war ja schon froh, wenn ich wenigstens die Kult- und Totenstätten dieses Volkes zu sehen bekam. Plötzlich stoppte Pierre – er stand vor einem behauenen Stein aus blauem Granit. »Das ist ein Vato-Manga und sicheres Zeichen dafür, daß es hier Vazimbas gibt«, beschwor er mich. Durch hohes Steppengras zogen wir weiter, und mir fiel auf, daß Pierre und José jetzt auffällig ruhig waren – sie fürchteten wohl doch die Geister der Vazimbas. Bald wurde es wieder feuchter; in dem weiter oben beginnenden Urwald hörte der Weg auf, und wir mußten uns auf gut Glück durchschlagen. Die Zweige und Äste rissen Löcher in unsere feuchten Kleider. Dann konnten wir wieder am Rande eines kleinen Flusses marschieren. Es ging mir jetzt wie einem Goldsucher, der plötzlich sicher ist, eine Mine entdeckt zu haben – entsprechend groß war auch meine Vorfreude.

Der Weg am Fluß entlang wurde wieder schlammig und tief. Also blieb uns nichts anderes übrig, als uns wieder durch den Urwald zu kämpfen. Aus der Ferne vernahmen wir gelegentlich menschliche Laute. Nach Ansicht Pierres waren es die Einheimischen, die uns möglicherweise suchten, um uns aufzuhalten. Um dieser Gefahr aus dem Wege zu gehen, marschierten wir nur noch nachts im

Mondschein. Wieder am Fluß, wateten wir manchmal bis zu den Hüften im Wasser. Plötzlich setzte ein heftiges Gewitter ein, und im prasselnden Regen bauten wir schnell eine Hütte und legten meine Zeltplane darüber. Ein Tag Rast schade nicht, sagte ich zu Pierre, er aber wollte möglichst schnell weiter, und als der Regen etwas nachgelassen hatte, ging er hinaus, um zu schauen, wo wir unseren Weg fortsetzen könnten. Kurze Zeit später hörten wir ihn schreien. Sofort stürzten wir beide aus der Hütte und liefen in die Richtung der Schreie. Plötzlich standen wir vor einem Loch im Boden und sahen Pierre in ungefähr fünf Meter Tiefe liegen. Er schien nicht verletzt zu sein, konnte aber allein nicht mehr heraus. Nun mußten wir zuerst nach einer langen Liane suchen, an der wir ihn wieder herausziehen konnten. Nach längerer Zeit fanden wir eine geeignete, die wir zu Pierre hinunterließen. Zu zweit stemmten wir uns fest in den Boden, um mit aller Kraft zu ziehen.

Als Pierre schon an der Kante war, gab plötzlich der Boden unter mir nach, und jetzt stürzte ich mit dem Kopf voran in ein überwuchertes Erdloch. Im Fallen versuchte ich noch, mich irgendwo festzuhalten – die Liane hatte ich wohl vor Schreck losgelassen –, aber nichts hielt meinen Fall auf. Ich konnte mich nur noch so drehen, daß ich nicht mit dem Kopf auf dem Boden landete. Zuerst wischte ich meine Augen aus, die voll Erde waren, und spürte dabei einen stechenden Schmerz in meiner linken Hand – sie war gebrochen. Ich blickte nach oben, wo ich die Öffnung im hellen Mondlicht erkennen konnte, und stellte fest, daß ich mindestens zehn Meter tief gefallen war. Aber wo waren Pierre und José? Ich rief und rief, aber sie meldeten sich nicht. In meiner Verzweiflung schimpfte ich wie ein Rohrspatz, was mir allerdings auch nicht weiterhalf. Dann wollte ich meine Hand, die unkontrolliert herunterhing, in eine bessere Lage bringen, um den Schmerz zu lindern.

Von den Ästen, die mit heruntergefallen waren, brach ich ein paar zurecht, riß meine Hemdsärmel in Streifen und band damit die Hand fest an die Stöckchen – aber wie sollte es jetzt weitergehen? Die arme Frau mit dem aufgeschwollenen Bauch fiel mir ein und der Junge mit dem Krebsgeschwür am Knie, beide hatten bestimmt fürchterliche Schmerzen, aber sie befanden sich zumindest in menschlicher Obhut. Hinaufzusteigen gelang mir nicht, von José und Pierre hörte ich auch nichts. Hatten sich die toten Vazimbas bereits an mir gerächt? Oder waren meine Begleiter einfach abgehauen und hatten mein Gepäck mitgenommen? Allmählich beschlich mich Angst. Ich hörte die unheimlichen Schreie der Lemuren, und mir kam der Gedanke, daß dies vielleicht tatsächlich keine richtigen Tiere seien, sondern die Wiederverkörperungen der verstorbenen Vazimbas, die sich über das Unrecht beklagten, das sie aus ihrer Heimat vertrieben hatte – so, wie es die Einheimischen glauben...
Allmählich verdrängten dann Hunger und Durst alles andere, und ich wünschte Pierre und José noch sehnlicher herbei. Ich bemühte mich, die zermürbenden Todesgedanken zu verdrängen, und konzentrierte mich auf die Möglichkeiten, dem Gefängnis hier zu entrinnen. Immer wieder versuchte ich an verschiedenen Stellen der Wände hinaufzukommen, aber mit nur einer Hand und der lockeren Erde, die immer wieder nachgab, war es unmöglich. Wie in einem Kamin zu spreizen war auch nicht möglich, denn die Wände waren viel zu weit voneinander entfernt. Am schlimmsten plagten mich nun die Moskitos, die in Schwärmen angriffen. Die zahllosen Stiche bescherten mir zu Hause eine lebensgefährliche Malaria. Vielleicht konnte ich einen Tunnel in Richtung Fluß graben und durch die Öffnung hindurchtauchen? Mühsam stocherte ich stundenlang mit der heilen Hand und einem Stock die Erde weg. Einige Steine ließen sich beiseite ziehen, und

auf einmal sickerte tropfenweise Wasser durch das Erdreich. Mit einem weiteren Fetzen von meinem Hemd filterte ich das kostbare Naß und ließ es in die Hand träufeln. Erleichtert leckte ich es auf, und schon erwachten auch mein Optimismus und meine Lebensgeister wieder.

Plötzlich hörte ich Rufe über mir – im inzwischen hellen Tageslicht erkannte ich Pierre in der Öffnung meines Gefängnisses. Statt froh zu sein, machte ich erst einmal meiner Wut darüber gründlich Luft, daß er so lange verschwunden war. Mit beinahe weinerlicher Stimme erklärte er, daß sie beide geglaubt hätten, die Erdgeister würden mich in die Tiefe ziehen, und daß auch sie gleich mit hineingezogen würden. In ihrer Angst seien sie dann beide panikartig davongelaufen und hätten dabei die Orientierung verloren. Nach langem Suchen fanden sie dann zuerst die Hütte wieder und schließlich auch das Loch. Bevor sie mich herauszogen, wollte ich etwas zu trinken haben, aber anstatt der Wasserflaschen warf mir Pierre ein paar Prügel herunter. »Idiot!« schimpfte ich, doch er wies mich darauf hin, daß die vermeintlichen Prügel wasserreiche Lianen waren. Ich probierte eine, und tatsächlich quoll gutes Wasser heraus, wenn man sie senkrecht hielt. »Noch mehr«, schrie ich hinauf, aber der Kerl war schon wieder außer Hörweite. Wieder tat ich ihm mit meinem Geschrei unrecht, denn beide kamen nun mit einer stabilen Liane wieder, die lang genug war, mich nach oben zu befördern. Ich band die Liane um meine Hüfte, was mit meiner gebrochenen Hand eine Tortur war, dann stützte ich mich mit beiden Beinen an der Wand ab und ließ mich langsam hochziehen. Es war eines der im doppelten Sinne erhebendsten Gefühle in meinem Leben, wie die Einheimischen mich Armseligen Stück für Stück der dunklen Gruft entrissen und ins Leben emporzogen.

Mit verächtlicher Miene schaute ich, auf der sicheren Erdoberfläche kauernd, in das Loch hinunter, das mich zwei Tage lang gefangengehalten hatte. Innerlich wütend, klagte ich die dunkle Öffnung an und sann in meinem durcheinandergeratenen Hirn auf Vergeltung. Währenddessen wischte mich Pierre mit wohlriechenden Blättern ab und förderte dabei noch mehr Abschürfungen zutage. Als er meine geschwollene, gebrochene Hand sah, rief er lange und inständig alle verfügbaren Geister und Götter zur Hilfe an. Ungeduldig verlangte ich nun aber nach Essen und Trinken. Ich malte mir aus, wie ich den Notproviant vertilgen und die köstlichen Mineraldrinks schlürfen würde. Da mußte ich erfahren, daß die beiden sämtliche Vorräte, einschließlich der Wasserflaschen, geleert hatten. Meine soeben noch empfundene tiefe Dankbarkeit schlug augenblicklich um, und in dumpfem Schmerz blieb ich liegen und haderte hungrig mit dem Schicksal.

Kraftlos brachen wir am nächsten Morgen auf, denn nachts erschien mir die Fortsetzung unseres Marsches jetzt doch gefährlicher als am Tag. Meinen Begleitern schlug wohl das Gewissen, denn sie brachten fortwährend gut schmeckende Früchte herbei. Gegen Abend erreichten wir hügeliges Land, und oberhalb des Flusses entdeckten wir drei einfache Hütten, aus denen Rauch emporstieg. Nichtsahnend marschierten wir dorthin und mußten uns gleich fünf wütender Hunde erwehren, die uns den Weg versperrten. Die Hüttenbewohner dachten gar nicht daran, die schnappenden und schnaubenden Kläffer zurückzupfeifen. Offenbar kannten sie unsere Absicht, denn einer der Männer schrie uns an, wir seien verflucht, falls wir zu den Gräbern der Vazimbas wollten. Nein, antwortete Pierre, sein Chef wolle die Toten in Ruhe lassen und nur den Ort sehen, wo sie gelebt hatten – der Eingeborene aber glaubte es nicht.

»Vor langer Zeit waren schon einmal Fremde da, angeblich auch nur, um die Totenstätten der Vazimbas zu sehen. Wir führten sie zu den Grabstätten und ließen sie dort allein. Das war ein großer Fehler, den die Geister der Vazimbas später durch Krankheiten und Unwetter an uns rächten, denn die Fremden haben den Schmuck der Toten geraubt, indem sie die Särge aufbrachen und ein schlimmes Durcheinander anrichteten. Darum haben wir sie getötet.«

Pierre diskutierte nun lange mit dem Mann, und sie schienen sich immer besser zu verstehen, denn er pfiff die Hunde zurück, die immer noch knurrend und zähnefletschend vor uns standen. Es stellte sich heraus, daß die beiden in der gleichen militärischen Einheit gedient hatten. Zum Schluß lud uns der Mann sogar in seine Hütte ein, wo wir übernachten durften. Am nächsten Morgen beteuerten wir unserem Gastgeber nochmals, daß wir die Toten nicht in ihrer Ruhe stören und ihre Geister nicht erzürnen würden. Auf den Rat von Pierre hin schenkte ich ihm Salz, Tabak und Angelhaken, die ich für solche Fälle immer dabeihabe – und tatsächlich, auch hier taten die Geschenke ihre Wirkung: Er wurde weich und versprach, uns mit seinem Einbaum zu den Höhlengräbern der Vazimbas zu bringen. Vor Freude hätte ich am liebsten einen Luftsprung gemacht, denn nun stand ich tatsächlich vor der Erfüllung meines Wunsches, und all die Strapazen sollten sich doch gelohnt haben.

In zwei Einbäumen ruderten wir dann am nächsten Tag, dem 25. August 1986, den Fluß aufwärts in Richtung Belo-sur-Tsiribihira. Stark zerklüftete Felsen am Ufer ragten bis zu 200 Meter steil in die Höhe. Mein Herz schlug jetzt, so kurz vor meinem Ziel, vor Aufregung und Freude immer höher. Unser Führer legte an und winkte uns, ihm zu folgen. Nach einer längeren Kletterei standen wir am Rande einer Schlucht. Aus einem Versteck holte der Eingeborene ein Seil, an dem er uns herunterließ. Es war eine von mehreren Schluchten, mit Höhlenöffnungen in dem Felsen, die zu einem Netz von Grotten führten; einige davon waren Tropfsteinhöhlen. In ihnen bestatteten die Vazimbas einst ihre Verstorbenen. Gemeinsam mit unserem Führer drangen wir nun in eine schaurig-schöne Atmosphäre ein.

In düsteres konturloses Licht getaucht, umgaben uns die bizarren Gebilde der Stalagmiten und Stalaktiten. Ein dumpfer Geruch schlug uns entgegen – und dann waren sie vor uns, die so lange gesuchten Überreste der Vazimbas. Die teilweise noch bekleideten Skelette lagen in ausgehöhlten Baumstämmen, nicht größer als einen Meter fünfzig. Fünfundzwanzig dieser Särge standen nebeneinander, seit ungefähr hundert Jahren. Ein eigenartiges Gefühl von Ewigkeit beschlich jetzt sogar mich aufgeklärten Westeuropäer. Meinen nicht auch wir manchmal, auf einem Friedhof die Seelen der Toten zu spüren? Das Erlebnis hier war aber unvergleichlich viel eindringlicher. Wem ist es schon möglich, etwas Derartiges zu sehen? Wieder einmal waren alle bestandenen Gefahren, alle Entbehrungen vergessen.

Stumm und bewegungslos verbrachten wir längere Zeit an diesem Platz, dann brachte uns der Führer, der nun doch Vertrauen zu uns hatte, zu mehreren Höhlen, die den Ureinwohnern als Wohnhöhlen gedient hatten. Reste von Feuerstellen und primitiven Zeichen an den Wänden deuteten darauf hin, daß hier Menschen gelebt hatten. Für mich wurde klar, daß es die Vazimbas, das heißt die rätselhaften Urmenschen von Madagaskar, tatsächlich gegeben hatte. Aber zugleich steht für mich auch fest, daß sie bereits ausgestorben sind. Sie werden von den jetzigen Bewohnern dieser Gegend hoch in Ehren gehalten, wohl

Die geheimen Grabstätten der Ureinwohner von Madagaskar

auch deshalb, weil sie Angst haben, die Seelen der Vazimbas könnten sich sonst an ihnen rächen.
Wieder zurückgekehrt, erlaubte uns der Eingeborene, der uns inzwischen fast freundschaftliche Gefühle entgegenbrachte, in seiner Hütte zu bleiben. Nach Sonnenuntergang kamen die Bewohner der anderen beiden Hütten herein, und ich mußte aus meinem Heimatland erzählen. Sie wiederum erzählten mir einige Märchen aus der Legendenwelt von Madagaskar. Unser Gastgeber taute immer mehr auf und sang sogar einige Lieder von Helden und wilden Tieren. Zur Krönung des erlebnisreichen Tages schenkte er Ranagung aus. Dieses für meinen Geschmack scheußliche Getränk wird aus Reis hergestellt. Dazu wird erst einmal der Reis in einem Gefäß angebrannt, bis er eine dicke Kruste bildet. Dann wird Wasser darübergegossen und eine Zeitlang gekocht, bis es eine bräunliche Farbe annimmt. Zum Gären muß es dann einige Zeit stehen. Dieses leicht alkoholische Getränk schmeckte den Leuten in der Hütte und hob auch ihre Stimmung. Ich war selbst ohne dieses Getränk in guter Stimmung, denn ich hatte mein Ziel erreicht.
Um hierherzugelangen, war ich rund 500 Kilometer durch die Insel marschiert, wobei ich immer damit rechnen mußte, Malaria zu bekommen, die auch unter der Bevölkerung stark verbreitet ist. Die Mutter unseres Gastgebers war ein halbes Jahr zuvor daran gestorben. Um ihr eine schöne große Totenfeier auszurichten, brauchte er viel Geld. Das war wohl auch ein Grund, warum er mit mir zu den Totenstätten gegangen war. Den Lohn konnte er sehr gut gebrauchen, denn es gibt nur wenige Möglichkeiten, etwas Geld zu verdienen. Die Menschen dort müssen oft sehr lange sparen, denn das Ansehen der Hinterbliebenen hängt davon ab, wie viele Freunde zu der Totenfeier eingeladen werden und wie reichhaltig die Bewirtung ist. Da der Tote erst mit diesem Fest erlöst ist,

müssen die Anwesenden möglichst viel essen, damit sie nach ihrem Tod die Reise bis zu ihrer Erlösung überstehen. Als ich am nächsten Morgen weiterziehen wollte, eröffnete mir Pierre, daß er nicht mehr weiter mitgehen wolle. »Ich habe dich, wie versprochen, zu den Vazimbas geführt, nun will ich wieder zurückkehren, die guten Geister des Urwaldes mögen dich beschützen.« Auch José wollte lieber mit Pierre zurückgehen. Natürlich machte ich keinen Freudensprung; ich konnte sie aber verstehen, entlohnte sie großzügig und bedankte mich für ihren Einsatz. Da von der kleinen Ansiedlung niemand mit mir gehen wollte, mußte ich alles »überflüssige« Gepäck verschenken, denn von nun an mußte ich alles alleine schleppen.

Morondava, die 100 Kilometer entfernte Hafenstadt, war mein nächstes Ziel. Das Überqueren der Flüsse auf Fähren war reizvoll. Kam ein Fahrzeug, dann wurde erst einmal der »Maschinist« der Fähre gesucht. Er zapfte von dem überzusetzenden Fahrzeug Treibstoff ab, baute die Batterie in seinen Fährenmotor ein – und ächzend startete das Ungetüm. Problematisch wurde es, wenn ein benzingetriebenes Fahrzeug übersetzen wollte. Dieses mußte dann so lange warten, bis ein Dieselfahrzeug kam, dessen Tank angezapft werden konnte. Das kann bis zu zwei Wochen dauern. Mich nahmen immer Fischer in ihren Booten mit.

Allmählich belebte sich meine Reise. Täglich traf ich einige Einheimische, mit denen sich jedesmal eine Kauderwelschunterhaltung in Französisch nach dem Woher und Wohin entspann. Ich fragte sie auch immer nach dem richtigen Weg, bekam aber dadurch Probleme. Die überaus freundlichen und hilfsbereiten Menschen wollten nie zugeben, daß sie einen Weg nicht kannten, und schickten mich ungewollt meist in die falsche Richtung. So verließ ich mich dann doch lieber wieder auf die Karte, den Kompaß und meine eigene Spürnase.

Im Hotel Morondava, einige Tage später, hielt ich eine Großwäsche, Körper und Kleider hatten es dringend nötig. Ein anhänglicher Floh, der mit Zwicken und Zwacken auf sich aufmerksam gemacht hatte, verabschiedete sich. Nach einem Ruhetag suchte ich wegen meiner gebrochenen Hand einen Arzt auf. Er konstatierte, daß die Knochen zusammengewachsen waren, wenn auch schief. Ich erzählte ihm von meiner Tour. »Die paar Europäer, die in Madagaskar leben, haben alle einen Tick«, kommentierte er, »aber verrückt zu sein ist hier eine ganz normale Sache.« Ursprünglich wollte ich von Morondava über Malaimbandy nach Antsirabe und zu meinem Ausgangspunkt Tana zurück. Aber es hingen in der Praxis des Arztes einige Bilder von einem Stamm im südlichen Madagaskar, der einem außergewöhnlichen Totenkult huldigte. Der Arzt wußte lediglich, daß es sich um das Völkchen der Mahafaly handelte.

In dem billigen, aber sauberen Bett des Hotels schlief ich mich richtig aus und wollte dann zum zweiten Teil meiner Expedition starten, als es an der Tür klopfte. Draußen stand der Arzt und meinte, da es gerade Sonntag sei, wolle er sich endlich die in der Nähe befindlichen Gräber der Sakalava anschauen. »Falls Sie Zeit und Lust haben, kommen Sie mit«, bot er an. »Nichts lieber als das«, entgegnete ich, und schon waren wir unterwegs. Nach wenigen Stunden stießen wir auf Friedhöfe, die auf der Höhe der parallel zum Meer verlaufenden Dünen angelegt sind. Aufgrund von Vandalismus und Plünderung durch Besucher, die entweder für den Eigenbedarf oder im Auftrag von Händlern viele Gräber schändeten, sind sie heute streng bewacht und nur mit Sondergenehmigung, die aber praktisch nicht zu bekommen ist oder von den Wächtern nicht anerkannt wird, mit einem Führer zu besichtigen. Der Arzt mußte wohl besonders gute Beziehungen haben, denn nach einem kurzen Gespräch mit dem obersten

Chef gab dieser uns sofort einen Führer, der uns alles zeigen sollte.

Die Grabstätten sind auf einem sehr großen Gelände verstreut und immer so angelegt, daß der Kopf des Toten im Westen und die Füße im Osten liegen. Sie sind mit einem Holzzaun eingerahmt, an dessen vier Ecken jeweils eine Statue steht, die aus einem für seine Witterungsbeständigkeit bekannten Holz (Hazomalany) geschnitzt ist. Meist verkörpern diese Figuren Sexualität. Hierfür gibt es zwei Erklärungen.

Einmal gehört die Sexualität zum Akt der Zeugung (was durchaus nicht für alle unzivilisierten Stämme eine Selbstverständlichkeit ist), und die Paare an den Gräbern repräsentieren demnach den Fortbestand der Generationen, das Leben nach dem Tod, womit eines der zentralen Themen des geistigen Lebens auf Madagaskar berührt wird. Zum anderen haben die Lebenden die Verpflichtung, die Gräber ihrer Eltern oder Verwandten mit angenehmen Bildern zu schmücken, damit die Seelen der Verstorbenen in der anderen Welt glücklich sind. Wie die anderen Völker auf Madagaskar auch, fürchten die Sakalava über alles, von den Seelen ihrer Vorväter heimgesucht, »besessen« zu werden. Um die Seelen zu erfreuen und sie gar nicht erst zornig werden zu lassen, haben sie zur Darstellung von Lebensfreude sexuelle Betätigungen und Erotik gewählt. Die alten Gräber werden kaum gepflegt. Wenn ihre Holzschnitzereien verwittern und einstürzen, dürfen sie nicht wieder aufgerichtet werden, sondern verfallen an Ort und Stelle zu Staub. Im Angesicht des Körpers des Verstorbenen werden sie so eins mit der Erde der Vorväter.

Von Morondava aus benutzte ich für mein Weiterkommen über Manjo, Tulear nach Betioky ein *Taxi Brousse*, das heißt ein Buschtaxi. Ich hatte sie ja schon kennengelernt, und auch hier waren sie nicht besser oder weniger überladen. Diese Vehikel sind überall in einem katastrophalen Zustand.

Das Land der Mahafaly erstreckt sich zwischen den Flüssen Onilahy und Menaranda im Süden von Toliara und wird vom Wendekreis des Steinbocks durchquert. Das war für mich besonders interessant, denn ein halbes Jahr zuvor hatte ich diesen Wendekreis in Südamerika bei meiner Fahrradtour über die Anden auch schon überquert.

Die Informationen über das Gebiet der Mahafaly und seine Menschen gab mir der aus Marseille stammende Missionar Pierre Almong, der seit 1938 in diesem Landstück lebt. Die eigenen Beobachtungen waren nicht sehr genau, es handelte sich meist um Erzählungen der Eingeborenen, die von Generation zu Generation, mit mehr oder weniger Phantasie ausgeschmückt, weitergegeben wurden. Die Siedlungen der Mahafaly liegen in fruchtbaren Flußtälern und Senken, wo es genügend Anbauflächen und Wasser gibt. Im Süden eines Dorfes stehen immer die Hütten der Dorfältesten und anderer alter Leute. Da der Wind stets aus Süden weht, haben sie dadurch weniger unter dem Rauch aus den Hütten zu leiden. Leider erschließen sie neues Anbauland nach wie vor durch Brandrodung. Alle Mühen, den Leuten zu erklären, daß diese Brände die Pflanzendecke zerstören, waren bislang erfolglos. So spülen die starken Regenfälle jedes Jahr wertvolles Kulturland weg. Diese Brandrodung ist mit ein Grund für die Zerstörung der ursprünglichen Vegetation, für das schlechter gewordene Klima, das Verschwinden von Tierarten und für die zunehmende Versteppung des gesamten Südens von Madagaskar. Längst gehen die Bewohner nicht mehr respektvoll und umsichtig mit ihrer Heimat um.

Ursprünglich streiften die Mahafaly als Sammler durch die riesigen Urwälder und suchten die wohlschmeckende

Yamswurzel nebst anderen Knollengewächsen. Nach und nach wurden sie seßhaft und bebauten Felder. Die Arbeit darauf verrichteten zuerst Sklaven, dann vermutlich von den Sklavenhändlern mitgebrachte Rinder. Ziemlich sicher haben als erstes die Könige, von denen Madagaskar viele hatte, die Sitte eingeführt, das Zeburind als Opfertier zu verwenden. Nach und nach avancierte das begehrte Tier zum Tausch- und Zahlungsmittel.

Wenn ein Familienmitglied stirbt, sind die Hinterbliebenen verpflichtet, ein prunkvolles Grab zu errichten. Diese Sitte hat sich zwar bis heute erhalten, kommt aber immer seltener zur Anwendung. Die Mahafaly-Gräber sind große Gebäude mit quadratischer Grundfläche von zehn bis fünfzehn Meter Seitenlänge und einer Höhe von einem Meter bis ein Meter fünfzig. Die Mauern bestehen aus grob behauenen Steinen, im Innern werden unbehauene Steine aufgeschichtet. Oberhalb des Grabes sind geschnitzte Pfähle, sogenannte Aloal, aufgestellt, die zirka einen Meter fünfzig hoch sind. Zwischen vier bis sechzehn sind nach einer streng geometrischen Anordnung auf jedem Grab, wobei die Sinnbilder jeweils nach Osten gerichtet sind. Die Schäfte dieser Aloal sind meist mit durchbrochener Schnitzerei und am oberen Ende mit unterschiedlichsten Figuren verziert, die auf die Persönlichkeit des Verstorbenen hinweisen: entweder auf Dinge, die ihm wichtig waren, oder auf besondere Ereignisse in seinem Leben. So sah ich zum Beispiel unter anderem Zebus; Ochsentreiber; Pfeifenraucher; Kartenspieler; einen Polizisten, der einen Dieb gefangennimmt; einen Kolonialherrn, der in einer Sänfte getragen wird; einen Motorradfahrer; ein Flugzeug; einen Beamten an seinem Schreibtisch und vieles mehr. Alle diese Figuren sind in leuchtenden Farben gestrichen, die jedoch infolge der Witterung sehr schnell verblassen. Im Gegensatz zu den Gräbern der Sakalava findet man hier keine erotischen Szenen.

Die Errichtung der Gräber kostet die Angehörigen sehr viel Geld, wofür sie oft jahrelang sparen müssen. Jedes Aloal kostet sie den Preis von ein bis zwei und besonders prunkvolle Stücke sogar von vier oder fünf Ochsen. Ehemals war die Errichtung von Aloalos auf den Gräbern ein vom König vergebenes Privileg bestimmter Klans. Allmählich wurde dieses Recht von den Königen gegen Bezahlung auf andere Familien ausgedehnt. Heute gibt es nur noch wenige Schnitzer, die diese Kunst beherrschen, und so geht die jüngere Generation schon dazu über, statt der geschnitzten Aloalos die Szenen auf die Mauern der Gräber zu malen. Auf dem Grab ragt nur noch ein kleines heiliges Häuschen empor; die Schädel und Hörner der geopferten Rinder schmücken das Grab. Hat eine Familie nicht die Mittel, dem Verstorbenen ein solch prunkvolles Grab zu bauen, so wird der Tote einfach in Matten gewickelt und in eine längliche Grube gelegt. Auf diese Weise wird der Standesunterschied bis über den Tod hinaus sichtbar.

Zu meinem nächsten Ziel mußte ich dann wieder marschieren, da der Weg für jedes Fahrzeug zu schlecht war. Hitze und Durst plagten mich gewaltig. Ein Hirte zeigte mir glücklicherweise, wo ich in dieser Trockenzeit Wasser finden konnte. Er ging mit mir zu einem der mächtigen Affenbrotbäume und wies mich in den Höhlungen und Astgabeln auf kleine Wasseransammlungen hin. Ich war ihm für diesen Rat dankbar, auch wenn ich das Wasser meist mit Vögeln und Lemuren teilen mußte. Diese hatten es jedenfalls leichter, das begehrte Naß zu erreichen, ich mußte immer nach Bäumen suchen, die ich noch erklettern konnte. Oft war aber auch nichts mehr vorhanden und meine Kletterei umsonst.

Am südlichsten Zipfel der Insel stieß ich auf einen Salzsee mit dem zungenbrecherischen Namen Tsimanambetsotsa, in der Nähe des Ortes Beheluka. Herrlich rosarote

Flamingos und Scharen von adlerähnlichen Raubvögeln bevölkerten das Wasser. Da meine Kraftreserven allmählich zu Ende gingen, war ich froh, bei den Vezo-Fischern an der Westküste einen Aufenthalt einlegen zu können. Die Vezos ziehen als Halbnomaden durch das Dünengebiet. Sie leben in einfach übereinandergeschichteten Zweigen und Ästen. In dieser fast regenlosen, warmen Region brauchen sie keine festeren Hütten. Als Hausrat genügen ein paar Töpfe, die an den Astgabeln aufgehängt werden. Auf ihren schnellen, mit Schnitzereien verzierten Auslegerbooten aus ausgehöhlten Baumstämmen fahren sie zu den Korallenbänken aufs Meer hinaus zum Fischen. Die Segel dieser Boote sind quadratisch und aus grobem Material gewebt. Die Vezos, großgewachsen, tiefschwarz, mit platten Nasen und Wulstlippen sowie wolligem Kraushaar, unterscheiden sich erheblich von den übrigen Bewohnern Madagaskars. In ihrer Sprache findet man viele Begriffe aus der Bantusprache in Afrika, auch leben sie nach ihrer eigenen Religion. Sie tragen immer noch den *Sakala*, einen bunten Wickelrock, in dem sie recht malerisch ausschauen. Da ich schnell Kontakt zu ihnen fand, erlaubten sie mir, bei ihnen zu wohnen und sogar mit zum Fischen hinauszufahren.

Bei aufgehender Sonne richtete man die Boote her und ließ sie ins Wasser. Die quadratischen Segel wurden mit zwei langen Stangen gesetzt, und nun trieb uns der Wind auf das Meer hinaus. Am Bug saß ein älterer Mann, der das Wasser genau beobachtete. Hatte er einen Fischschwarm erspäht, so machte er durch Rufen darauf aufmerksam. Darauf kamen die anderen Boote, die an den Korallenbänken gewartet hatten, herbei und kreisten die Fische ein. Die Netze senkten sich hufeisenförmig ins Wasser. Mit Schreien versuchten die Männer die Fische in die Netze zu treiben, einige sprangen ins Wasser und machten großen Wirbel, die anderen stießen die Stangen, die sonst die

Segel halten, in das Wasser, und sie schnellten auf dem gleichen Wege wieder zurück, was richtig komisch aussah. Einige Männer nahmen die Paddel und schlugen damit auf das Wasser, daß es nur so spritzte. Die durch das Spektakel verwirrten Fische gingen dann oft leichter in die Netze. Manchmal hängen auch nur Korallen darin, die allerdings Löcher verursachen. An solchen Tagen gibt es dann für die Familien nur Reis zu essen. Sind die Netze aber voll, dann erhält Topandrano, der Herr des Wassers, zum Dank kleine Opfergaben, die der am Bug sitzende Fischer in Blätter einwickelt, an einen Stein bindet und unter Gemurmel im Meer versenkt.

Am frühen Nachmittag kommen dann die Fischer wieder zurück und werden am Strand schon sehnsüchtig erwartet – von den eigenen Frauen und Kindern, die froh sind, daß ihre Männer und Väter wieder bei ihnen sind, und von den anderen Frauen, die Fische für ihre Mahlzeiten kaufen wollen. Während nun die Frauen das Essen richten, legen die Fischer ihre Netze und Segel zum Trocknen aus, denn am nächsten Tag geht es ja schon wieder in aller Frühe hinaus aufs Meer. Während des Essens kümmern sich die Väter sehr liebevoll um ihre Kinder, füttern sie mit den besten Happen und haben dabei viel Geduld. Es war schön, dieses harmonische Familienleben zu beobachten. So manche sich etwas »Besseres« dünkende Familie bei uns könnte von diesen primitiv lebenden Menschen lernen.

Die Zeiteinteilung der Vezos spiegelt ihre enge Verbundenheit mit der Natur. Gegen 20 Uhr heißt: »die Zeit, in der die Kinder spielen«; die frühen Morgenstunden: »wenn die Frösche quaken«, und Mittag ist: »wenn der Tag in zwei Teile fällt«. Eine solche Zeiteinteilung, die den Tag nicht exakt in Stunden, Minuten und Sekunden zerhackt, ist wohltuend menschlich. Leider funktioniert sie nicht zu Hause in Mitteleuropa, wo uns die Uhr wie ein Diktator beherrscht. Mein Urlaub ging zu Ende, und mit ihm kamen »Termine«.

Vorerst aber hatte ich mich noch zu gedulden. Drei Tage stand ich an der Straße nach Tana und wartete auf das Sammeltaxi. Verpflegung und Wasser kaufte ich von vorbeiziehenden Ochsenkarren. Endlich kam ein Auto. Darin saß ein Missionar, der mich ein Stück mitnehmen konnte. Nach ein paar Stunden setzte er mich an einer Abzweigung ab, wo eine Weile später ein Bus erschien, mit dem ich bis Tulear fahren konnte. Es war kein Vergnügen, in diesem wieder völlig überladenen, wackeligen und rumpelnden Gefährt zu sitzen, aber immer noch besser, als mit dem schweren Gepäck in dieser Hitze zu marschieren. Tulear ist ein größerer Ort mit Hotels und Restaurants. Hier konnte ich nach langer Zeit wieder richtig essen und trinken, was ich auch weidlich nutzte. Es gibt sogar einen Flugplatz, aber alle Flüge waren auf Wochen hinaus ausgebucht, und meine ganze Überredungskunst half nichts. So mußte ich wieder ein Sammeltaxi besteigen. Mir konnte es jetzt plötzlich nicht schnell genug gehen, aber auf der löcherigen Piste hätte die Karre nicht mal ein mittleres Tempo lange durchgehalten. Trotzdem ging es immer weiter. Wenn das Auto kurz vor dem Steckenbleiben war, richtete der Beifahrer einen langen Strick her, und sobald es ganz stand, sprangen alle Fahrgäste wie auf Kommando hinaus und zogen die Mühle zum Teil kilometerweit. Das alles war für sie ganz selbstverständlich und keiner murrte. Wie anders bei uns, wo die Toleranzgrenze vieler bereits bei ein paar Minuten Verspätung überschritten ist, obwohl man in bequemen Bussen oder Zügen sitzt.

An einem Freitagabend kam ich in Tana an, es war Markttag. Das Palaver der Käufer und Verkäufer kannte weder in der Länge noch in der Lautstärke Grenzen. Es war ein kunterbuntes, lautes Treiben, und ich flüchtete lieber ins Hotel, wo ich bis zum Sonntag schlief, an dem das Flugzeug via Paris heimwärts startete. Mein »Duft« war wohl nicht nach den Nasen der feingekleideten Mitreisenden, denn der Platz um mich vergrößerte sich zusehends.

In Paris wartete eine unangenehme Überraschung auf mich. Mein Auto war aufgebrochen und verschiedenes daraus gestohlen worden. Ich mußte mich damit abfinden; das gehörte auch zu unserer Zivilisation. Zu Hause holte mich Madagaskar nochmals ein. Ich bekam hohes Fieber und am ganzen Körper Schmerzen, so daß ich mich kaum noch bewegen konnte. *Malaria tropicana,* die schwerste Art dieser Krankheit, stellte ein befreundeter Arzt fest. Nur durch seine schnelle und richtige Diagnose sowie durch die gezielte Behandlung in der Infektionsabteilung einer großen Münchener Klinik bin ich heute noch am Leben, denn nur zwei Tage später wäre ich nicht mehr zu retten gewesen. Wie so oft: Alles im Leben hat seinen Preis. Und ich hatte wieder einmal Glück.

Heute denke ich nicht mehr an die Strapazen und die Krankheit zurück, sondern freue mich nur noch darüber, daß ich einer von ganzen sieben oder acht Menschen bin, die im Laufe von bald 300 Jahren Madagaskar zu Fuß durchquert haben und dadurch so weit in die Geschichte dieser Insel und ihrer Menschen, die von der Zeit vergessen wurden, eindringen konnten. Auch werde ich bestimmt nicht vergessen, was ich auf einem Opferholz der Mahafaly eingeschnitzt fand und was übersetzt etwa heißt: »Wir haben nichts in diese Welt hineingebracht, und wir können auch nichts mit hinaustragen. Wenn wir Lebensunterhalt und Bedeckung haben, werden wir mit diesen Dingen zufrieden sein.«

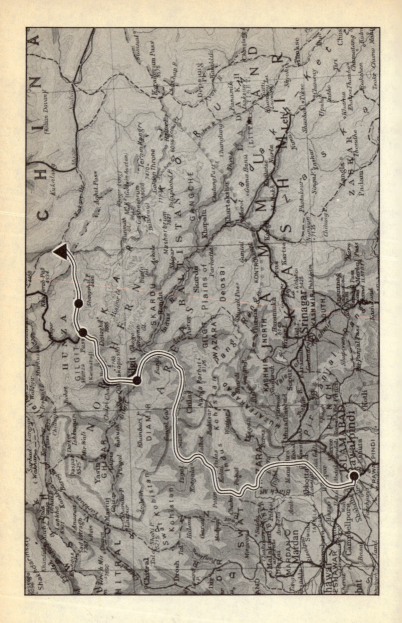

11.
Auf dem Geisterberg
von Shimshal

»Gib nur nicht auf«, keuchte ich immer wieder vor mich hin. Aufgegeben habe ich eigentlich noch nie in meinem Leben, sonst wäre ich auch nicht bis hierher gekommen – in einen der hintersten Winkel zwischen Himalaja und Pamir, wo China, Pakistan, Afghanistan, Indien und die Sowjetunion zusammenstoßen. Dieses Grenzgebiet kommt wegen der ewig miteinander verfehdeten Nachbarn nie ganz zur Ruhe, es gärt immer wieder hier im Karakorum.
Im Augenblick kämpfte ich jedoch mit der Natur. Hier oben, in 6000 Metern Höhe, toste ein Sturm. Ohne jede Ankündigung hatte er uns überfallen. Mein Begleiter Bahadur und ich kauerten unter einem überstehenden Felsen, der Kälte wegen waren wir zu zweit in meinen Schlafsack geschlüpft. Bahadurs Füße steckten in alten Gummischuhen, trotz der mehrfach übereinander gezogenen, löcherigen Sockenreste hatte er bereits kein Gefühl mehr in den Zehen. Schnee- und Eiskristalle peitschten ins Gesicht und machten das Atmen in der sehr dünnen Luft zur Qual. Ich kramte tief in meinen Taschen, aber außer einem durchweichten Taschentuch kam nichts zum Vorschein – nichts, mit dem wir unseren beißenden Hunger hätten stillen können. Der Brennspiritus war verbraucht, das letzte Eßbare hatten wir uns einen Tag vorher geteilt. Bahadur hatte sein Gesicht bei einem Sturz über eine vereiste Felskante aufgeschrammt und dabei seine

Folgende Seiten: Schule in Shimshal

Schneebrille verloren. Ihn selbst hatte ich gerade noch mit dem Seil auffangen können. »*Tig nei, tig nei!*« hatte er immer wieder gerufen und sich dagegen gewehrt, daß ich ihn nach langem Zureden einfach auf meinen Rücken gezerrt hatte. Nun mußte ich die letzte Energie aufbieten, um den Schneeblinden über steile, eisbezogene Grate bergab zu bringen. Es war mehr ein Schleifen als ein Tragen, aber nachdem ich durch ein Wolkenloch hindurch tief unten einen grünen Fleck entdeckt hatte, sah ich darin, dieses unverschneite Stückchen Erde zu erreichen, die einzige Möglichkeit, nach drei Nächten und zwei Tagen Gefangenschaft in Schnee und Sturm der Katastrophe zu entrinnen.

Dennoch wimmerte Bahadur ohne Pause sein »*tig nei, tig nei!*«, sein »nicht gut, nicht gut!« Das war fast alles, was ich von seiner Sprache verstand. Erst recht wollte mir nicht in den Sinn, warum es schlecht sein sollte, ins rettende Tal zu flüchten: Auch wenn es die entgegengesetzte Seite der Aufstiegsroute war, so war es doch die vom Sturm abgewandte Seite und deshalb unsere letzte Chance. In meinem Kopf kreiste nur ein Gedanke: Durchhalten und so schnell es Bahadur und meine schwindenden Kräfte erlauben, hinunter, heraus aus der tödlichen Gefahr. Sie bestand in dem immer stärker werdenden Wunsch, sich hinzusetzen und zu schlafen. Obwohl nur vier Wochen dazwischenlagen, spielte im Augenblick die Erinnerung an den verheißungsvollen Auftakt zu dieser Expedition keine Rolle mehr.

Begonnen hatte alles so: Eines Tages stand ein alter, grauhaariger Mann vor meiner Haustür. In seiner zitternden Hand hielt er einen Zeitungsausschnitt, seine Stimme klang brüchig, seine Worte waren knapp: »Schorsch, such meinen Sohn. Hier steht, er wird möglicherweise irgendwo im Karakorum gefangengehalten.« Aus traurigen Augen blickte Wolfgang Stammberger mich eindringlich an.

Sein Sohn Fritz, ein hervorragender Bergsteiger und Spezialist für Einzeltouren, war 1975 zum Tirich Mir aufgebrochen. Er hatte der erste sein wollen, der diesen Himalajariesen über den Ostgrat bezwang. Von einem bestimmten Zeitpunkt an blieben Lebenszeichen von ihm aus. Seine Spur verlor sich im tückischen Eis des Barum-Gletschers. Über sein Schicksal hörte man nie mehr etwas Genaueres. Der Vater klammerte sich um so mehr an jeden noch so vagen Strohhalm einer Nachricht oder eines Gerüchts. Auch jetzt noch, acht Jahre nach dem Verschwinden des Sohnes, mochte er nicht glauben, daß sein kräftiger, umsichtiger Sohn abgestürzt oder ermordet worden sein sollte. Schon einmal, zwei Jahre vor der jetzigen Reise, war ich in das Gebiet gefahren, in dem Fritz sich zuletzt aufgehalten hatte. Bei einer halsbrecherischen Aktion fand ich zwar inmitten von Lawinenresten und Schneewächten die Habseligkeiten eines verunglückten Bergsteigers, jedoch gehörten sie nicht Fritz Stammberger.
»Ich kann dir keine Hoffnung machen«, antwortete ich schließlich dem alten Vater, »andererseits möchte ich dir so gern helfen. Du kannst noch einmal auf mich zählen.« Mein Versprechen hatte ich ihm gegeben, aber wie sollte ich je Endgültiges über einen schon so lange Verschollenen erfahren? Dabei hatte ich bei der Begegnung mit Vater Stammberger gespürt, daß er sich nichts sehnlicher wünschte, als vor seinem Tod eine sichere Nachricht über seinen Sohn zu bekommen, auch wenn sie hieß, daß Fritz nicht mehr lebte. Monate zuvor hatte mir ein Freund, als ich wieder nach einem abenteuerlichen Reiseziel Ausschau hielt, von der Existenz des Shimshal-Tales mit seinem gleichnamigen Ort erzählt. Es liegt im Hunza-Gebiet, im pakistanischen Teil des Karakorum, nahe der chinesischen Grenze. Man sagt, der Mir, also der König und Stammesherrscher, deren letzter bis in die sechziger

Jahre regiert hatte, hätte Gesetzesbrecher und auch nur ihm Unliebsame in den Ort Shimshal verbannt, der nur im Winter zugänglich ist. Es war der einzige Ort im Hunza-Gebiet, in dem Gefangene gehalten wurden, doch niemand wußte genau, wie viele Menschen es waren und warum sie dorthin verschleppt wurden. In totalitär regierten Ländern reichen oft Kleinigkeiten, angefangen von einer angeblichen Beleidigung eines Beamten, über ein paar Gramm Haschisch im Gepäck, einer unbeabsichtigten Grenzüberschreitung, bis hin zu großen Delikten, um auf Nimmerwiedersehen zu verschwinden. Diesen Gerüchten nach glaubte ich, daß es auch heute noch Gefangene in Shimshal gab. War Fritz Stammberger vielleicht unter ihnen?
Den Weg über Karachi und Islamabad nach Gilgit kannte ich von einer früheren Suchexpedition. Jetzt traf ich einen Begleiter von damals wieder. »Du bist verrückt«, er tippte sich an die Stirn; dieses Zeichen schien international zu sein und sollte mir erklären, wie unsinnig es sei, nach Shimshal zu wollen. »Das kann ja sein«, dachte ich bei mir, »aber du kennst den Kirner-Schorsch nicht!« Es hatte Monate gekostet, eine Sondergenehmigung für Shimshal zu bekommen, und jetzt sollte ich mich von einem ängstlichen Einheimischen beirren lassen? Ich verstaute mein ungefähr sechzig Kilo schweres Gepäck mit einigen Schwierigkeiten auf dem Veteranenbus, der von Gilgit nach Passu rumpelt. Am Abend kam ich dort total durchgeschüttelt an. Der Fluß Shimshal, nach dem auch Hochtal und Ort benannt sind, spielt hier die Hauptrolle. Sein ausgefranstes Bett zeigt seine Gefährlichkeit, die darin liegt, daß er im Sommer bei der Schneeschmelze kostbares Ackerland mitreißt. Ruinen von Ansiedlungen und Baumstümpfe sind Zeugen, wie Hochwasser über Mensch, Tier und Pflanzen hinwegbrausen und Not und Tod bringen. Erst beim dritten Anlauf gelang es mir,

durch hohe Lohnangebote überzeugte Träger anzuheuern. Die meisten waren beim Wort Shimshal zusammengezuckt und machten sich aus dem Staub. Auch meine Begeisterung verflog ein wenig, als wir auf dem »Weg« waren.
Die Strecke führte vorerst durch den eiskalten, reißenden Fluß. Wir waren zu viert. Obwohl jeden von uns ein halber Zentner Gepäck zum Schwitzen brachte, machte die Kälte des eisigen Wassers die Füße, Beine und den Unterkörper bis zur Hüfte in wenigen Sekunden fast gefühllos. Wir banden uns aneinander und hielten uns zusätzlich an den Händen, denn einzeln hätten uns die tückischen Fluten im Handumdrehen davongewirbelt. Das Flußbett wurde jetzt mit jedem Schritt enger. Noch immer kämpften wir watend gegen die Strömung an und kamen kaum voran. Von den senkrechten, oft einige hundert Meter hohen Felswänden drohten riesige Schneewächten vom vergangenen Winter herunter. An überstehenden Felsen hingen lange, dicke Eiszapfen und glitzerten unheimlich. Sie schienen bereit, wie Speere jeden Augenblick auf uns niederzustoßen. Unsere Nerven waren aufs äußerste gespannt. Die Augen mußten fast überall gleichzeitig sein: unten im Wasser wegen etwaiger Untiefen und über uns, um möglicherweise herunterpolterndem Schnee- und Eismassen auszuweichen. Unsere Vorsicht war berechtigt, denn ab und zu löste sich lautlos ein Brocken und klatschte mit Wucht in den Fluß. Die Stille ringsum machte die Szene noch gespenstischer, das Gurgeln des Wassers als einziges Geräusch verstärkte das Gefühl der Ohnmacht und Gefahr. Jetzt lächelte ich nicht mehr über die Angst der Männer, die nicht mitkommen wollten. An diesem Ort ist für frühere Expeditionen bisher stets Endstation gewesen. Die Übermacht der Natur hatte sie alle bereits am ersten Tag scheitern lassen.
Auch wir mußten umkehren. Gegen Nachmittag glaubten wir schon, das Schlimmste bewältigt zu haben. Ein Beglei-

ter zeigte bereits auf einen Pfad entlang den Felsen, so schmal, als sei er hingeklebt. Plötzlich ein Schmerzensschrei. Ich fuhr herum und sah, wie ein Träger mit verzerrtem Gesicht an seinen rechten Oberarm faßte. Ein spitzes Stück Eis war aus großer Höhe heruntergefallen und hatte ihm den Knochen gebrochen. Gemeinsam trugen wir den Mann samt Gepäck aus dem reißenden Fluß und legten ihn auf einen großen Stein. Vorwurfsvoll blickten mich die Träger an. Auch ohne daß sie sprechen, entnehme ich ihren Blicken: »Du allein bist schuld an diesem Unglück! Warum hast du dich nicht von deinem wahnsinnigen Vorhaben abbringen lassen?«

Noch während wir den wimmernden Verletzten für die Nacht an eine höhergelegene flache Stelle im Fluß brachten, wußte ich, daß ich mein Ziel Shimshal in dieser Situation aufgeben mußte. In der Nacht schliefen wir kaum. Fast ohne Erfolg versuchten wir, über einem kümmerlichen Flämmchen aus zusammengeklaubten Gräsern unsere durchnäßten Kleider zu trocknen. Viel schlimmer aber war, daß der Fluß gleichmäßig stieg und zusehends unser Lager gefährdete. Erleichtert traten wir nach bangen Stunden im ersten Morgengrauen den Rückweg an. An ein Frühstück dachten wir nicht, wir wollten so schnell wie möglich weg von hier. Den Verletzten quälten starke Schmerzen, die ich durch Medikamente ein wenig lindern konnte. Auch mich beschlich zunehmend Angst. Weil es Sommer wurde und die Temperaturen täglich etwas stiegen, brachen immer häufiger Schneebretter und Eisbrocken in das Flußbett herab. Meine überreizten Sinne registrierten in jedem noch so schwachen Ton den Donner von heruntersausenden Wächten und Stalaktiten. Den Rückzug empfand ich als doppelte Niederlage: ein-

Geheimer, steinschlaggefährdeter Weg nach Shimshal

mal, weil ich nun doch nicht als erster Deutscher nach Shimshal kommen sollte, außerdem war die Chance vertan, dem alten Vater Stammberger etwas über das Schicksal seines Sohnes zu berichten. Der verletzte Träger hatte sich soweit erholt, daß er die letzte Wegstrecke wieder allein gehen konnte. Er lobte und pries Allah für seine Errettung. Völlig übermüdet erreichten wir am späten Abend Passu. Wenige Minuten später fielen wir auf den Tischen des Restaurants des Postmeisters in einen Erschöpfungsschlaf. Noch bevor ich am Morgen recht zu mir kam, waren die Träger durch einen Hinterausgang verschwunden.

Wie in einer Falle saß ich nun Stunde um Stunde mit meinem Gepäck herum. Heim wollte ich auf keinen Fall, höchstens über den Batura-Gletscher zurück bis Gilgit, um dort neue Pläne zu schmieden. Mitten im Kopfzerbrechen rannte der Postmeister – der Wirt, Koch und Maurer zugleich war – mit seinem Fernglas daher. Aufgeregt deutete er auf eine Stelle im Gebirge. Durch das Glas erkannte ich etwa dreißig Menschen auf dem Weg in Richtung Passu, den wir mit dem Verletzten auch benutzt hatten. Also können es nur Leute aus Shimshal sein, fuhr es mir durch den Kopf. Folglich mußte es eine weniger gefährliche Route dorthin geben. Voller Erwartung ging ich der Gruppe entgegen. Beim Näherkommen sah ich, daß sie zwar abgekämpft waren, aber recht freundliche Gesichter hatten. Einer sah aus wie ein Chinese, ein anderer wie ein Grieche, wieder ein anderer hatte mongolische Züge. Demnach stimmte es, daß die Shimshali in dem von mehreren Staaten umgebenen Hunza-Gebiet eine Art rassischer Schmelztiegel waren.

Ärgerlich, daß ich kein Urdu oder Wahai verstand! So konnte ich mir nur durch Aufpassen und Kombinieren einen Reim auf die Absicht dieser Menschen machen. Bald hatte ich das Rätsel fürs erste gelöst. Es waren Pilger, die in Passu kurz rasten und dann nach Gulmit weiterziehen wollten. Weil sie mich kaum beachteten, schloß ich mich ihnen kurzerhand an. Denn mochten sie auch sonstwohin gehen, auf alle Fälle mußten sie zurück nach Shimshal, und das wollte ich mir nicht entgehen lassen. Mein großes Gepäck stellte ich beim Postmeister ab und nahm nur das Nötigste mit.

In Gulmit lernte ich Ali, der Englisch sprach, kennen. Er berichtete, das Ziel der Shimshali sei Karimabad, wo ihr Religionsführer Aga Khan sein silbernes Jubiläum als geistiges Oberhaupt der Ismailis feierte. Um bei diesem Ereignis dabeizusein, sei niemandem ein Weg zu weit und zu beschwerlich. Über Ali kam ich an den Mukki, den Vorbeter und Führer der Pilgergruppe, heran. Von ihm wollte ich die Erlaubnis erhalten, nach Karimabad mitgehen zu dürfen. Gleichzeitig nutzte ich die Gelegenheit, nach einem möglicherweise in Shimshal eingesperrten, verschwundenen Europäer zu fragen. Der Mukki lachte nur und erklärte: »Die Verbrecher oder die Gegner des verstorbenen Mir von Hunza sind alle entweder bereits getötet oder freigelassen worden.« Als er meine zweifelnde Miene bemerkte, forderte er mich auf: »Komm mit nach Shimshal und überzeuge dich!« Welch ein Zauberwort! Ich freute mich über diese Einladung und wich nicht mehr von der Seite des Mukki.

In Karimabad, das wunderschön zwischen schneebedeckten Bergen in einer sattgrünen Ebene liegt, steht die Palastburg Baltit, in der einst die Herrscher des mehr als 800 Jahre lang bestehenden Königreiches Hunza regierten. Ali nahm mich zu seinen Verwandten in das unterhalb von Karimabad gelegene Ganisch mit. So winzig sich der Ort heute darbietet, so bedeutend war seine Rolle in der Geschichte. Ganisch war eine Ansiedlung von fußkranken Soldaten Alexanders des Großen. Auf einem seiner Kriegszüge, in der Zeit von etwa 325 v. Chr., waren sie hier hängengeblieben und seßhaft geworden. Dies ist eine der Ursachen für die große rassische Vielfalt der Menschen dieses Gebietes bis heute. Die Ureinwohner profitierten von den Kenntnissen der Soldaten. Die wieder zivil lebenden Kriegsmänner führten ein vorbildliches und von späteren Durchreisenden nachgeahmtes Kanalsystem ein, mit dessen Hilfe die Ernteerträge um ein Vielfaches vermehrt und die Lebensmittelversorgung der Bevölkerung gesichert werden konnte. In der Nähe von Ganisch befinden sich uralte Felszeichnungen, die vor allem den Steinbock als ein hoch verehrtes Tier aus der dortigen Mythologie zeigen.

Höchst zeitgemäß schwebte Aga Khan am anderen Tag mit dem Hubschrauber ein. Ehrfürchtig warf sich das Volk vor seinem Religionsführer auf die Erde und lauschte in atemloser Stille seinen Worten. Früher, als es noch keine modernen Verkehrsmittel gab, sollen sich die Frauen bei solchen Zusammenkünften auf den Boden gelegt und dabei ihre langen Haare so über den Kopf geworfen haben, daß der damalige Aga Khan darauf wie auf einem Teppich schreiten konnte.

Die Zeremonie dauerte nicht lange. Bald strömte die Menge mit uralten Lastwagen oder zu Fuß in die Dörfer zurück. Ali hatte sich bereit erklärt, mich als Dolmetscher zu begleiten. Mir fiel der Mukki auf, der nun ein dickes Bündel auf dem Bauch trug, das niemand berühren durfte. In Passu hielt sich die Gruppe wieder nur kurz auf. Mir blieb gerade noch Zeit, mein Gepäck zu holen. Drei Pilger erklärten sich bereit, mir als Träger zu dienen. Ich blieb an ihre Fersen geheftet und merkte, daß sie einen anderen Weg nach Shimshal nahmen. Er ist aber genauso gefährlich wie mein erster. Zwar brauchten wir hier keine Schneewächten und Eiszapfen zu fürchten, doch bestand

Typischer Bewohner von Shimshal

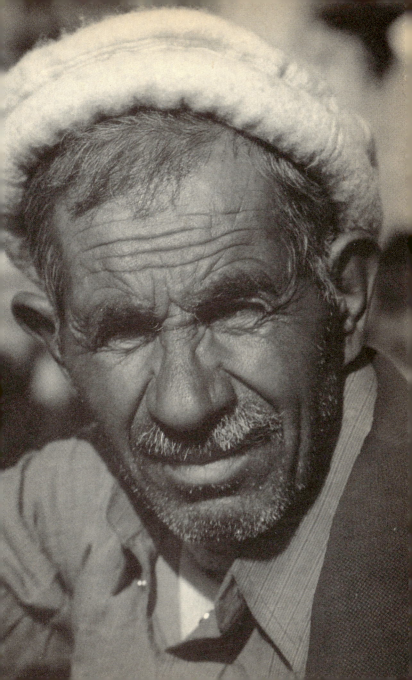

der Pfad aus einem kaum mehr als fußbreiten Saum, der roh aus den Steilfelsen herausgehauen war. Später erfuhr ich, daß die letzten Gefangenen des Mir von Hunza diesen Weg als Lohn für ihre Freilassung anlegen mußten. Weil keine Aufseher dabei waren, machten diese Ex-Gefangenen den Einschlag nur so breit, daß er gerade ihnen selbst genügte. Von irgendeinem Unterbau oder einer Sicherung war nichts zu sehen, folglich müssen es sehr bergerfahrene Männer gewesen sein. Ob zu ihnen auch Fritz Stammberger gehörte, der möglicherweise bei dieser waghalsigen Tour in die Freiheit verunglückt war?
Allzu vielen Gedanken konnte ich allerdings nicht nachhängen, denn auf diesem Himmelfahrtsweg mußte jeder höllisch aufpassen, zumal ich als Fremder. Mein Klettergurt und Bergseil erwiesen sich als große Hilfe, denn ich mußte zusätzlich auf den über 70jährigen Vorbeter aufpassen, dem wegen seines Geheimnisses, das er mit sich trug, ja nichts zustoßen durfte. Mehr als dreißigmal kamen wir an Gletscherflüsse, die wir ohne Brücken bewältigen mußten. Die Nächte verbrachten wir in Höhlen und einfachsten Schäferhütten. Etwas von dem dort lagernden Gerstenmehl zu nehmen war nicht erlaubt. Auf den Säkken standen die Namen der Besitzer, die sie hier deponiert hatten. Deshalb war jeder auf sein mitgebrachtes Mehl angewiesen, aus dem die *Tschabattis*, das Fladenbrot, gebacken wurden. Wasser tranken wir aus dem Fluß.
Obwohl die Entfernung zwischen Passu und Shimshal nur 120 Kilometer beträgt und wir am Tag bis zu vierzehn Stunden marschierten bzw. kletterten, brauchten wir noch fünf Tage. Dann kam der große Augenblick: Am 16. Mai 1983 betrat ich als erster Deutscher das etwa 3000 Meter hoch gelegene Shimshal.
Der Bürgermeister und mit ihm das ganze Dorf begrüßten die heimkehrenden Pilger aufs herzlichste. Große, starke und harte Männer sanken, ehrfurchtsvoll aufheulend, vor

dem Mukki zu Boden, als er ein Bild des Aga Khan aus den Tüchern wickelte, die er um seinen Bauch gebunden hatte, und segnend herumzeigte. Auch Kinder und Frauen in bunten Kleidern umstanden den Platz. Sie bewegten die Arme kreisend vor sich, hier in Shimshal das Zeichen für Hochachtung und Ehrerbietung. Nachdem sich alle ein wenig beruhigt hatten, brachte mich Ali zum Bürgermeister. Er begrüßte mich mit »*Chuschamada Japani*« – »willkommen, Japaner«. Ich mußte feststellen, daß er mit einem Mann aus »Germany« überhaupt nichts anfangen konnte, bei den Shimshali sind alle Fremden *Japanis*. Ich bemühte mich nicht, den Leuten dies auszureden, sie hätten es wohl auch nicht verstanden.

Während ich noch versuchte, mit dem Bürgermeister eine Unterhaltung in Gang zu bringen, merkte ich, wie sich Leute mit meinem Rucksack beschäftigten. Sie suchten nicht nach Geschenken, ihnen ging es um die Briefe aus Passu, die sie in meinem Gepäck vermuteten. So gab ich das Bündel, das mir der dortige Postmeister anvertraut hatte, weiter, in der Hoffnung, daß jeder sich das für ihn bestimmte Schreiben abholte. Weit gefehlt! Alle Briefe wurden aufgerissen und an Ali weitergegeben. Er las jeden vor, und so erfuhr jeder alles. Falls der eigentliche Empfänger gerade nicht dabei war, so erzählte ihm der Nachbar oder Freund später von den Neuigkeiten.

Nun bestätigte mir auch der Bürgermeister: »Es gibt keine Spur von dem vermißten Deutschen. Der letzte Mir ist zwei Jahre vor seinem Tod mit dem Hubschrauber nach Shimshal gekommen und hat alle Gefangenen freigelassen. Seit dieser Zeit gibt es in Shimshal keinen einzigen Gefangenen mehr.« Mit dieser Nachricht war ich am Ende meiner Suche nach dem Münchner Bergsteiger angelangt. Allerdings fand sich nirgends etwas Schriftliches über sein Leben in Shimshal, auch nicht über seine Vergangenheit.

Es gibt dort keine Straßen und Wege, nur über Wiesenraine sind die insgesamt etwa fünfzig Häuser zu erreichen. Die Hütten sind ganz flach gebaut, aus groben Steinen und Mörtel aus Erde aufgemauert. Weil es selten regnet, werden die gedroschene Gerste und der Buchweizen auf dem Dach gelagert, damit der Wind die Spreu davonblasen kann. Auf dem Dach steht auch meist eine winzige Hütte, in der Hausrat aufbewahrt wird. Auch die Kranken liegen dort, damit sie einigermaßen isoliert sind und niemanden anstecken. Der tückische Fluß, an dem Shimshal liegt, und die hohen Felsen ringsum verhindern eine Anbindung des Ortes an die Außenwelt. Die ungebändigten Wasser reißen immer wieder wertvolles Ackerland mit sich, überschwemmen die Häuser und entwurzeln die seltenen Bäume. So wird der Lebensraum der etwa 800 Shimshali kleiner und kleiner. Mit bewunderungswürdiger Zähigkeit halten sie jedoch das bißchen fruchtbaren Boden zusammen. Das Saatgut wird mit einfachen, von Wasserkraft angetriebenen Mühlen gemahlen. Im Winter, wenn sich Mensch und Tier in den engen Behausungen drängen, lagern die Shimshali ihre Vorräte in den leerstehenden Mühlen, die zu dieser Jahreszeit außer Betrieb sind. Die Yakbutter von den Hochalmen wird im Herbst in Ziegenledersäcken zu Tal gebracht und in den Mühlen gestapelt. Das über die Mühlsteine fließende Wasser sorgt für eine wirkungsvolle Kühlung. Ähnlich wird die Butter im Sommer auf den Hochalmen haltbar gemacht. Die Shimshali graben unter kleineren Bächen Höhlungen, stellen die Yak-Butter hinein und verschließen die Öffnungen mit Steinplatten. Das über die Ausbuchtung strömende Wasser hält kühl.

Von den mühselig gewonnenen Lebensmitteln mußten sie in früheren Jahren auch noch den Mir ernähren. Im Spätherbst brachten sie ihm Butter und Mehl auf dem beschwerlichen Weg. Der Entgelt war »Gotteslohn«. Der

Herrscher segnete seine braven Schäfchen und ermahnte sie, immer großzügig Lebensmittel abzuliefern und weiterhin Allah zu fürchten. Er gab ihnen aber auch Gefangene mit, die er sommers über für sich hatte arbeiten lassen und die nun im Winter von den Shimshali durchgefüttert werden mußten. In Shimshal brauchten die Sträflinge jedoch nicht zu arbeiten und führten folglich ein wenn auch nicht gerade vogelfreies, so doch geruhsames Leben. Im darauffolgenden Sommer hüteten sie ungebunden wie jeder andere auf den Hochalmen die Herden, denn einen Marsch durch das Tal des Shimshal hätten sie wegen des hohen Schmelzwassers in den warmen Monaten niemals riskiert.

Der Mir aber bedrohte auch noch aus der Ferne ihr Leben. Wenn ihm ein Delinquent aus irgendwelchen Gründen zu unbequem wurde, schickte er im Winter eine Nachricht nach Shimshal. Dann mußte von den dortigen Gefangenen einer stellvertretend sterben. Ohne Verfahren oder Urteil packte ein besonders starker Shimshali einen der Armen und erwürgte ihn. Oder man band dem Opfer ein Seil um den Hals. Dann zogen vier bis fünf Männer an jedem Ende und strangulierten den Todeskandidaten. Die Seele eines Gefangenen, der offenbar ein recht beliebter Mann gewesen war, geisterte angeblich noch in den Bergen herum und fand keine Ruhe.

Shimshal bestand zur Zeit meiner Reise aus drei Großfamilien, den Rasi, den Baki und den Bachti. Die Baki waren die größte Gruppe; sie stellten auch seit langem das Dorfoberhaupt, das darauf achtete, daß jedermann die alten Gesetze einhielt. Die Gesetze des Überlebens diktierte ihnen aber in der Hauptsache die Natur. Auf den Hochalmen sprießt lediglich im Juni und Juli ein karges Grün, so daß die Yaks fast immer hungern. An eine Heuernte war noch nie zu denken. Deswegen werden die Tiere im Oktober auf die Winterweiden geholt, wo sie Kälte und

Schnee besser überstehen. Genauso genügsam leben die Menschen in Shimshal. Sie ernten, was der ungedüngte Boden hergibt, den Mist brauchen sie zum Bauen und zum Heizen. Die Tiere sind wegen der Milch sehr kostbar und werden deshalb in der Regel nicht gegessen. Aprikosen, Pfirsiche, Äpfel, Nüsse und Mandeln decken den Vitaminbedarf der Shimshali. Diese Anspruchslosigkeit, die reichliche Bewegung in frischer Luft und die Zufriedenheit, mit wenigem auszukommen, verleihen ihnen ein ausgeglichenes, freundliches Wesen, das sie in Gesundheit in der Regel ein hohes Alter erreichen läßt. Die Stoffe für ihre derbe Kleidung weben und nähen sie während des Winters, wie sie dann auch ihre Schuhe aus Yak- und Ziegenhäuten fertigen. Einige waren schon zur Zeit meines Besuches zu ungesunden Gummischuhen übergegangen. Sie zu besitzen bedeutete allerdings ein besonderes Ansehen.

Dank Alis Sprachhilfe war ich bald gut Freund mit dem ganzen Dorf. Wo immer ich konnte, stand ich allen mit Rat und Tat zur Seite. Es ereignete sich nichts Besonderes. Nicht zuletzt deshalb wollte ich am liebsten noch länger hier wohnen. Eines Tages zogen mehrere Männer in die tiefer gelegenen Winterweiden, um die Tiere für den Sommer heraufzutreiben. Von hier werden sie alljährlich, bepackt mit dem Hausrat ihrer Besitzer, zusammen mit den Ziegen und Schafen, bis in 3500 und 4000 Meter Höhe auf die Hochalmen gebracht. Dort stehen, möglichst zentral für die Nahrungssuche, die Hirtendörfer, die Namen tragen wie »Hundstod«, »Schwarzes Tal«, »Schwarzer Stein« oder »Müde alte Frau«.

Tiere zu treiben erinnert mich immer an meine Kindheit auf der Alm bei der Großmutter. Deshalb schloß ich mich sofort der Karawane an. Das Leben wurde von nun an noch dürftiger. Tagsüber stiegen wir mit Sack und Pack über Gletscher und Firne. Wir hatten nur Gerstenmehl zu essen; nachts kauerten wir in Höhlen. Im Weidegebiet fingen wir sofort an, die Yaks zu suchen. Das war sehr schwierig, denn auf dem Felsboden gab es keine Hufabdrücke der Tiere. Auch hingen ihnen keine Glocken um den Hals. Wir spähten stundenlang umher und hätten doch längst wenigstens einen Laut von ihnen hören sollen. Nichts. Allmählich wurden die Shimshali unruhig. Als letzte Möglichkeit blieb nur noch die Suche in einem unwegsamen, gefährlichen Gebiet, vor dem sich aber selbst die erfahrenen Bergbewohner fürchteten.

Sogar ein begeisterter Bergsteiger murrt, wenn vor dem Anstieg auf den eigentlichen Gipfel einer oder mehrere andere Berge liegen. Hat er mühsam Höhe gewonnen, so geht es nachher kräfteraubend wieder hinunter. Vor allem in unbekanntem Gelände kostet es Überwindung, sein Ziel dann nicht aufzugeben. Doch hier ging es um nicht weniger als sechsundzwanzig Yaks. Um sie zu finden, riskierten die Shimshali alles, und auch ich ließ mich nicht abschrecken. Obwohl sie nur ihre glatten Gummischuhe trugen, kletterten sie wie die Gemsen. Schwierig sollte es dagegen bei der Überquerung der dreißig bis vierzig Meter breiten Flüsse werden. Holz ist in dieser Höhe äußerst rar, und meist haben die Hochwasser bereits vorhandene Stege weggerissen.

Mir lief eine Gänsehaut über den Rücken, als ich sah, wie die Shimshali sich dabei zu helfen versuchten. Sie waren so lange den Fluß abgegangen, bis sie ein altes, völlig verrostetes Stahlseil gefunden hatten, das irgendwann einmal von Ufer zu Ufer gespannt worden war. Auf unserer Seite konnte ich die »Verankerung« sehen: aufs Seil gelegte Steine und Felsbrocken, um die die zerfaserten Enden gebunden waren. Das sah so vertrauenerweckend aus wie ein Autorad, das nur noch mit einer Schraube an der Achse gehalten wurde. Das Hinüberkommen erforderte aber nicht nur verwegenen Mut, sondern auch artistisches Können. Nach zwei Shimshali war die Reihe an mir. Wie sie hängte ich meinen Rucksack übers Seil, band einen Draht daran und befestigte ihn an meinem linken Fuß. Dann legte ich mich auf den Rücken, ergriff mit beiden Händen das Seil und schlug das rechte Bein über das eiserne Tau. Vorsichtig hangelte ich mich weiter und zog mit dem linken Fuß den Rucksack nach. Jetzt nur nicht nach unten schauen oder an das brüchige Seil denken! Etwa zwanzig Meter unter mir rauschte das ungefähr fünf Meter tiefe Wasser. Nicht auszudenken, wenn ich da jetzt hineinfiele! Es hätte mich nicht gewundert, wenn meine Haare in diesen Minuten grau geworden wären. Nach scheinbar endlos langer Zeit hatte ich es geschafft. Mich fröstelte immer noch, als ich vom jenseitigen Ufer mit ansah, wie halsbrecherisch die restlichen Shimshali herüberturnten. Dann sah ich mir die Verankerung des Drahtseiles auf dieser Seite an. Es war kurz vor den Beschwerungssteinen so stark aufgepleißt, daß es nur noch an zwei Faserwicklungen hing...

Auch die Shimshali wurden blaß, als sie sahen, an welchem Faden ihr Leben in den letzten Minuten gehangen hatte. Aber die verschollenen Yaks beunruhigten sie doch noch mehr. Am nächsten Morgen hatten wir schlimme Gewißheit. Ali fand das erste tote Tier. Noch glaubte man an einen Einzelfall. Da entdeckte ich durchs Teleobjektiv meines Fotoapparates an einem Hang eine Menge bewegungsloser schwarzer Punkte. Der Erfahrenste unter den Shimshali schaute ebenfalls durch den Sucher und ließ vor Schreck fast den Apparat fallen. Wie von Sinnen rannte er wild gestikulierend und laut rufend umher. Jeder wollte jetzt durch das Objektiv schauen. Allmählich wurde es allen klar: Die Yaks dort oben mußten tot sein. Die Männer heulten hemmungslos, und auch Ali konnte sich der Tränen nicht erwehren. Wie gehetzt stürmten sie den Berg hinauf. Als ich nachkam, offenbarte sich mir die

Katastrophe. In einem Umkreis von zwei Kilometern lagen fünfzehn verendete Yaks. Sieben zum Skelett abgemagerte stöberten wir noch lebend auf. Sie waren offensichtlich schwer krank. Die Männer saßen völlig niedergeschlagen auf dem Boden. Ein wesentlicher Teil ihrer Lebensgrundlage war vernichtet.
Später in Shimshal erfuhren wir, daß es den anderen Suchtrupps nicht besser erging. Insgesamt waren von den 800 mehr als 200 Yaks einer Seuche zum Opfer gefallen. Die sieben, die wir noch lebend fanden, trieben wir nach Shimshal zurück. Wegen der geschwächten Tiere schlugen wir Umwege ein und brauchten insgesamt drei Tage. Die Flüsse durchquerten wir schwimmend. Ich werde nie den Anblick vergessen, als die geschwächten Rinder stets nur mit letzter Energie die Ufer erreichten. Von Shimshal aus wurden sie dann übrigens bereits am nächsten Tag auf die Hochalm Shuijerab getrieben, zusätzlich beladen mit dem Hausrat der Hirten. Von der Jahreszeit her war Eile geboten. Wegen der Schneeschmelze stiegen die Flüsse so stark an, daß die Yaks spätestens Anfang Juni die Gewässer auf ihrem Weg zu den Sommerweiden durchquert haben mußten. Erst im Oktober würde das Wasser wieder sinken, und der Rückweg zu den Winterweiden wäre möglich.
Der Marsch nach Shuijerab wurde zu einer einzigen Tragödie. Die Yaks waren so kraftlos, daß sie nur mit äußerster Mühe die Flüsse bewältigten. Manche stürzten vor Erschöpfung samt ihrer Last in die Schluchten. Mich entsetzten die Not und die Hilflosigkeit so, daß ich nur noch dumpf weiterging und mich nicht mehr umzuschauen wagte. Alle Frauen und Kinder, die sonst auf dem Rücken der Yaks über die Flüsse gelangten, mußten diesmal nach Shimshal zurückgehen. Für die überwältigend schöne Gebirgsgegend des Pamir, wo wir uns jetzt befanden, hatte ich kaum noch Augen. Einmal bat mich Ali um

meine Filmkamera. Dann zeigte er auf eine kleine Baumgruppe in einer tiefen Schlucht. In der Vergrößerung sah ich sechs Bäume. Stolz erzählte er mir, daß einer davon ihm gehörte. Daran konnte ich erkennen, wie kostbar Bäume in dieser karstigen Landschaft sind. Weil jeder einen Besitzer hat, der ihn ab und zu besucht, kann es niemand wagen, einen zu fällen. Käme einer mit einem unrechtmäßig geschlagenen Baumstamm an, so würde er des Diebstahls sofort überführt.
Nach der Ankunft in Shuijerab lebten die Shimshali in ihrer Tätigkeit als Sommerhirten auf. Rauch kräuselte aus den Rundhütten. Der Eindruck eines heiteren Friedens hätte aufkommen können, wäre da nicht die tiefe Sorge der Menschen um den Fortbestand der verbliebenen Yaks gewesen. Da trat Ali auf mich zu: »Wir beide sollen zum Kral des Dorfoberhauptes kommen.« Dort wurde er sofort zur Rede gestellt: »Wie konntest du es zulassen, daß dieser Fremde den gefährlichen Weg hierher gemacht hat?« Die Männer um den Bürgermeister herum beschimpften Ali und bedrohten ihn massiv. Für den Shimshali gibt es ein uraltes ungeschriebenes Gesetz, demzufolge Gefahren von einem Fremden ferngehalten werden müssen. Deshalb durfte ich auch nicht in die Regionen dieses Tales mitgenommen werden. Für Ali und mich wurde die Situation brenzlig. Man wollte uns beide von hier vertreiben. Da erschienen die Männer, die ich auf ihrer Suche nach den Yaks begleitet hatte. Sie berichteten von meiner Bergerfahrung und vom Überqueren der Seilbrücken. Ich zog ein Foto heraus, auf dem ich bei einer Klettertour im Wilden Kaiser zu sehen war. Dadurch und durch die Beteuerungen der Männer legte sich der Grimm. Wir durften bleiben. Die Versöhnung wurde mit viel Tee und *Tschabattis* gefeiert.
Mein häufiges Fotografieren paßte vor allem einer Frau nicht. Als ich sie einmal vor der Linse hatte, machte sie

einen Aufstand und schimpfte, durch meinen Apparat bliebe den Yaks vor Schreck die Milch weg. Um die Stimmung wieder zu heben, spendierte ich der Allgemeinheit eine zum Schlachten vorgesehene Ziege. Ein Mann schleppte einen meckernden Vierbeiner mit einem ganz prallen, runden Bauch an. Ich kaufte das Tier für umgerechnet fünfzehn Mark und band es neben meinem Zelt fest. Am anderen Morgen war es kaum noch wiederzuerkennen. Das Fell in der Bauchgegend hing schlaff herab, das Vieh war auffallend mager. Ali klärte mich darüber auf, welch ein Schlitzohr der Verkäufer gewesen sei. Er hatte der Ziege tags zuvor viel Salz zum Fressen gegeben, so daß sie vor Durst daraufhin Unmengen Wasser getrunken hatte. Daher der dicke Bauch. Zur Rede gestellt, erklärte der Mann, er könne sich die Veränderung des Tieres nicht erklären...

Die Gespräche im Ort drehten sich fast ausschließlich um das rätselhafte Yak-Sterben. Täglich kamen neue Hiobsbotschaften. Man suchte nach den Ursachen für das noch nie dagewesene Unglück. Bald glaubten die Shimshali den bösen Geist entdeckt zu haben. Ein junger Bursche hatte von einer japanischen Nanga-Parbat-Expedition ein Transistorradio mit nach Hause gebracht. Allen war der schwarze Kasten unheimlich, aus dem Stimmen und Musik kamen. Deshalb zertrümmerte man für alle Fälle das Teufelsinstrument. Doch die Yaks starben weiter. Niemand wußte sich mehr einen Rat. Doch eines Tages kam Ali zu mir und bat mich, zum Dorfoberhaupt zu kommen. In seiner Hütte traf ich neben ihm drei alte Männer, eine noch ältere Greisin und einen jungen Mann. Die Leute saßen auf Fellen von Marco-Polo-Schafen. Vor ihnen lagen getrocknete und verzierte Früchte, auf die sie hie und da einredeten. Dazwischen ragte ein Bild des Aga Khan hervor. Ali erklärte: »Diese heiligen Früchte hier sind unser Orakel. Die religiösen Führer haben es nach dem

Grund für die vielen toten Yaks befragt und danach, wie sie den Fluch beseitigen können. Das Orakel meint, das geweihte Bild des Aga Khan soll auf den geheimnisvollen Berg Kooz Saar gebracht werden, damit der dort wohnende böse Geist vertrieben wird und die Krankheit der Yaks aufhört.«

Dann fuhr er fort: »Unsere Männer trauen sich nicht auf diesen Berg, weil der böse Geist immer wieder Lawinen und Eis auf ihre Tiere hinabwirft. Die Männer fragen daher, ob du es dir zutrauen würdest, auf den Berg zu steigen. Oben sollst du einen Altar errichten und das Bild des Aga Khan hineinstellen.« Sie wüßten, wie gefährlich der Auftrag sei. Deshalb würden sie mir den Sohn des Vorbeters der Moschee mitgeben, der bereits *Kameria* sei, das heißt Stellvertreter des Mukki. Der Kameria, sein Name ist Bahadur, saß auch in der Hütte, und ich sah, wie stark er war. Als Träger wäre er sicherlich sehr nützlich, dachte ich mir. Der Aufstieg war für mich im Grunde eine große Auszeichnung. Man wollte mich damit betrauen, weil die Begleiter beim Suchen der Yaks gemerkt hatten, daß ich mich nicht vor »bösen Geistern«, das heißt vor den Widrigkeiten der Natur, fürchtete.

Tags darauf ging ich mit Ali, dem Mukki und dem Kameria auf einen nahen Hügel, um den mystischen Berg überhaupt einmal zu sehen. Das war kein kleiner Brocken. Ich schätzte seine Höhe auf knapp 7000 Meter. So eine Tour mußte gut überlegt sein. Meine Ausrüstung genügte dafür eigentlich nicht, außerdem wußte ich nicht, wieviel Bergerfahrung mein Partner hatte. Zudem konnte ich mit ihm nicht sprechen, denn er verstand nur seinen Shimshali-Dialekt. Am oberen Stück der Gratwand entdeckte ich reines Eis. Auch hätten Biwaks geplant werden müssen. Eigentlich war das Risiko zu groß. Folglich wollte ich auch noch nicht zusagen. Ali berichtete dies den Männern aus der Hütte. Ich ging noch mehrere Male auf den Hügel, um mir den Berg einzuprägen. Ich ertappte mich dabei, wie ich schon einen Platz für Biwaks anpeilte. Dann versprach ich den Männern doch, den Yaks zuliebe den Auftrag auszuführen. Ich merkte, daß niemandem im Dorf wohl war bei der Geschichte, zugleich aber spürte ich, daß man auf mich die letzte Hoffnung setzte, die völlige Katastrophe von den Yaks noch abwenden zu können.

Wir verabschiedeten uns in aller Frühe, Bahadur hatte das Bild des Aga Khan und einige Säckchen mit den heiligen Früchten sorgsam eingepackt. Ali begleitete uns bis zum Basislager auf 4300 Meter Höhe, das wir nach drei anstrengenden Tagesmärschen erreichten. Hier wollte er warten, bis wir vom Gipfel zurück waren. Der Berg Kooz Saar hat seinen Namen aus der Mythologie und bedeutet »Hoher Berg ohne Sonne«. Tatsächlich liegt eine Seite des Berges immer im Schatten. Von hier donnern häufig Lawinen, Eis- und Felsbrocken herab mit lang anhaltendem Grollen, das Getöse verstärkt sich noch durch ein Echo. Kein Wunder, daß geistergläubige Gemüter dabei furchtsam werden.

Wir waren ausreichend mit Proviant versorgt, als wir nachmittags um drei Uhr vom Basislager aufbrachen. Auf dem einfachen Gelände kamen wir gut voran, Bahadur hatte ich fest am Seil. In der untergehenden Sonne blitzten im Tal merkwürdige Lichter. Durchs Fernglas erkannte ich Yak-Hirten, die mit Spiegeln Zeichen zu uns heraufschickten. In 6000 Meter Höhe biwakierten wir, besten Mutes, morgen ohne weiteres den Gipfel zu erreichen. Vor dem Schlafengehen ging mein Begleiter zu einem der großen Eisbrüche. Er nahm einen faustgroßen Eisklumpen und trug ihn zu einem Eisbruch auf der anderen Seite des Biwakplatzes, wo er ein zweites, gleichgroßes Eisstück holte. Dann legte er beide in einer kleinen Höhle dicht nebeneinander und murmelte einige Gebete. Ich konnte mir keinen Reim darauf machen, erst später be-

kam ich die Erklärung für dieses Tun. Die beiden Eisbrokken symbolisierten Mann und Frau. In der dunklen Höhle sollten sie sich miteinander vereinigen, damit ein Kind, eine Quelle, entstünde, die zu den Weiden der Yaks hinabrieseln sollte.
In aller Frühe kletterten wir weiter. Die letzten 600 Meter machten uns zu schaffen, weil der Gipfelaufbau eine sehr steile Eiswand ist, an der eine fußtiefe Schicht Neuschnee klebte. Bahadur kam kaum vorwärts, da er keine Steigeisen hatte. Er rutschte mehr, als daß er ging. Ich mußte höllisch aufpassen, daß er nicht ausglitt, aber trotzdem fiel er mir ein paarmal ins Seil. Daraufhin nahm er seinen Schal, zerriß ihn in Streifen und band diese um die Schuhsohlen, um so eine bessere Widerstandsreibung zu haben. Mühsam schlug ich Stufe um Stufe ins Eis, damit er einigermaßen Halt hatte. Angst befiel ihn zusehends, wohl auch, weil er sich jetzt ganz in der Nähe des bösen Geistes wähnte. Als sich auch noch ein Schneebrett neben uns löste, sah er seine Furcht bestätigt und wollte mich allein nach oben schicken. Ich zerrte ihn aber einfach mit hoch. Um halb drei Uhr standen wir auf dem Gipfel. Mein Höhenmesser zeigte 6435 Meter an. Bahadur bewegte sich unerhört vorsichtig und leise, er glaubte immer noch, der Geist könnte aufkreuzen und uns hinunterwerfen. Am höchsten Punkt kniete er auf dem Boden, holte seine geheiligten Gegenstände aus den Taschen und versank für eine halbe Stunde im Gebet.
Mittlerweile trug ich Steine zusammen. Aus ihnen schichteten wir einen schönen Altar auf, und ich setzte das Bild des Aga Khan hinein, Bahadur legte die heiligen Früchte und das Herz eines Steinbocks dazu. Dann stülpte ich eine Plastikhülle über die umgebenden Steine. Der Kameria betete noch einmal. Unsere Aufgabe war erfüllt! Mein Begleiter fiel mir um den Hals und schüttelte mir die Hand mit den Worten »*brutt, brutt*« – du bist mein Bruder. Ich

aber war fast noch stolzer darauf, wieder eine Erstbesteigung geschafft zu haben. Über die zuvor geschlagenen Stufen tasteten wir uns tiefer. Am Biwakplatz hielten wir an, um noch einmal zu nächtigen. Am nächsten Tag wollten wir zum Basislager absteigen. Wir vertilgten fast alle restlichen Vorräte, denn was hätte schon noch passieren können…
Die nächsten Stunden sollten zu den schlimmsten meiner ganzen Reise werden. Deshalb habe ich sie auch an den Anfang dieses Berichtes gestellt.
Durch die kleine Öffnung der Wolkendecke schaute ich wie ins Paradies: Das erste lebenverheißende Grün seit Tagen. *»Yem tschis?«* – »Was ist das?« fragte ich Bahadur. Er antwortete *»Chun«* – »Haus« und stotterte noch etwas von *»Yupk«* – »Wasser«. Die Freude, dem eisigen Tod im letzten Augenblick zu entrinnen, mobilisierte mich noch einmal. Merkwürdigerweise jammerte Bahadur weiter, anstatt auch diese Chance zu erkennen. *»Tig nei, tig nei«*, rief er unzählige Male. Wir steuerten weiter auf die grüne Stelle zu und sahen schließlich ein Haus und Wasser. Ich hörte Stimmen, von näher kommenden Männern – endlich, endlich die ersehnte Hilfe!
»Das darf doch nicht wahr sein«, durchfuhr es mich. Wie aus dem Boden gestampft stand ein Dutzend bewaffneter Chinesen schreiend um uns herum. Wir waren auf chinesisches Gebiet geraten, was Bahadur offenbar gewußt hatte, und wurden für Spione gehalten. Unter strenger Bewachung mußten wir mitkommen. Nach einer Wegstunde stießen wir auf ein Lager mit chinesischer Flagge. Bahadur war nur noch ein Häufchen Elend, ich sah ihm an, daß er lieber oben am Berg gestorben wäre. Statt etwas zu essen zu bekommen wurden wir in eine dunkle Lehmhütte gesperrt. Völlig entkräftet sanken wir auf den staubigen Boden. Irgendwann in der Nacht kam ein Soldat, am Morgen ein paar Ranghöhere und später nochmals wel-

che. Sie durchsuchten gründlichst unser Gepäck. Meine größte Angst galt den belichteten Filmen. Um sie vor den Witterungseinflüssen zu schützen, hatte ich sie in meinen Schlafsack eingewickelt. Aber das Glück blieb mir treu. Die Chinesen gaben sich mit den unbelichteten Filmen zufrieden, die sie gleich zu Anfang gefunden hatten. Wahrscheinlich in der Meinung, sie hätten das belichtete Material, verbrannten sie die Filme. Jetzt erst erhielten wir eine Schale Reis.

Am dritten Tag gelang es mir, einen Soldaten, der mich wieder einmal »verhören« sollte, über unser Schicksal einigermaßen aufzuklären. Ich zeichnete Linien in den Sand, die unsere Herkunft, unseren Weg und unsere Irrfahrt beschrieben, denn die Chinesen sprachen ebensowenig Bayrisch oder Englisch wie ich Chinesisch. Meine Zeichnungen überzeugten sie, und wenige Stunden später waren wir frei. Sie versorgten uns sogar mit Nahrung und schickten zwei Soldaten mit, die uns in einem dreitägigen Marsch an den alten Überhang von Shimshal nach China, dem Shimshal-Paß, brachten.

Kaum waren wir wieder in Pakistan, lebte Bahadur sichtlich auf. Er kannte nun den Weg, und weitere drei Tage später waren wir in der Gegend von Shuijerab. Die ersten Yaks, auf die wir trafen, wurden gleich gemolken. Welch ein herrliches Getränk nach so langer Hungerzeit! Als wir uns dem Dorf näherten, saßen die Leute wie gewöhnlich am späteren Nachmittag im Kral, dem Versammlungsort. Jemand entdeckte uns. Alle sprangen auf und starrten uns so entsetzt an, als wären wir Geister. Ein wenig gespenstisch schauten wir allerdings auch aus: ungewaschen, mit verfilzten Haaren, struppigem Bart, verdreckten Kleidern, und dann waren da noch die tiefen Schürfwunden in Bahadurs Gesicht. Uns war dies jedoch einerlei, wir hatten nur fürchterlichen Durst und Hunger. Nun erkannten uns auch die Bewohner wieder, und die Freude war riesengroß. Sofort wurden Tee und *Tschabattis* gebracht, über die wir uns wie hungrige Wölfe stürzten. Dann kam Ali auf mich zu und drückte mir glücklich die Hand. Bis vor zwei Tagen hatte er im Basislager gewartet, dann aber nicht mehr geglaubt, daß wir noch lebten. Der Mukki brachte ein Stück Steinbockfleisch und begrüßte mich mit »*Sher kabatscha*« – »ich grüße dich, du Sohn eines Löwen«. Dann konnten wir nicht genug erzählen.

Die Leute waren glücklich, das Bild des Aga Khan auf dem Berg zu wissen. Voll Vertrauen blickten sie nun in die Zukunft und hofften auf ein Ende der Krankheit ihrer Yaks. Während der nächsten Tage erholte ich mich in einer mir überlassenen Hütte. Ruhe war wieder eingekehrt. »*Odschu-oh*«, schallte es von den Hängen, wenn bei Sonnenuntergang die Schafe, die Ziegen und die Yaks heimgetrieben wurden. Stets saßen ein paar Frauen an der kleinen Brücke, die mit der typischen kreisenden Handbewegung jedes einzelne Tier begrüßten. Mit einem Dank an die guten Geister gingen sie anschließend in ihre Hütten.

Eines Mittags kam ein Bote von einer der Weiden und berichtete aufgeregt, daß die alte Frau, die mich so inständig darum gebeten hatte, auf den Berg zu gehen, von einem Yak übel zugerichtet wurde. Viele Dorfbewohner hatten die Alte schon verwünscht, weil sie glaubten, sie sei an unserem – vermeintlichen – Tod schuld. Folglich hatte sie jetzt ihre Strafe bekommen. Sie wurde von einem Hirten ins Dorf geholt, wo sie aber nur den einen Wunsch äußerte, möglichst bald zu ihrer Familie nach Shimshal gebracht zu werden. Weil ich mich immer stärker wie ein Fremdkörper in dem kleinen Hirtendorf fühlte und nicht noch mehr Unruhe durch meine Anwesenheit hineinbringen wollte, nahm ich die Gelegenheit wahr, mit den Männern, die als Mitglieder der Großfamilie der Alten ihren Rücktransport durchführen sollten, den inzwischen noch schwieriger gewordenen Weg nach Shimshal zurückzugehen.

Am nächsten Morgen brachen wir in aller Frühe auf. Am Dorfausgang standen der Mukki und die Dorfältesten. Ein recht begabter Maler hatte für mich ein Bild mit dem geheimnisvollen Berg Kooz Saar und dem glückbringenden Marco-Polo-Schaf davor gemalt. Dazu hatte der Mukki ein schön verfaßtes Zertifikat geschrieben, auf dem sich die Bewohner für meinen Besuch und für meine Hilfe bedankten. Dann kam Ali auf mich zu, ging noch ein Stück mit mir und erklärte mir, daß er den inzwischen äußerst schwierig und riskant gewordenen Rückweg nicht wagen und lieber bis Oktober hier im Pamirgebirge bleiben wollte. Ich respektierte seinen Entschluß, bedankte mich herzlich für seine Begleitung und große Hilfe, die er mir als Kontaktperson und Dolmetscher geleistet hatte. Zum Dank gab ich ihm neben seinem Lohn ein paar Handschuhe und einen Klettergurt, Dinge, die er sich so sehr gewünscht hatte. Seine Freude darüber war riesengroß, stellten diese Dinge für ihn doch einen unschätzbaren Wert dar.

Die Männer, die sich die Verletzte in einem Traggestell auf den Rücken geladen hatten, waren inzwischen schon vorausgegangen. Ich holte sie bei der ersten Überquerung eines der reißenden Flüsse wieder ein. Bereits bei diesem Übergang konnte ich verstehen, daß Ali mit der Rückkehr warten wollte, bis die Flüsse wieder weniger Wasser hatten. Jetzt, Ende Juni, waren sie durch das viele Schmelzwasser stark angestiegen und entsprechend gefährlich geworden. Besonders schwierig aber wurde es für uns, die verletzte Frau möglichst ohne Stöße zu transportieren, da sie bei jeder kleinen Erschütterung aufstöhnte. An einer besonders schwierigen Stelle standen wir plötzlich vor den Resten einer ehemaligen Brücke, die durch das Hochwasser weggerissen worden war. Wie sollte es nun wei-

tergehen? Ich wußte keinen Rat. Aber die Männer zeigten mir, was zu tun war. Sie banden dem größten und stärksten Mann unter uns mein Bergseil um die Hüften, mit dem er sich dann durch das brusthohe reißende Wasser kämpfte. So gut es ging, sicherten wir ihn vom Ufer aus. Als er endlich, nach bangen Minuten, drüben angekommen war, banden wir dem Mann, der die Frau trug, das andere Ende des Seiles um die Hüften, je ein Mann stützte ihn links und rechts, und so überquerten sie, gesichert durch das Seil am anderen Ufer, diesen reißenden, ungebändigten Fluß. Manchmal blieb mir fast das Herz stehen, wenn der Träger bei einer besonders schwierigen Stelle ins Wanken geriet und die Frau in dem wackligen Gestell laut aufschrie. Diese Art der Überquerung blieb kein Einzelfall. Wir mußten diese Manöver, mehr oder weniger schwierig, achtundzwanzigmal wiederholen. Das zehrte nicht nur körperlich, sondern auch psychisch an unseren Kräften. Die kühlen Nächte verbrachten wir wieder in Höhlen oder kleinen Hütten aus Stein, und unser kärglicher Proviant bestand wieder nur aus Gerstenmehl und Tee. Nachts setzten sich die Männer dicht um die Verletzte, damit sie nicht erfror.
Nach fünf Tagen härtester Anstrengung und einigen Kämpfen auf Leben und Tod erreichten wir total entkräftet den Ort Shimshal.
Trotz unserer Erschöpfung mußten wir den völlig überraschten Dorfbewohnern alles erzählen. Da ich nun aber ohne meinen treuen Dolmetscher Ali war, konnte ich mich an der Unterhaltung nicht beteiligen und statt dessen gleich die Einladung des Bürgermeisters annehmen und mein Quartier bei ihm aufschlagen. Nach einigen Tagen Erholungspause, in denen ich nur schlief, aß und trank, fühlte ich mich wieder stark genug, den neuerliche Strapazen verheißenden Rückweg nach Passu anzutreten. Der Bürgermeister gab mir drei seiner besten Leute als

Begleiter mit, denn alleine war es seiner Meinung nach unmöglich, bis dorthin durchzukommen.

Als wir aufbrachen, standen am Ortsende alle noch verbliebenen Bewohner von Shimshal mit Blumen, Tee und *Tschabattis* für mich und riefen mir zu: »*Kodachavis*« – »Auf Wiedersehen«, und *»Wus tar tschoium«* – »Fremder, wir werden für dich beten.« Hatte ich das verdient? Ich war teils aus Abenteuerlust, teils aus Neugier auf fremde, unverfälschte Menschen hierhergekommen, aber auch, um einen Bergkameraden zu suchen, der aller Wahrscheinlichkeit nach nicht mehr lebte.

Die freundlichen Menschen von Shimshal werden mir unvergessen bleiben. Durch meine mutige Besteigung ihres Geisterberges habe ich ihnen vielleicht ein wenig die Angst vor dunklen Mächten genommen. Besonders solche Erlebnisse und Begegnungen sind es, die den Wunsch nach immer neuen Abenteuern in mir wachhalten.

12.
Ein reiches Leben

*Erfahrungen und Tips für junge Leute –
ein Rückblick, ein Ausblick*

Oft passieren mir unterwegs recht kuriose Dinge. Zum Beispiel wurde mir ab und zu von einem Stammeshäuptling eine Tochter zur Heirat angeboten. Manchmal steckte dahinter nur der Wunsch, daß das Mädchen ins gelobte Deutschland fahren sollte. Denn gerade bei den Naturvölkern, die ich häufig besuche, sind der Zusammenhalt und das Zusammenleben im Verband der Großfamilie noch so intakt und so in kulturelle Traditionen eingebunden, daß die Stammesangehörigen sehr wohl wissen, daß ein Europäer gar nicht hineinpassen würde.
Es fängt schon mit der Wohntradition an. Ich habe mich häufig erkundigt, warum zum Beispiel die Hütten an ganz bestimmten Plätzen gebaut werden. Gerade in Ostafrika bekam ich oft zur Antwort: »Wir gehen, wenn wir von einem Platz zum andern wandern, hinter unseren Haustieren her. Dort, wo sich die Kühe hinlegen, sind unsere späteren Wohnplätze, denn wir wissen, daß der böse Geist nicht daruntersteckt.« Und diese Sitte beschreibt noch nicht den krassesten Unterschied zu unserer Kultur, denn in Bayern beispielsweise geht man mit der Wünschelrute umher und sucht nach einer Wasserader oder nach Erdstrahlen, auf die das Haus dann möglichst nicht gebaut werden soll.
Es war für mich immer recht interessant, die Menschen nach ihren religiösen Vorstellungen zu befragen und danach, was sie nach dem Tod erwarten. Die Naturvölker

kennen keinen »Himmel«, wie wir ihn uns im Christentum vorstellen. Bei manchen Naturvölkern werden die Menschen, wenn sie sterben, zu Geistern, die in Gegenden wohnen, zu denen der Mensch keinen Zugang hat. Blitz, Donner, dunkle Wolken und der Wind sind zum Beispiel Geisterstimmen. Bei anderen Völkern wiederum glaubt man daran, daß die Toten als die neuen Kinder im selben Stamm wiedergeboren werden; allerdings werden die Geister nur um die Rückkehr jener verstorbenen Stammesangehörigen gebeten, die man wirklich wieder im Kreis des Dorfes oder des Stammes sehen will. Wer für den Stamm nicht von Nutzen war, sich nicht um das Allgemeinwohl gesorgt hat, der ist »völlig umsonst« dagewesen und soll nicht mehr wiederkommen. Man macht sich dann zumeist keine großen Gedanken darüber, wo denn diese verstorbenen Angehörigen bleiben oder was mit ihnen passiert. Sie haben nicht unsere Art des Denkens und des Grübelns und forschen auch bei auftauchenden Widersprüchen nicht viel weiter.

Ich bin immer wieder fasziniert von den Angehörigen dieser Naturvölker, weil sie noch viel unverfälschter leben, als wir es in der zivilisierten Welt tun. Wenn ich mit Indern in einer Oase Rajasthans in der Wüste Thar spreche, so erinnern mich deren Erzählungen immer wieder stark an meine Kindheit auf der Alm. Sie erfahren die Welt unmittelbar, nicht um einige Ecken über Vorstellungen, die ihnen von irgend jemandem eingeimpft wurden.

Bei meinen Vorträgen, in Volkshochschulen oder an anderen Orten, werde ich häufig gefragt, welche Tips ich denn jungen Menschen geben könnte. Ich meine, daß junge Leute nicht so extreme Touren machen sollten wie ich. Aber heute ist es finanziell und zeitlich sehr viel einfacher, herumzureisen, als es für mich damals kurz nach dem Krieg war. Natürlich liegt der Gedanke nahe, daß solche Expeditionen ungeheure Summen verschlingen, wenn

man sich vielleicht an den Bergtouren von Reinhold Messner orientiert. Und manchmal kommen dazu übertriebene Träume, wie die Hoffnung auf das große Geld durch Fernsehfilme und Illustriertenberichte, die zu Ruhm und Reichtum führen.
Aber ich rate allen Jugendlichen, auf keinen Fall Beruf und Ausbildung oder Schule zu vernachlässigen, ich rate ihnen, nicht die Familie zu verlassen oder irgend etwas ähnlich Verrücktes anzustellen.
Seit 27 Jahren beweise ich, daß auch ein normaler Beruf und ein normales Leben solche Expeditionen zulassen. Denn mehr als 4000 oder 5000 Mark, wenn es hochkommt, 6000, kostet keine meiner Reisen, einschließlich aller Ausgaben hier und im Ausland. Ich brauche unterwegs nicht viel, muß aber hier in Deutschland schon auf verschiedenes verzichten. Ich meine allerdings, daß es in jedem Beruf möglich ist, dem Vorgesetzten klarzumachen, daß man gern einmal zwei Urlaube miteinander nehmen möchte, um sich einen Jugendtraum zu erfüllen. Ich habe auf diese Weise inzwischen über 121 Länder bereist, habe bei den Dschungelnomaden in Borneo gelebt, bin durch den Himalaja gewandert, über die Andenpässe gestrampelt und auf dem Kamel durch die Wüste Thar geritten.
Wenn ich einen Ausblick versuche, dann fange ich mit der Überlegung an, daß jede Expedition die letzte sein kann. Ich hoffe natürlich, daß ich noch viele Jahre auf Tour gehen kann – daß mir das sowohl gesundheitlich wie finanziell und familiär möglich ist. Und Angst vor dem Tod habe ich eigentlich auch nicht. Der Tod ist eine ganz natürliche Angelegenheit. Wenn ich auch keine genauen Vorstellungen davon habe, wie ein Weiterleben aussehen wird, so glaube ich doch, daß mit dem Tod nicht alles zu Ende ist.
Ich habe eine Zeitlang am Hofe des Dalai-Lama in

Dharmsala in Nordindien gelebt, und ich habe mich viel mit Naturreligionen befaßt. Seitdem ist mir jede Religion, die von Verdammung spricht und jedem mit der Hölle droht, der sich nicht bestimmten Vorschriften entsprechend verhält, suspekt. Ich glaube eher, daß jeder Mensch einen sogenannten Schutzgeist hat; aber daß irgendwo »oben« ein Gott sitzt und genau schaut, was jeder einzelne hier auf der Erde macht, und ihn dafür entweder belohnt oder bestraft, das kann ich mir nicht gut vorstellen. Eher glaube ich, daß man vielleicht aus dem Kreise verstorbener Familienangehöriger einen Schutzgeist hat, der einen führt. Der Dalai-Lama hat mir einmal ein markantes Wort gesagt, das ich nie vergessen werde: »Die Gottheit ist eine außerirdische Macht, die im ganzen All vorhanden ist. Da der Mensch für diese außerirdische Kraft keine Erklärung hat, nennt er sie ›Gott‹.«
Es gibt ja so viele »Zufälle« im Leben; ich bin häufig genug »zufällig« aus Lebensgefahren errettet worden. Für mich ist klar, daß es irgendeine geheimnisvolle Kraft gibt, die mitlenkt, mit eingreift, daß wir allerdings auch unseren freien Willen und unsere freie Entscheidung und eigene Verantwortung haben.
Der Teufel befindet sich für mich nicht in der Hölle, sondern hier mitten unter uns. Man braucht nur täglich in die Zeitungen oder ins Fernsehen zu schauen, dann wird man mit Menschen und mit Verhaltensweisen konfrontiert, die weniger menschlicher als vielmehr teuflischer Natur zu sein scheinen. Wenn es so weitergeht wie jetzt, dann kann es sein, daß uns die Erde fortkatapultiert, daß sie uns nicht mehr ernähren kann. Wie häufig müssen wir davon lesen, daß irgendeine chemische Fabrik wieder tonnenweise Gift in irgendwelche Gewässer gelassen hat, daß Fischsterben die Folge ist, daß die Wälder langsam, aber sicher verkümmern, daß die Umweltverschmutzung zunimmt usw. Es geht ja gar nicht »nur« um die Kriege,

sondern vor allem auch darum, was wir uns im täglichen Leben gegenseitig und der Erde antun.
Wenn ich Naturvölker besuche, bin ich immer nur als stiller Betrachter dort. An ihrer Welt scheint mir nichts verbesserungswürdig. Ich unterhalte mich mit ihnen, ich möchte gern viel über sie erfahren – aber ich will sie nicht beeinflussen oder gar stören. Unterwegs habe ich übrigens meist weniger Probleme mit Menschen als zum Beispiel hier in Deutschland. Vor kurzem hat mich ein Nachbar angezeigt, weil meine Ziersträucher ungefähr fünf Zentimeter zu nah an der Einfahrt standen. Es gab große Verhandlungen mit zwei Rechtsanwälten, der Richter kam zu einem Lokaltermin, und schließlich wurde festgestellt, daß ich die Sträucher einige Zentimeter zurückschneiden müßte. Wenn man sich derartige »Probleme« ansieht und ein solches Verhalten mit dem von Menschen zum Beispiel in der Oase in Rajasthan vergleicht, dann kann man, glaube ich, gut nachempfinden, warum ich mich draußen so wohl fühle.
Wenn ich in fremden Ländern von Deutschland erzähle, versteht man mich oft nicht. Wenn ich zum Beispiel sage, daß der Hund bei uns nur zu bestimmten Zeiten bellen darf – das gleiche gilt ja bekanntlich auch für Hahnenschreie, für Entengeschnatter usw. –, wenn ich erzähle, daß die Polizei zu mir kommt, weil mich der Nachbar anzeigt, dann können diese Leute mir nur schwer folgen. Wir reden uns unsere Probleme zumeist selber ein. Bei Naturvölkern, denen die Ratten oder Affen die Ernte weggefressen haben oder denen Überschwemmungen die Lebensgrundlage rauben, die keine Versicherung kennen und bei Verwandten oder Bekannten oder Nachbardörfern betteln gehen müssen, wo Hunger und Armut und Krankheit herrschen, hat man für derartige Lächerlichkeiten natürlich kein Verständnis. Es ist für mich dann manchmal so, als ob ich zwei Leben lebte.

Uns überentwickelten Europäern würde es kaum schaden, wenn wir uns gelegentlich einmal anders orientierten. Es liegt in einem einfacheren Leben sehr viel Weisheit, auch mehr Zufriedenheit. Wie häufig laufen wir einem Lebenstraum nach, der sich nie erfüllen kann, weil unsere Vorstellungen nichts mehr mit dem tatsächlichen Leben gemein haben. Aber ich habe die Hoffnung nicht ganz aufgegeben: Vor allem viele jüngere Leute entwickeln ein immer sensibleres Gefühl dafür, daß wir uns in unserer Lebensweise umstellen müssen. Ich halte gar nichts von Radikalkuren, aber ein neues Denken schadet uns allen bestimmt nicht. Und ein bißchen hoffe ich, durch die Beriche über meine Erlebnisse und Erfahrungen bei anderen Völkern auch dazu beizutragen, daß wir Hilfen und Inspiration erhalten, uns neu zu orientieren.

Reisen und Entdeckungen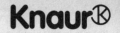

Abenteuer- und Erlebnisreisen quer durch Amerika

Thomas Jeier / Hans Georg Fischer
Abenteuerreisen in Texas
216 Seiten mit 110 z. T. farb. Abb.
Band 4609

Texas hat mehr zu bieten als Cowboys und die Southfork-Ranch: undurchdringliche Wälder, reißende Flüsse und verträumte Seen, einsame Canyons und Täler, spanische Fiesta-Atmosphäre, abgelegene Siedlungen und pulsierende Städte und – meilenlange Sandstrände. Texas, ein Urlaubsland, wie man es sich interessanter nicht vorstellen kann – ein Geheimtip für Abenteuer- und Erlebnisreisende.

Weitere Bände dieser Reihe:

Thomas Jeier

Abenteuerreisen im Wilden Westen

200 Seiten mit 100 z. T. farbigen Abbildungen
Band 4408

Thomas Jeier / Rainer M. Schröder

**Amerika per Wohnmobil –
USA-Trips für Unternehmungslustige**

328 Seiten mit z. T. farbigen Abbildungen
Band 4409

Reisen und Entdeckungen

Das Buch für alle Wohnmobil- und Trailerfans

Thomas Jeier / Rainer M. Schröder

Amerika per Wohnmobil
USA-Trips für Unternehmungslustige

328 S. mit 100 z. T. farb. Abbildungen
Band 4409

Tausende von Urlaubern steigen jedes Jahr auf das Wohnmobil um, denn das Reisen mit einem »Haus auf Rädern« bleibt eine echte Alternative zum vorprogrammierten Pauschalurlaub. Das Paradies für alle Wohnmobil- und Trailer-Fans sind die USA. Amerika besteht aus den großartigsten Landschaften, die durch perfekt eingerichtete Campgrounds zugänglich sind und das Reisen mit dem Wohnmobil zum Vergnügen machen. Das vorliegende Buch ist Reiseführer und Schmökerbuch in einem; es bietet eine Fülle von Informationen und spannende Reportagen mit Karten und Reiseplänen.

Thomas Jeier und Rainer M. Schröder haben fast jeden Winkel der USA bereist und fuhren für dieses Buch noch einmal kreuz und quer durch Amerika, um einmalige Fotos zu schießen und aktuelle Informationen zu sammeln.

Knaurs Kulturführer in Farbe

Die beliebten Reisebegleiter zu den schönsten Stätten und Kulturlandschaften Europas.

 Deutschland
 Allgäu
 Schleswig-Holstein
 Frankreich
 Elsaß
 Paris und Ile de France
 Großbritannien und Irland
 Holland
 Italien
 Florenz und Toskana
 Österreich
 Kärnten
 Tirol
 Wachau Nibelungengau · Waldviertel

Knaurs Kulturführer in Farbe — Bodensee und Oberschwaben

Knaurs Kulturführer in Farbe — Franken

Knaurs Kulturführer in Farbe — Oberbayern

Knaurs Kulturführer in Farbe — Romantische Straße

Knaurs Kulturführer in Farbe — Provence und die Côte d'Azur

Knaurs Kulturführer in Farbe — Tal der Loire

Knaurs Kulturführer in Farbe — Griechenland

Knaurs Kulturführer in Farbe — Athen und Attika

Knaurs Kulturführer in Farbe — Rom und Latium

Knaurs Kulturführer in Farbe — Südtirol

Knaurs Kulturführer in Farbe — Heiliges Land

Knaurs Kulturführer in Farbe — Jugoslawien

Knaurs Kulturführer in Farbe — Schweiz

Knaurs Kulturführer in Farbe — Tessin

Knaurs Kulturführer in Farbe — Spanien

Knaurs Kulturführer in Farbe — Andalusien

Reisen und Entdeckungen

Taschenbücher

Band 4626
264 Seiten
mit zahlreichen
Abbildungen
ISBN 3-426-04626-1

Britisch-Kolumbien – das Traumland im kanadischen Westen. Ein immer noch unberührtes Land mit romantischen Seen, dichten Wäldern, wilden Flüssen und majestätischen Bergen. Bären und Elche auf freier Wildbahn, riesige Gletscher direkt am Highway, wildromantische Sandstrände und unberührte Indianerpfade – die Freiheit ist noch lange nicht ausverkauft. Ein Paradies für Angler, Wanderer, Reiter, Kanuten und alle, die sich vom Urlaub etwas mehr erwarten als volle Strände und überfüllte Discos. Britisch-Kolumbien – ein Land, das man nur im Wohnmobil oder als Camper kennenlernen kann. Nicht umsonst gilt der kanadische Westen seit vielen Jahren als Traumziel für Individualisten, die für wenig Geld viel erleben wollen.

Kircher, Nora (Hrsg.)
Die Elbe in Märchen, Mythen und Erzählungen
Dieses Lesebuch lädt Sie ein, unsere Dichter und Maler auf romantischen Spaziergängen am Elbufer zu begleiten. 400 S. [1580]

Die Donau in Märchen, Mythen und Erzählungen
Ein Lesebuch über den Fluß und seine Geschichte von der Quelle bis zur Mündung. 400 S. [1579]

Der Rhein in Märchen, Mythen und Erzählungen
Folgen Sie unseren Malern und Dichtern auf ihren poetischen Wanderungen an seinem Flußlauf von der Quelle bis zur Mündung. 400 S. [1581]

Schlender, Timur (Hrsg.)
Die Heide in Märchen, Mythen und Erzählungen
Dieses Lesebuch lädt Sie ein, unsere Maler und Dichter auf romantischen Spaziergängen durch die Heide zu begleiten. 400 S. [1572]

Das Moor in Märchen, Mythen und Erzählungen
Dieses Lesebuch lädt Sie ein, unsere Maler und Dichter auf romantischen Spaziergängen durch das Moor zu begleiten. 400 S. [1573]

Der Wald in Märchen, Mythen und Erzählungen
Dieses Lesebuch lädt Sie ein, unsere Maler und Dichter auf ihren romantischen Spaziergängen in den Wald zu begleiten. 400 S. [1571]

Heimat-Lesebücher

Die Bucht
Der große Roman über die Chesapeake-Bucht an der Ostküste der Vereinigten Staaten, ihrer Geschichte, ihrer Landschaft, ihrer Menschen. 928 S. [1027]

Die Brücke von Andau
1956 gärt es noch immer in Ungarn. Der unbändige Freiheitswille dieses tapferen Volkes ist ungebrochen. Für drei grundverschiedene Männer werden die Oktobertage dieses Jahres zur Wende ihres Schicksals... 304 S. [1265]

Karawanen der Nacht (H)
Abenteuer im Orient. 261 S. [147]

Mazurka
Mazurka ist die große Saga eines einzigartigen Volkes und eines unvergleichlichen Landes. Eine Reise durch sieben Jahrhunderte europäischer Geschichte. 784 S. mit 4 Abb. [1513]

Die Brücken von Toko-Ri
Obwohl Harry Brubaker weiß, daß ihn bei dem Angriff auf die Brücken von Toko-Ri der Tod erwartet, fliegt er dem gefährlichsten Abenteuer seines Lebens mutig entgegen... 128 S. [1264]

Die Quelle
(Ausgabe in 2 Bänden) Ein großartiges, buntes Panorama der Geschichte des Volkes Israel und seiner Heimat. 1024 S. [567]

Das gute Leben oder Rückkehr ins Paradies
Auf unnachahmliche Weise entführt James A. Michener den Leser in diesen Erzählungen in die verzauberte Welt der Südsee. Seine Sprache und seine farbigen Bilder beschwören die tropische Welt dieser Inseln mit ihrem Zauber und ihrer Lebenslust. 256 S. [1266]

Die Südsee
Für diesen Bestseller über den erbarmungslosen Krieg zwischen den Amerikanern und Japanern erhielt Michener den begehrten Pulitzer-Preis. 219 S. [817]

Verheißene Erde
Eine spannend-unterhaltende Reise durch fünf Jahrhunderte südafrikanischer Geschichte. Ein fesselndes Romangeschehen vor der Kulisse einer einzigartigen Landschaft. 1056 S. mit 2 s/w-Abb. [1177]

Verdammt im Paradies
James A. Michener schildert die authentischen Abenteuer und Schicksale von Menschen, die ihr Glück in der Südsee gesucht haben, die es riskieren, ihren »Traum vom Himmel auf Erden« auf eine ganz besondere Weise zu verwirklichen. 208 S. [1263]

Sternenjäger
»In James A. Micheners Sage nimmt der Leser teil an einem der jüngsten Kapitel der Menschheitsgeschichte: an der Eroberung des Weltraumes... Am Ende weiß man fast alles über die Eroberung des Weltalls.« (Rheinpfalz) 896 S. [1339]

JAMES A. MICHENER

Knaur

Yoshikawa, Eiji
Musashi
Musashi ist ein Unterhaltungsroman mit »tieferer Bedeutung«. Es ist der dramatische Prozeß der Selbstfindung eines bedeutenden Schwertritters im Japan des 17. Jahrhunderts, der Weg eines Mannes, der durch den Staub zu den Sternen geht.
800 S. mit s/w-Abb. [1517]

Clavell, James
Noble House Hongkong
Auf über tausend Seiten schildert Clavell in diesem Bestseller den spannenden Kampf englischer und chinesischer Geschäftsleute um die Macht in einem der ältesten Handelsunternehmen Hongkongs. 1072 S. [1439]

Shōgun
Der Roman Japans. Ein gewaltiges Epos über eine exotische Welt voller Dramatik, Abenteuer und Leidenschaft. Erfolgreich verfilmt. 960 S. [653]
Rattenkönig
Eine Männerwelt hinter Stacheldraht im malaiischen Dschungel – voller explosiver Spannung.
383 S. [625]

Tai-Pan
So nannte man Dirk Struan, der Hongkong zum »Juwel in der Krone Ihrer Britischen Majestät« gemacht hat. Weltbestseller. 638 S. [235]

Buck, Pearl S.
Lebendiger Bambus
360 S. [127]
Drachensaat
234 S. [796]
Die Frauen des Hauses K
128 S. [676]
Die verborgene Blume
Eine der schönsten Liebesgeschichten von Pearl S. Buck. 224 S. [1048]

Romane

Reisen

Taschenbücher

Band 04631
320 Seiten

Ein ungewöhnlicher Reiseführer, der sich nicht mit den üblichen Geschichten und Geschichtszahlen aufhält, sondern auch Bezüge zur Gegenwart schafft.
Frankfurter Rundschau

Eine anregend und amüsant verfaßte Lektüre, die sich abhebt vom bloßen Aufzähleinerlei manch anderer Reiseführer.
Frankfurter Allgemeine Zeitung

Das *RadReiseBuch* wendet sich an Menschen, die eine Art des Reisens kennenlernen wollen, die Zeit läßt zum Schauen, Nachdenken, Entspannen. Deshalb enthält das *RadReiseBuch* viel mehr als ein üblicher Radführer:

- Selbstverständlich genaue Streckenbeschreibungen, Kartenausschnitte und Spezialinformationen, die für Radfahrer wichtig sind.

- Außerdem Erklärungen zu den kulturellen Sehens- und Merkwürdigkeiten, die einen weiteren Reiseführer überflüssig machen.

- Zusätzlich sozialgeschichtliche Anmerkungen zum Leben der Menschen in Vergangenheit und Gegenwart.

- Und natürlich wichtige Adressen und praktische Hinweise.

Übersichtlich nach Reisetagen geordnet, anregend in optisch gegliederten Texten und mit Bildern präsentiert, unterhaltsam zu lesen.